传道济民：

名于一世的教育家张栻

张建东 著

中国社会科学出版社

图书在版编目（CIP）数据

传道济民：名于一世的教育家张栻／张建东著．—北京：中国
社会科学出版社，2016.5
ISBN 978 - 7 - 5161 - 8230 - 7

Ⅰ.①传… Ⅱ.①张… Ⅲ.①张栻（1133—1180）- 生平事迹
Ⅳ.①K825.46

中国版本图书馆 CIP 数据核字（2016）第 109571 号

出 版 人 赵剑英
责任编辑 宫京蕾
责任校对 秦 婵
责任印制 何 艳

出 版 中国社会科学出版社
社 址 北京鼓楼西大街甲 158 号
邮 编 100720
网 址 http：//www.csspw.cn
发 行 部 010 - 84083685
门 市 部 010 - 84029450
经 销 新华书店及其他书店

印刷装订 北京市兴怀印刷厂
版 次 2016 年 5 月第 1 版
印 次 2016 年 5 月第 1 次印刷

开 本 710×1000 1/16
印 张 18.75
插 页 2
字 数 269 千字
定 价 68.00 元

序

有宋一代，虽内忧外患频于其他王朝，然并非"衰世"，由日本学者内藤湖南提出并对学界影响深远的"唐宋变革"论即是明证。的确，这是一个社会全面变革的时代，尤其在思想文化领域的变革与转型，最终造就了辉煌一时的两宋文化。对此，王国维、陈寅恪等史学大师无不予以高度认可。王国维称两宋"人智之活动与文化之多方面，前之汉唐，后之元明，皆所不逮也"；陈寅恪则称"华夏民族之文化，历数千载之演进，而造极于赵宋之世"。如此造极之世的背后，则是以各个领域灿若群星般精英们的贡献为底色。然一直为学界津津乐道的，自然是有宋一代理学的崛起及理学家群体的智慧。

理学自周敦颐开山，至朱熹集其大成，再到宋理宗时成为官方学说，历时二百余年，期间学派林立，名家辈出。理学家们怀着"为天地立心、为生民立命、为往圣继绝学、为万世开太平"的使命感，纷纷以私学、书院等为阵地，积极建构学派理论，无论居官为民，皆倾力践行理之终极关怀之责任。理学的产生及其不同学派之间的争鸣激荡，可谓继"轴心时代"之后，中国历史上又一个学术思想大奔流期，且二者之间有着惊人的相似："轴心时代"生成的儒家思想被汉朝统治者推上官方哲学，而作为"轴心后时代"衍生出的新儒学即理学，被南宋统治者同样推上官方哲学地位，仅此足以表明理学家贡献之大及理学对中国社会发展的作用之殊。故而，有关两宋理学及理学家的话题，总有说不完道不尽之嫌。

谈及理学的流变，我们绝不能忽略被时人誉为"一代学者宗师"的张栻。作为湖湘学派的集大成者，张栻的学术地位几与同时代的朱熹、吕祖谦、陆九渊等理学大师比肩而立。他无论居庙堂之高还是处江湖之远，一向恪守"传斯道"之教育宗旨，秉承"济斯民"之社会理想，所培育出的弟子大都精于经世致用之学，具有务实的态度和高尚的品质，尤其在国家危难之际，纷纷投笔从戎，表现出极可贵的爱国情操。张栻虽英年憾逝，但其超凡入圣的人格学识、独树一帜的教育思想、匡济天下的入世品格不仅完美诠释了一代学人"止于至善"的崇高精神境界，还泽被后世、化及千年，成为中华民族文化宝库里一笔弥足珍贵的精神财富。

然而已往对张栻的研究多侧重于其哲学或理学领域，且因受传统学术研究一向追求"高位化"的影响，导致长期以来人们对张栻既熟悉又陌生。熟悉的是，一个理学家的张栻；陌生的是，也仅是一个理学家的张栻。鉴于法国年鉴学派史学观的促动，史界研究视野的逐渐下移，对张栻理学思想之外的研究也逐渐增多，但"见人不见行"、"见物不见事"的学术传统仍困扰着学界，从已有论著中，总让人难以看到一个有血有肉、活生生的张栻。事实上，在日常生活中，张栻与普通人一样，富于生活情趣，注重亲情友情，体恤宗族姻亲，而在教育、学术与政治舞台上，他却有着超越普通人的大思维大智慧。那么，如何将一代儒宗全景式地展现给世人，亟需研究视野及方法的转变。

当审阅过张建东博士的《传道济民：名于一世的教育家张栻》书稿后，心中颇为欣慰。著作作为第一部专门研究张栻教育思想、教育贡献的著作，暗合了当前学术发展的诸多趋势，部分内容足以填补张栻研究的若干空白。如他以张栻的"传道"、"济民"等活动和事迹为中心，充分借鉴社会史、生活史、身体史、心态史等领域的相关理论和方法，又尝试将西方史学倡导的"微观史学"和"深度描述"理论与中国传统历史叙事相结合，注重历史场景的构建和还原，深切关注到张栻的心理世界、情感世界、家庭生活及社会交往状况等诸多方面，对张栻波澜壮阔的一生作了立体、全景式考察，丰富了历史面相，还历史人物于血肉，以更为完整的研究维度逼近历史之真，力图开拓出教育历史人物研究的新范式。加上他将飞扬的文采融入行文之中，兼顾学术性和可读性，给人以耳目一新的感觉。

建东有扎实的史学功底，自读博及毕业至今，笔耕不辍，尤在两宋文化教育研究领域立论颇多，作为导师，欣慰之余，疾笔是为序。

周洪宇

2016 年 7 月 9 日于武汉东湖之滨

目　录

下篇　济斯民：张栻匡济天下的入世情怀

导论

两宋：一个师道复兴与士人主体
意识空前觉醒的时代

宋代在中国古代教育、科技、文化发展史上占有突出重要的地位，尤其在教育领域，"宋代的太学和各地的州县学、书院蓬勃兴起，其中，书院制度对后世影响深远。神宗时期太学创立的三舍升级制度，是中国乃至世界教育史上的首创，实为现代教育分级制的先河。教育分科更加细致合理，教育基本实现普及化。"① 这是一个书香四溢、教育家辈出的时代：范仲淹、李觏、孙复、胡瑗、石介、邵雍、张载、程颐、程颢、杨时、胡宏、张栻、吕祖谦、朱熹、陆九渊、陈亮、叶适……他们灿若群星，群峰并峙，各擅胜场。宋代之所以会出现中国教育发展史上教育巨匠持续"井喷"的盛况，其产生的社会土壤和时代背景颇值得深入探讨。和前代相较，宋代文化教育领域彰显出两个重要的时代特征：一是自先秦、两汉以来，沉寂已久的尊师重教之风得到复兴；二是宋廷以儒立国，优渥读书人，士人群体主体意识空前觉醒，儒家学者匡世济民、教化社会的责任感和使命感不断增强。这两个特征是宋代教育奏出绚烂华丽乐章的根本前提，它们互相交织、互为表里，极大地推动了宋代文化教育事业的繁盛。

一　师道复兴

范仲淹身陷某次严峻的政治漩涡之时，曾谆谆教导儿子范纯佑说："我既死，汝辈勿复仕宦，但于坟侧教授为业。"② 因支持庆历新

---

① 王曾瑜：《宋代文明的历史地位》，《河北学刊》2006 年第 5 期。
② 王得臣：《麈史》，上海古籍出版社 1987 年标点本，第 17 页。

政遭贬的苏舜钦也自嘲曰："今得脱去仕籍，非不幸也。自以所学教后生，作商贾于世，未必至饿死。"① 一代名相范仲淹竟在生死关头嘱咐儿子以教授为业，苏舜钦被贬后也打算靠"所学教后生"来谋生度日，由此我们基本可以判断，教书育人在宋代读书人心目中已成为跻身仕途外最为理想的职业取向。与魏晋以来"不闻有师"的情况不同，宋代复兴并进一步弘扬了先秦、两汉时期的尊师重教之风，这一转变使得宋代的文化教育领域气象一新。

宋代是一个教师身份与主体意识空前凸显的时代，著名的"程门立雪"故事就发生在理学家程颐与学生杨时身上："（杨时）见程颐于洛，时盖年四十矣。一日见颐，颐偶瞑坐，时与游酢侍立不去。颐既觉，则门外雪深一尺矣。"② 这与魏晋以来的社会风气截然不同。宋人方勺曾在笔记小说《泊宅编》里记载了唐朝名相魏徵耻于言师的逸事："王通隋末隐白牛溪教授，学者常数百人。唐将相如王、魏辈皆其门人也，既显，绝口不道其师，此何理哉！"③ 方勺批评魏徵等唐朝名臣不尊师行为固然带有非古褒今的情绪，但基本上反映出了当时的社会现实。柳宗元对这种长期存在的不正常现象很是无奈：

> 孟子称"人之患在好为人师。"由魏、晋氏以下，人益不事师。今之世，不闻有师，有辄哗笑之，以为狂人。独韩愈奋不顾流俗，犯笑侮，收召后学，作《师说》，因抗颜而为师。世果群怪聚骂，指目牵引。④

为何出现魏晋以来"不闻有师"的局面，柳宗元并没有给出答案。其实，这种情况的出现，与当时的学术风气息息相关。如魏晋时期，门阀士族把持政权，他们强调门第，排斥寒俊之士，"举贤不出

---

① 《苏舜钦集》卷16《与欧阳公书》，上海古籍出版社1981年标点本，第222页。
② 《宋史》卷428《杨时传》，中华书局1977年标点本，第12738页。
③ 方勺：《泊宅编》，中华书局1983年标点本，第53页。
④ 《柳宗元集》卷34《答韦中立论师道书》，中华书局1979年标点本，第871页。

世族，用法不及权贵"，其子弟即使不学无术也有似锦的前程。而且，儒学此刻已发展到谶纬化、神学化阶段，其烦琐、僵化的特征也迫使自己走向穷途末路，读书人对其研读、探讨的兴趣大减，因此，由于上层社会的不学无术、寒士仕途的壅塞以及儒学自身的原因，社会各阶层对读书受教的热情普遍不高，师道不存也在情理之中。再以唐代为例，唐代虽处于中国传统文化发展的鼎盛时期，但经学却仍处于衰落期，社会及科举取士中对诗赋的空前关注使经学备受冷落。经学最重师承，而诗赋则注重个人的天赋、才情，对师长需求较弱，因此唐人冷落教师行业也就不足为怪了。

　　然而有宋一代，统治者以儒治国，重振儒术，科举考试内容也由诗赋逐渐转向经术和策论。在经术的考察中，传统的注疏也被能自由发挥的义理之学所取代。义理之学的兴起对师道复兴具有重要意义，它使经学的研习带有浓厚的意趣与思辨成分，极大地提高了儒士们钻研经籍的积极性，义理需透过经籍文字的表面去深入探究，还要联系修身治国的实际，因此，义理之学还具有浓郁的个性化色彩，注重经籍的理解和发挥，故求教名师、师友切磋的必要性大大增强，举国学风也为之一变。欧阳修面对这一变化时指出："国家自兴建学校以来，天下学者日盛，务通经术，多作古文，其辞义可称，履行修饬者，不可胜数。"① 同时，经学的师承性也要求每个读书人都需师出有门，因此随着经学的复苏与发展，儒士们出于科举或研习经术等方面的需要，不惜千里迢迢负笈寻师，他们聚集在一批名士硕儒身边，服膺其人品学问，社会上也逐渐掀起了尊师重教的热潮："庠塾崇师道，乡闾重典刑。"② 陆九渊对此深有体会，并赞曰："秦汉以来，学绝道丧，世不复有师，以至于唐，曰师、曰弟子云者，反以为笑，韩退之、柳子厚犹为之屡叹。惟本朝理学，远过汉唐，始复有师道。"③

---

　　① 《欧阳修全集》卷111《修约举人怀挟文字割子》，中华书局2001年标点本，第1677页。

　　② 傅璇琮：《全宋诗》，北京大学出版社1991年版，第35286页。

　　③ 《陆九渊集》卷1《与李省干》，中华书局1980年标点本，第14页。

宋初三先生胡瑗、孙复、石介是较早呼吁弘扬师道的学者。欧阳修曾回忆道："师道废久矣，自明道、景祐以来，学者有师惟先生与泰山孙明复、石守道三人。"① 如胡瑗教授湖州时，"虽盛暑必公服坐堂上，严师弟子之礼"，被聘太学后更不遗余力地倡导师道尊严，效果十分明显："随才高下，喜自修饬，衣服容止，往往相类，人遇之虽不识，皆知其瑗弟子也。"② 石介也经常向自己的学生灌输尊师的重要性："古之学者，急于求师。孔子，大圣人也，犹学礼于老聃，学官于郯子，学琴于师襄，矧其下者乎！后世耻于求师，学者之大弊也"，并亲自作《师说》以喻学者。大儒孙复"举进士不第"后隐居泰山聚徒讲学，以治《春秋》名扬天下，石介率弟子张洞"北面而师之，访问讲解，日夕不息"，并执弟子礼甚恭："明复行则从；升降拜起，则执杖屦以侍。二人者，久为鲁人所高，因二人而明复之道愈尊。于是学者始知有师弟子之礼。"③ 石介、张洞为弘扬师道、重振儒家师礼以身作则，他们在现实生活中的尊师行为对士林具有巨大的示范效应。又如胡瑗高足倪天隐："学于安定，所述《周易上下经口义》十卷，又《系辞上下》及《说卦》三卷，盖安定讲授之余，欲著而未逮，先生述之，以非其师之亲笔，故不敢称《传》而名之曰《口义》。"④ 倪天隐将胡瑗的学术思想发扬光大，著述了十多卷相当有分量的学术著作，但他出于对老师的敬仰，并不敢居功自傲，仅仅以"口义"命名。宋初三先生的筚路蓝缕之功使沉寂已久的师道尊严在宋代又迅速复苏，"自是天下之人始知尊德而隆师，士皆知仁义礼乐之说为足以诚身而格物"。

在宋初三先生之后，支持恢复师道的呼声逐渐高涨，周敦颐、范仲淹和程颢就是其中的重要引领者。周敦颐是北宋著名的教育家，理学的重要奠基人。他曾奔走于洪州分宁县（江西修水县）、袁州芦溪

---

① 《欧阳修全集》卷25《胡先生墓表》，中华书局2001年点校本，第389页。

② 《宋史》卷432《胡瑗传》，中华书局1977年标点本，第12837页。

③ 王辟之：《渑水燕谈录》（补遗），中华书局1981年标点本，第130页。

④ 黄宗羲：《宋元学案》，中华书局1982年点校本，第55页。

镇（江西萍乡市）、合州（四川合川市）、江州（江西九江市）等地，积极设坛讲学。周敦颐认为兴教育、立师道是治国平天下的根本，在教学中，有学生问他"何为天下善"，周敦颐严肃回答："师"，教师之所以重要，是因为人性有刚柔、善恶之分，"故圣人立教，俾人自易其恶，自至其中而止矣。故先觉觉后觉，暗者求于明，而师道立矣。师道立，则善人多。善人多，则朝廷正，而天下治矣。"①他还认为师友可用道义感召世人，引导人们扬善弃恶，由愚昧走向聪慧，"人生而蒙，长无师友则愚"。范仲淹对教诲过自己的胡瑗、孙复等恩师十分崇敬，他经常告诫身边的学者说："学者当有所宗，某自受教于翼之先生（胡瑗），不敢有非僻之心。"②程颢在《请修学校尊师儒取士劄子》中对宋兴百余年仍"师道不立"的不正常现象深感不安，他指出："宋兴百余年，而教化未大醇，人情未尽美，士人微谦退之节，乡闾无廉耻之行，刑虽繁而奸不止，官虽冗而才不足者，此盖学校之不修，师儒之不尊，无以风劝养励之使然耳"，基于这一社会现实，他进而向宋神宗谏言曰："窃以去圣久远，师道不立，儒者之学几于废熄，惟朝廷崇尚教育之，则不日而复。古者一道德以同俗，苟师学不正，则道德何从而一？"③程颢倡导建学校、尊师儒的主张切中时弊，为尊师重教风尚的进一步形成提供了重要的社会舆论氛围。在一大批名士硕儒的积极推动下，社会上僧道、巫、医、百工等各行各业也纷纷掀起尊师风潮。如陈师道在《后山谈丛》里记述了一位叫怀禅师的高僧，"每住持，必舍讲《师说》，使其徒听焉"，他对怀禅师的举动十分赞赏，并因此感叹曰："学其可废乎！"④

　　值得注意的是，在宋代师道复兴的过程中，宋廷和官僚士大夫的垂范作用也不容忽视。宋代帝王除大力敦奖儒术、尊孔、祭孔以及设经筵之制外，还用实际行动弘扬师道，典型莫过于宋太祖与其蒙师幸

---

①　《周敦颐集》卷2《通书》，中华书局2009年标点本，第21页。

②　曾敏行：《独醒杂志》，上海古籍出版社1986年标点本，第40页。

③　《二程集》，中华书局1981年标点本，第448页。

④　陈师道：《后山谈丛》，上海古籍出版社1989年标点本，第24页。

文悦之间的故事：

> 辛文悦，后周通经史里儒。太祖幼尝从其学，……与文悦久不相见，上每亦念之。……是夕，太祖亦梦其来，令左右询访，文悦惠然饰巾至门矣，上大异之。后迁员外郎。①

宋太祖对自己的蒙师尚且日思夜念、恩宠有加，充分显示了他对师道古礼的尊崇。同时，许多官宦名臣在成功入仕后，回忆起自己艰难的求学经历时，也往往感触良多，深忆师恩："怅念青春家塾日，共闻规训有源流。"② 如丁度官至宰相后专意回乡探望幼年蒙师：

> 童龆时，尝从老郁先生学。至是，首入陋巷，诣先生之居，以两朱衣被之，拜于其下。先生惶惧，大声呼之曰："拜杀老夫矣。"既坐，话旧极款密，且云："小年狭劣，荷先生教诲，痛加榎楚，使某得成立者，皆先生之赐也。"③

丁度贵为宰相之后不忘蒙师"老郁先生"教诲之恩，并专程回乡感谢师恩，从二人"话旧极款密"推测，当年师徒之间的相处还是颇为融洽的。训诲过众多名士硕儒的著名教育家邵雍晚年疾病缠身，司马光等众多学生朝夕伺奉：

> 雍疾病，司马光、张载、程颢、程颐晨夕候之，将终，共议丧葬事外庭，雍皆能闻众人所言，召子伯温谓曰："诸君欲葬我近城地，当从先茔尔。"既葬，颢为铭墓，称雍之道纯一不杂，就其所至，可谓安且成矣。④

---

① 文莹：《玉壶清话》，中华书局 1997 年标点本，第 29 页。
② 傅璇琮：《全宋诗》，北京大学出版社 1991 年版，第 20983 页。
③ 龚明之：《中吴纪闻》，上海古籍出版社 1986 年标点本，第 20 页。
④ 《宋史》卷 427《邵雍传》，中华书局 1977 年标点本，第 12728 页。

司马光、张载、二程均是震古烁今的儒学大家，他们因服膺邵雍学问人品而环伺其病榻前直至安葬，程颢还亲为恩师写下墓志铭，可以想象邵雍临终前是多么的志得意满！像宋太祖、丁度、司马光、张载、程颢、程颐等帝王与官宦名士的尊师言行在宋代文献中有相当多的记载，他们弘扬师道的礼仪之举对全社会具有重要而深远的垂范意义。

在宋廷大力倡导以及官僚士大夫的积极推动下，尊师重道之风在民间社会也逐渐深入人心，宋代读书人自学童之时就常常被灌输隆师理念：

> 山谷（黄庭坚）《送秦少章从苏公学》云："斑衣儿啼真自乐，从师学道也不恶。但使新年胜故年，即如常在郎罢前。"后山（陈师道）云："士有从师乐，诸儿却未知。欲行天下独，信有俗间疑。秋人川原秀，风连鼓角悲。目前豚犬类，未必慰亲思。"……颜子之家，一箪食，一瓢饮，在人不堪忧之地，而其子乃从其师周游天下，履宋、卫、陈、蔡之厄而不以为悔。此岂俚俗之人、拘曲之士所能知其义哉！盖诚使此心无所放失，无所陷溺，全天之所予而无伤焉，则千万里之远，无异于亲膝。①

黄庭坚和陈师道均是北宋著名文学家、诗人，他们站在民众的立场，在各自的诗句中生动描述了宋代社会从幼童到普通士子纷纷"从师学道"的情形，并深得其乐。宋人还以颜回"从其师周游天下而不悔"为例，指出尊师能使人"知义"，人心"无所陷溺"，即使在求学中与家乡相去千里，仍能感受到"无异于亲膝"的充实和温暖。

当然，宋代从乡党之学逐渐弥漫到书院、官学甚至整个社会的"师弟子之礼"，也易造成不同学派的门户之见，进而出现"人执私见，家为异说，支离经训，无复统一"的不良局面。中国自古以来，

---

① 罗大经：《鹤林玉露》，《宋元笔记小说大观》，上海古籍出版社 2002 年标点本，第5244 页。

文人儒士就有以门生故吏为群体的朋党意识，如春秋战国的百家争鸣、东汉后期的党锢之祸、魏晋时期的竹林七贤、中唐的牛李党争等都是这一意识的集中体现。这种传统也在儒学重振的宋代社会迅速发酵，不同学派因学术观点不同而互相辩难，弟子之间也难免出现互相攻讦的现象。如胡瑗与孙复在太学执教时，就因学术观点有分歧而互不往来："（孙）复恶胡瑗之为人，在太学常相避。"① 而弟子一旦服膺某位名师，再师承其他学者则会有背叛师门之嫌："李先之、周恭叔皆从伊川学问，而学东坡文辞以文之，世多讥之。"② 学派的争鸣与政治的纷争，往往又会交织在一起而互为表里。宋代党争频仍，如北宋的新旧党争、南宋的庆元党争等，师道复兴而引起的门户之见也应难辞其咎。但是，由于宋政府认真汲取了以往的经验教训，采取多种有效手段防止历史悲剧重演，如禁止科举及第者称呼主考官为恩门、师门及自称门生，③ 科举考试实行殿试制度等等，而且自北宋后期始，"学术上的师承，和宋学家提倡的'道统'一起，已逐渐形成了一股某种程度上超越政治权力的文化力量"，④ 许多儒学大师已能够意识到并超越狭隘的门户之争，摒弃学术偏见，互相交流借鉴，不同学派也如涓涓细流，逐渐汇流成河，并最终促生了集宋学之大成、影响中国千余年的新儒家学说——理学。

　　还应注意的是，儒生士大夫力主复兴师道，还有更深层次的政治目的。中国自汉晋以来，习惯运用汉儒董仲舒创造的"天人感应"理论来警示和约束皇权，但到了唐宋时期，由于粗糙烦琐的"天人感应"理论已渐渐落伍于时代，通过天地间祥瑞灾异的解释限制皇权的方式已渐渐失去效用，富弼曾就此感叹曰：

　　　　人君所畏惟天，若不畏天，何事不可为者？此必奸人欲进邪

---

① 李焘：《续资治通鉴长编》，中华书局 1979 年标点本，第 4495 页。

② 丁传靖：《宋人轶事汇编》，中华书局 2003 年版，第 453 页。

③ 徐松：《宋会要辑稿》，中华书局 1957 年标点本，第 4262 页。

④ 陈植锷：《北宋文化史述论》，中国社会科学院 1992 年版，第 147 页。

说，以摇上心，使辅拂谏诤之臣无所施其力，是治乱之机，不可以不速救。①

在"君不畏天"的年代里，官僚士大夫关于天地祥瑞灾异的**解释**已不足以制约日益膨胀的君权，这也引起了许多士大夫的惊恐和忧虑，他们开始煞费苦心地寻找新的皇权制约之策，他们确信，以师道替代"天人感应"则是较为理想的策略，"在士大夫看来，只有确立一点，即'士'仍应当是'师'，而'道统'依然应当位在'治统'之上，换句话来说，只有确立真理解释者的至高无上位置，士大夫才能真正拥有思想的权利"。②如胡瑗被白衣召对，侍讲仁宗：

> 庆历中，胡瑗以白衣召对。侍迩英讲《易》，读"乾元亨利贞"，不避上御名，上与左右皆失色。瑗曰："临文不讳。"后瑗因言《孟子》"民无恒产"读为"常"，上微笑曰："又却避此一字。"盖自唐穆宗已改"常"字，积久而读熟。虽曰尊经，然坐斥君父之名，亦未为允。上尝诏其修国史，瑗乃避其祖讳，不拜。③

胡瑗在侍讲活动中"临文不讳"，却在"诏其修国史"之时因避祖讳而未应允，充分说明他并未把宋仁宗视为"君父"而避讳其名，而是以帝友、帝师自居，这一点在程颐身上亦有明显表现，程颐曾以崇政殿说书的身份为宋哲宗讲学：

> 正叔（程颐）以师道自居，每侍上讲，色甚庄，继以讽谏，上畏之。潞公（文彦博）对上恭甚。进士唱名，侍立终日，上屡

---

① 《宋史》卷313《富弼传》，中华书局1977年标点本，第10255页。
② 葛兆光：《中国思想史》（第二卷），复旦大学出版社2001年版，第194页。
③ 佚名：《道山清话》，《宋元笔记小说大观》，上海古籍出版社2002年标点本，**第**2940页。

曰："太师少休。"公顿首谢，立不去，时公年九十矣。或谓正叔曰："君之倨，视潞公恭，议者为未尽。"正叔曰："潞公三朝大臣，事幼主，不得不恭。吾以布衣为上师傅，其敢不自重？吾与潞公所以不同也。"识者服其言。①

程颐在哲宗面前一直以帝师自居，其"色甚庄，继以讽谏"的举动令哲宗和许多大臣甚为敬畏，程颐试图以这一方式重新实现士大夫群体制约君权的政治理想。

师道在两宋时期的复兴，尽管产生了一定的负面影响，也有较为复杂的政治文化背景，但总体来说，它的出现，不仅极大地匡正了前代"耻于言师"的不良社会风气，还有力地促进了宋代文化教育的发展与宋学的勃兴，教师行业也因此获得了空前的地位和尊重，乐为人师、敢为人师逐渐成为一种社会风尚。

二　士人主体意识的觉醒

经历了唐末五代长期的战乱和军人横行，宋代自建国伊始，朝野就出现了对于文治的普遍呼声和要求，重振儒学、提高儒士地位也成为时代的最强音。从宋太祖时期，儒士的价值就逐渐被统治者重视：

> 太祖以神武定天下，儒学之士未甚进用。及卜郊乘大辂，翰林学士卢多逊执绥备顾问，占对详敏，他日上曰："作宰相当用儒者。"卢果大用。②

宋太祖在某次"卜郊"之时，偶然发现儒士卢多逊具备安邦定国之才，遂下决心重用儒者，这也成为宋代"右文"国策的先声。陈峰认为，"宋代至真宗时期，王朝终于完成其政治上的选择（即崇文

---

① 邵伯温：《邵氏闻见录》，中华书局 1983 年标点本，第 154 页。
② 孔平仲：《孔氏谈苑》，《宋元笔记小说大观》，上海古籍出版社 2002 年标点本，第 2266 页。

抑武），科举出身的文官遂成为统治的政治中坚力量，走向政治舞台的最前列，亦即以不同于以往的身心继承了士大夫的衣钵。从此士大夫的自信心日益增强，也勇于承担政治责任，自然也产生了强烈的国家认同感。"① 事实的确如此。从建国伊始，赵氏王朝就采取了一系列得力措施优渥读书人，如"崇文抑武"国策、对读书人不杀少辱、大规模增加取士人数等等，南宋学者王栐对此颇为感慨："国朝待遇士大夫甚厚，皆前代所无。"② 在嘉祐六年（1061 年）的科举考试中，苏辙在策文里直言不讳地批评当朝仁宗皇帝溺于后宫，奢侈腐化，导致民生凋敝、国势虚弱。在科举策试中公开批评当朝皇帝，这在历史上可谓空前绝后。主考官胡宿、司马光、范镇、蔡襄等人在是否录取苏辙的问题上争论不休，仁宗却宽赦了苏辙，认为"其言切直，不可弃也"，"乃降一等收之"。③ 诸如此类的记载在宋代文献中多有出现。正是在此背景下，宋钦宗才颇为自负地总结，"祖宗涵养士类垂二百年，教以礼乐，风以诗书，班爵以贵之，制禄以富之，于士无负"。如此宽松的文化氛围不仅培育出了一大批才华横溢的官僚士大夫，还极大提升了整个士人群体的自信与社会责任感，"他们与前代文人相比，文人意识更为自觉，他们的文化创造活动，也因此渗透着更为强烈的文人气质。"④ 程颐的"天下安危系宰相"、陆九渊的"宇宙内事，是己分内事。己分内事，是宇宙内事"正是士人群体强烈自信的真情流露。

随着主体意识的集体苏醒，为协助宋王朝重建自魏晋以来已支离破碎的礼治秩序，实现儒家的政治理想，宋代的儒生士大夫以恢复"三代之治"的理想人间秩序为口号，以官学、书院、私学为主要阵地，研究经术，推行道德教育，不遗余力地宣传、弘扬儒家伦理道德，为协助国家推动儒家道德教化的重心下移、稳定社会思想作出了

---

① 陈峰：《政治选择与宋代文官士大夫的政治角色——以宋朝治国方略及处理文武关系方面探究为中心》，《河南大学学报》（社会科学版）2007 年第 1 期。

② 王栐：《燕翼诒谋录》，中华书局 1981 年标点本，第 46 页。

③ 《苏辙集》（附录），中华书局 1990 年标点本，第 1375 页。

④ 冯天瑜：《中华文化史》，上海人民出版社 2005 年版，第 530 页。

重要贡献。

　　不仅如此，在文化氛围相对宽松、士人主体意识高扬的时代场域里，除士大夫和国家正式师资（学官）外，大批科场失意的读书人、离职或致仕官吏、乡居士人、正在应举的士子、甚至僧道等宗教人士也群情激昂，纷纷涌入教学行业，他们选择教学行业不仅为"谋食"，更为"谋道"，除把教学行业作为安身立命的手段外，还充分利用这一舞台著书立说、积极"立言"，并把儒家文化播种到基层社会乃及幼童的心灵深处："家孝友以为乡，塾道德以为基。"① 而且，其文化自觉也高度提升，许多人坚守"士穷不失义，达不离道"的儒家人格理想，秉承着传统的"在本朝则美政，在下位则美俗"的儒者境界，在"独善其身"的同时，努力使自己成为一方道德楷模，除积极参与教学活动外，还利用言传身教、参与解决地方事务、参加民间文艺教化活动等途径推广儒家道德，把教化、影响周围百姓作为自己的社会责任，潜移默化地发挥着他们的社会教化作用。

　　需注意的是，宋代的士人群体之所以能够并乐于活跃在两宋基层社会从事教学活动与地方教化活动，还因为宋代基层管理制度——乡里制度发生了重大变化，即从汉唐时期的乡官制转向职役制，这一变化为其从事教育活动提供了广阔的空间。"宋代是中国乡里制度发生重大转折的朝代，从这一时期开始，乡里制度已由乡官制转变为职役制。"② 总体而言，汉唐乡官制与宋代职役制主要有三方面的区别：一是职责迥异。汉唐时乡里组织领袖如三老、里正等需国家严格考察和选拔后才能任用，他们担负着征收赋税、听讼案件、地方治安以及教化百姓等诸多职责，而宋代乡里组织领袖的选任不重选举，而是指派，且分工琐细，职责分散单一，如里正、户长、大保长主赋税，耆长、副保正掌管治安等；二是地位不同。汉代的三老一般都德高望重，经常受到帝王赏赐，甚至能参与国家大事，唐代的里正社会地位虽有所下降，但仍为国家正式官员，可免除一切赋税徭役，而宋代除

① 傅璇琮：《全宋诗》，北京大学出版社 1991 年版，第 1344 页。
② 赵秀玲：《中国乡里制度》，社会科学文献出版社 1998 年版，第 25 页。

耆长、户长有少量薪俸外，其余如都保正、都保副正、保长等都不支薪、不免赋役，政治地位趋于低微；三是序列有别。乡里组织领袖在汉唐时属于国家正式的官员序列，而宋代国家的官员任命截止到县一级，里正、保长、户长等基层领袖则沦为任州县官吏驱使的差役，甚至经常被乡里豪右欺凌。如李南公做长沙县令时，"有一村多豪户，税不可督，所差户长辄逃去。南公曰：'此村无用户长，知县自督之。'"① 村中户长不堪忍受豪户与官府的双重压迫而逃逸，县令只好自己兼任此村户长。许多学者都注意到宋代基层政治空间的这一重大转变，如王棣指出，"宋代的乡，既不是一级基层行政政权或行政区划，也不是里的上级行政机构，而仅是县以下的一级财政区划"②。黄宽重也观察到："宋朝建立以后，县是国家直接实行权力的基点，不仅县一级的亲民官多由士人出身的朝廷命官担任，更借着武装力量改变的方式，强化了中央对地方的统治力，而且透过征差一定资产以上的民户，在各官府专职供役的方式，加强对基层社会的控制。……县役或乡役的吏员，多无俸禄，也没有出职为官的机会。"③

地方政治格局的全新变化导致乡里虚级化，县成为最基层的行政单位，乡里职役人员的地位与威望大为下降，在基层社会教化中的作用渐趋式微。乡村间巷于是出现了广阔的教化"真空"，统治集团急需新鲜血液来填充乡村社会的"权力空隙"，以使儒家道德教化理念能够顺畅地渗透于民间基层，地方社会中各种社会力量也因此暗流涌动，不同阶层和势力均伺机而动，轮番登场，试图在民间基层发出自己的声音。经过政治力与社会力之间的艰难角逐与多样性的动态整合，两宋地方社会最终出现了"未仕或乡居士人、拥有实力的豪强与具有实务经验的胥吏"④ 三足鼎立之势。宋代士人群体兼具关注天下和关怀乡里的双重性格，他们凭借文化知识和社会声望，积极参与乡

①　司马光：《涑水记闻》，中华书局 1989 年标点本，第 288 页。

②　王棣：《宋代乡里两级制度质疑》，《历史研究》1999 年第 4 期。

③　黄宽重：《从中央与地方关系看宋代基层社会演变》，《历史研究》2005 年第 4 期。

④　同上。

村文化教育、公共建设以及社会教化活动，最终成为基层社会的乡贤和意见领袖。因此，大有可为的基层教化空间也成为宋代儒生士大夫热心教学行业和社会教化活动的重要社会政治背景。

弥漫全国的尊师风尚，不仅扭转了社会风气，还为教育精英的成长提供了沃土。随着主体意识的觉醒，大批士人积极投身于教育事业，他们"无倦于教育"，以研读经术、奖掖后进为乐，在长期的教育活动中，其中逐渐磨砺出一批教学经验丰富、教育理念独到的教育精英。如酸枣醇儒王昭素，宋州教育家戚同文，南城名士李觏，"宋初三先生"胡瑗、孙复、石介，"古灵四先生"陈襄、郑穆、陈烈、周希孟，"庆历五先生"杨适、杜醇、楼郁、王致、王说等等，均在教育领域浸淫多年，并逐渐磨砺成声名远播的教育精英。以李觏为例：

> 李觏，字泰伯，南城人，学者称为盱江先生。俊辩能文。举茂才异等，不中。亲老，以教授自资，学者常数十百人。皇祐初，范文正公荐为试太学助教，上《明堂位定制图》。①

李觏科举失利后专心教书，其杰出的教育贡献甚至引起了范仲淹的关注，并在庆历兴学后将其推荐至太学任教。

还值得注意的是，张栻所生活的 12 世纪中前期，是一个民族与文化信仰出现严重危机的时代，宋儒们积极投身教育事业，还有更为深沉的社会政治抱负。两宋王朝以儒立国，以文治天下，在统治者的大力倡导下，经过数代儒士的艰辛耕耘，经学在 11 世纪中叶的数十年里曾一度复兴，举国出现"郁郁乎文哉"的文化盛景，正像张栻所言："宋兴百有余年，四方无虞，风俗敦厚，民不识干戈。"② 然而，重回三代之治——宋儒们满心期待的重新恢复儒家经典所昭示的

---

① 黄宗羲：《宋元学案》，中华书局 1982 年标点本，第 155 页。

② 张栻：《南轩先生文集》卷 10《浏阳归鸿阁龟山杨谏议画像记》，华东师范大学出版社 2010 年标点本，第 185 页。

社会政治蓝图，在 12 世纪初却最终被证明是一种乌托邦式的理想。无论是以宋神宗和王安石为主的改革派，还是以邵雍、二程、司马光为首的道德保守主义者，[①] 他们所推崇和设计的政治方案都未能解决实际的国是问题。与此同时，宋政府加强了对思想和学术的控制，试图利用国家政权的力量推行"一道德、同风俗"的治国理念，以统一思想、收拾人心，进而解决当时日益严重的内忧外患，挽救国家和民族危机。但统治者"种下的是龙种，收获的却是跳蚤"，趋于严密的思想控制与势同水火的派系斗争加速了国家的衰亡，北宋也最终沦丧在金人铁蹄之下。宋室南渡后，国力尽管在满目疮痍中逐渐恢复，但南宋已失去了北部中国以及在 11 世纪积累起来的民族信念与文化自信。在劫后余生的文化重建中，"许多学者转向注重道德修养和教育，以期从 11 世纪的文化复兴运动中重新发现的儒家价值观中找出自信的基础，学者也在这一过程中形成了宽容精神"[②]。以道德重建为救亡图存之道，成为两宋之际儒生士大夫新的社会理想，他们以官学、书院、私学为主要阵地，通过书信、聚会、讲学等方式相互切磋，推行道德教育，不遗余力地宣传、弘扬儒家伦理道德，为协助国家推动儒家道德教化的重心下移、稳定社会思想做出了重要贡献。

张栻就是在这样的时代场域中脱颖而出的教育大师，其教育活动和教育思想无不深刻烙有鲜明的时代印迹。张栻是师道尊严的积极倡导与践行者，知静江时，他在静江学宫明伦堂侧立周敦颐、程颐、程颢三先生祠，亲率静江府学师生前来祭拜，并严肃告诫府学教官，若想培养出经世安邦之才，就要形成隆师尊教的社会风气，因为欲弘扬

① 学者葛兆光认为，北宋中后期以洛阳为中心，聚集了一批以儒家道德理想相标榜、以思想和学术为号召的知识集团，如邵雍、二程、司马光、文彦博、富弼等，他们利用政治和社会声望，以重建知识与思想权威、确立士大夫角色、制约皇权力量为理想，以知识、思想与国家分庭抗礼，以文化权利抵消政治权利，使中国思想世界出现了前所未有"政统"与"道统"、"师"与"吏"、政治重心与文化重心的分离的局面。（参见葛兆光《洛阳与汴梁：文化重心与政治重心的分离》，《历史研究》2000 年第 5 期。）

② ［美］田浩：《功利主义儒家：陈亮对朱熹的挑战》，姜长苏译，江苏人民出版社2012 年版，第 3 页。

道统，承继孔孟之学，"首以立师道为急"。他说："师道之不可不立也久矣！良材美质，何世无之，而后世之人才所以不古如者，以夫师道之不立故也。……师道立则善人多，善人多则朝廷正而天下治。"①将师道视为当务之急，并提升到治国的高度，彰显出他对重塑师道的努力和重视程度。

张栻不仅呼吁尊师重教，还以身作则。这在对曾影响其一生的恩师胡宏身上就可看出。尽管胡宏在张栻拜师后的第二年就驾鹤西去，但张栻对老师没齿难忘，他在《答舒秀才》中深情缅怀：

> 某向者受五峰先生之教，浃于心肺，佩之终身，而先生所造精微，立言深切，亦岂能尽窥其藩？向者元晦有所讲论，其间亦有与鄙见合者，因而反复议论，以体当在己者耳，固吾先生所望于后人之意也。如晦叔、广仲、伯逢皆同志者，故以示晦叔，而晦叔复以示二公，庶几往返之有益耳。②

张栻对胡宏的教诲"浃于心肺，佩之终身"，为将恩师的学说发扬光大，他广交朱熹、胡广仲、胡伯逢等四方学友，并反复讲论，以窥其学术要旨，用心可谓良苦。胡宏去世后的相当长一段时间内，张栻心情一直处于悲怆状态，常常徘徊于老师讲学之处——碧泉书院，立志奋发图强、重续"斯文"。如某次他与同门师兄彪德美重游碧泉书院，并赋诗一首：

> ……
> 五峰讲学地，叹息风雨浸。
> 前时约同途，旧游怆追寻。
> 鸣凤不可见，修竹余清阴。

① 张栻：《南轩先生文集》卷10《三先生祠记》，华东师范大学出版社2010年标点本，第184页。

② 同上书，第415页。

　　斯文天未丧，千载发韶音。①

　　……

　　彭德美即彭居正，亦是胡宏的高足。此诗是业师去世后，同窗二人造访恩师故居时所作，缅怀之情溢于言表。诗的后四句所用之典皆出自《论语》。《论语·子罕》："子曰：'凤鸟不至，河不出图，吾已矣夫！'"而"鸣凤不可见"即用此典，感叹胡宏生不逢时，毕生未能见用于世。又《论语·子罕》："子曰：'文王既没，文不在兹乎？天之将丧斯文也，后死者不得与于斯文也；天之未丧斯文也，匡人其如予何？'"张栻在《论语解》释此处的"文"为"所以述是道而有传也"。诗中"斯文天未丧"句，则直接取用孔子原话，一方面誉胡宏为"道"承传者，另一方面又言其后继有人（大概指他自己和同来的彭居正）。《论语·八佾》："子谓《韶》：'尽美矣，又尽善也。'"因此"千载发韶音"则指胡宏所传之道"尽善尽美"。张栻充分肯定了先师的道德学问，表达了自己高山仰止的崇敬心情。从这首诗可以看出，张栻将老师的教诲和学术主张称作"凤鸣"，认为业师胡宏是儒学发展过程中不可或缺的人物，他的出现导致"斯文"传承不辍，其学问足以影响千载。

　　张栻对胡瑗首创的"苏湖教法"也一直十分服膺，以胡氏私淑弟子自居，常常"往拜安定先生之墓"，以示敬意。他对湖湘前辈、经学大师胡安国也甚为推崇，曾七次前往其授徒讲学之故地——碧泉书堂，作诗赞颂：

　　　　入门识溪碧，循流识深源。

　　　　念我昔此来，及今七寒暄。

　　　　人事几更变，寒花故犹存。

---

　　① 张栻：《南轩先生文集》卷10《三先生祠记》，华东师范大学出版社2010年标点本，第8页。

堂堂武夷翁，道义世所尊。①

……

张栻还在《答朱元晦·二三》中曾向朱熹提到，"二广亦有二三士人肯思虑能自立者，但向来无师承"，他对这几位两广地区的秀美之士无师承的状况十分忧虑，害怕他们因无人引导、规范而在学术之路上误入歧途，希望朱熹向他们推荐一些名师，"方告以所当循之序耳"。②

张栻一生热爱教育事业，不遗余力地投身其中，"日夕不敢自怠弃"，所谓"讲学不可一日忘也"。③ 他在《默姪之官襄阳两诗以送之》中说：

> 默也相从久，吾心念汝多。
> 又为江汉别，空觉岁年过。
> 习气需消靡，工夫在讲磨。
> 惟应介如石，人事易蹉跎。④

在诗中，张栻语重心长地告诫侄子张默，"讲磨"是工夫、学问之本，应时刻牢记，否则就易蹉跎时光。

张栻之所以如此注重讲学，因为他认为，讲学不仅是君子进德修业的主要手段，更是"正人心，承三圣"、"致君泽民"的伟大事业。他在《答陆子寿》中详细阐述了这一观点：

> 圣上聪明不世出，真难逢之会，所恨臣下未有以仰称明意。
> 大抵后世致君泽民之事业不大见于天下者，皆吾儒讲学不精之

---

① 张栻：《南轩先生文集》卷2《过胡文定公碧泉书堂》，华东师范大学出版社2010年标点本，第20页。

② 同上书，第357页。

③ 同上书，第406页。

④ 同上书，第80页。

罪。故区区每愿从世之贤者相与切磋究之，而盛意之辱，欣幸至于再三也。①

　　之所以世上还没有出现太平盛世，主要在于儒家学者"讲学不精之罪"，当今圣上（宋孝宗）聪明不世出，并十分推崇儒学，如果儒士不能借助这种大好形势将圣贤之学讲明当世，是令人痛惜不已的憾事。同时，针对"近世学者之弊，渺茫臆度，更无讲学之功"，结果导致"异端"纷纷的现状，张栻还要求学者应将讲学视为"终身事"，持之以恒，才能"有常而日新"，将圣门之学发扬光大。

　　基于上述认识，无论是执教于城南、岳麓书院期间，还是居乡、政务倥偬之际，张栻都积极地聚徒设学，弘扬学说，注重"与世之贤者相与切磋"，并不断总结教学经验和教育方法，反思自身学问之不足，经过数十年如一日的艰辛讲学，张栻不仅成为湖湘学派的集大成者，还最终磨砺成为一代教育宗师。

---

　　①　张栻：《南轩先生文集》卷26《答陆子寿》，华东师范大学出版社2010年标点本，第405页。

孟氏没，圣学失传，寥寥千数百载间，学士大夫驰骛四出以求道，泥传注，溺文辞，又不幸而高明汩于异说，终莫止其所指。嗟乎，道之难明也如此！非道之难明也，求之不得其本也。——张栻（《南轩先生文集》卷一二《敬斋记》）

上篇　传斯道：张栻的教育思想与教育活动

第一章

独树一帜：张栻教育思想探微

第一节　张栻教育思想的形成

张栻（1133—1180 年）字敬夫、钦夫，号南轩，南宋时期著名的理学家、教育家，与朱熹、吕祖谦齐名，并称"东南三贤"。张栻一生以圣贤自期，奋济时艰，志道依仁，被同时代的儒宗陈亮盛誉为"一世学者宗师"，[①] 在学术思想上深受家学、师学、讲友等方面的影响。张栻曾在《答陈平甫》中详述自身的为学历程：

> 某自幼侍亲来南，周旋三十余年间，又且伏守坟墓于衡山之下，是以虽为蜀人，而不获与蜀之士处，以亲友其仁贤，每以是念。往岁得建安魏元履书，始知足下之名，且闻廷对所陈大略，念足下天资刚毅人也，恨未之识耳。虽然，世固有天资之美者，苟不知进乎学，则终身安于其故而已。盖气质虽美而有限，天理至微而难明，是以君子必贵乎学也。近得犹子然书，复闻足下超然拔出流俗，志于古道，孜孜不舍，则又叹足下于世衰道微之际，能独见自立如此，其进也何可量！……仆自惟念，妄意于斯道有年矣，始时闻五峰胡先生之名，见其话言而心服之，时时以书质疑求益。辛巳之岁，方获拜之于文定公书堂。先生顾其愚而诲之，所以长善救失，盖有在言语之外者。然仅得一再见耳，而

---

① 《陈亮集》卷 29《与张定叟侍郎》，中华书局 1974 年标点本，第 383 页。

先生没。自尔以来，仆亦困于忧患，幸存视息于先庐，绅绎旧闻，反之吾身，浸识义理之所存。湘中二三学者时过讲论，又有同志之友自远而至，有可乐者。如是又五载，而上命为州，不得辞，继为尚书郎，猥以愈言，误被简遇，遂得执经入仕，且须都省下士。诚欲自竭，庶几以报，而学力不充，迄亡毫发之补。归来惟自省厉，盖愈觉己偏之难矫，圣学之无穷，而存察之不可斯须忘也。①

这封信柬的内容是张栻对自己逾半生社会活动和学术思想发展脉络的扼要总结，它不仅透露出张栻"志于古道"、"不学则终身难安"的寻道求理之精神，更厘清了张栻沐浴家学——"获拜之（胡宏）于文定公书堂"——"息于先庐，绅绎旧闻"——"浸识义理"——与"自远而至"的"同志之友"切磋砥砺的学术发展脉络。在此脉络中，张栻教育学术思想的源流和师承关系清晰可见。

一　承继家学

张栻出身于数代仕宦的官僚大家庭，家学渊源悠远深厚。其始祖为张九皋，为唐朝宰相张九龄之弟，曾任唐岭南节度使，封南康伯。八世祖张磷，任国子祭酒，随唐僖宗入蜀，由长安迁徙至成都。世祖张文矩，早逝，封沂国公，夫人杨氏携三子由成都迁往绵竹，依外家，张栻遂为绵竹人。曾祖父张弦，于宋仁宗时曾以殿中丞致仕，封冀国公。祖父张咸，于宋神宗元丰二年（1079 年）登进士第，任剑南节度使判官，封为雍国公。其父张浚，为南宋初期著名的"中兴"之相，兼政治家与学者于一身，曾受教于谯定，是二程、苏轼的再传弟子，在学术上成就斐然，著有《紫岩易传》、《春秋解》、《论语解》、《中庸解》、《中兴备览》等传世名作。尽管出身名门望族，张栻却丝毫未沾染富贵家公子习气，自幼以古圣先贤自期，加之气质禀

---

① 张栻：《南轩先生文集》卷 26《答陈平甫》，华东师范大学出版社 2010 年标点本，第 395 页。

赋与众不同，所谓"生有异质，颖悟夙成"，因此深得张浚的喜爱，张浚"自幼常令在旁，教以忠孝仁义之实"。张栻后来回忆道：

> 学圣人必学颜子，则有准的。颜氏之所以为有准的，何也？以其复也。复则见天地之心，成位乎中而人道立矣。然而欲进於此，奈何其惟格物以至之，而克己以终之乎？呜呼，此先公之所以教某者。①

"复"是易学重要概念，张栻在《答吴晦叔·六》里解释曰："反复其道，正言消长往来是道也。盖所以复者是也，其在人，有失则有复。复，贤者之事也，于其复也，亦可见其心焉。若夫圣人生知纯全，无俟乎复，则何所见其心焉？"② 可见"复"乃是反复涵泳体察的意思，也是救人之失、修成圣贤的重要方法。"学圣人"乃是宋明理学中修养论的核心内容。从这段话，可以大致窥测出张浚传授张栻学业的基本情况。

为便于张栻读书业儒，张浚还专门设立家塾，让张栻和家族中的其他优秀子弟共同研习切磋，"独挈子侄住，日夕读《易》，亲教授其子栻"。在父亲的督促和言传身教下，张栻14岁就颇有名气，甚至连宋高宗也有耳闻："宋高宗尝问张魏公：'卿儿想甚长成？'魏公对曰：'臣子栻年十四，脱然可语圣人之道'。"③ 十四岁就能"脱然可语圣人之道"，由此可见其家学之功。正如朱熹所叹："自其幼壮，不出家庭已固已得夫忠孝之传。"家学的熏陶和浸润，帮助张栻完成了早期理学思想的学术积淀。

在家庭教育中，张栻除了深受儒家伦理思想的熏陶外，还继承了父亲张浚的抗金爱国思想。张浚一生志在驱除金虏，恢复中原，虽屡

---

① 《张栻全集》，长春出版社1999年标点本，第1033页。

② 张栻：《南轩先生文集》卷19《答吴晦叔·六》，华东师范大学出版社2010年标点本，第308页。

③ 罗大经：《鹤林玉露》，《宋元笔记小说大观》，上海古籍出版社2002年标点本，第5317页。

遭权贵排挤打击，仍矢志不渝。张浚在临终时，仍谆谆嘱托两个儿子："吾尝相国，不能恢复中原，尽雪祖宗之耻，不当归葬先人墓左，葬我衡山足矣。"① 张栻牢记父亲的遗嘱，一生最痛恨那些苟且偷安的权贵们"罢兵与虏和"，以"慨然以奋伐仇虏，克复神州为己任"。从六岁开始，张栻就经常跟随父亲转战疆场，与金人展开殊死争斗。在父亲的教诲下，在残酷的军事斗争中，张栻获得了许多宝贵的战争经验，逐渐成长为一位优秀的军事指挥者，虽"藐然少年"，但他已经以卓越的军事才干闻名军中，"周旋其间，内赞密谋，外参庶务。其所综画，幕府诸人皆自以为不及"，小小年纪就能得到军队将帅、参谋们的交口称赞，这对张栻来说是殊为不易的。正因为如此，他的军事才能逐渐得到朝廷的关注，并被孝宗屡次召见，"以军事入奏"，自此名扬天下。与其他主战派不同，张栻还注意到人心向背对战争的巨大作用，并由此提出了"护养邦本"这一极富远见的主张，他在首次面见孝宗时就明确了这一主张："夫欲复中原之地，当先有以得其百姓之心；欲得中原之心，当先有以得吾百姓之心。而求所以得吾民之心者，岂有他哉，不尽其力，不伤其财而已矣。"② 他认为得百姓之心是抗金复疆的头等大事，因此呼吁统治者要善待、爱护百姓，尽量做到"不尽其力，不伤其财"，其拳拳爱国之心与涓涓济民之情在这一奏议中显露无遗。

南宋著名文学家杨万里曾在一份向宋孝宗举荐张栻的奏疏中，扼要提到张栻的家学渊源："臣窃见左司郎中张栻有文武之才，有经济之学，盖其父教养成就之三十年，以为陛下之用，陛下知之亦十年矣。"③ 杨万里不仅是张栻的挚友，还是张浚的入室弟子，对张栻了解至深，他认为张栻之所以具备"文武之才"、"经济之学"，很大程度上是其父数十年如一日"教养成就"的结果，这足以说明张栻受

---

① 《宋史》卷361《张浚传》，中华书局1977年标点本，第11311页。

② 张栻：《南轩先生文集》（附录），华东师范大学出版社2010年标点本，第645页。

③ 《杨万里集笺校》卷62《上寿皇乞留张栻黜韩玉书》，中华书局2007年标点本，第2653页。

家学影响之深。

二　寻师问道

在求学过程中，张栻曾深受三位名师的影响，第一位是元城学派的重要传人刘芮；第二位是南宋名臣王大宝；第三位是理学大师胡宏。

绍兴十二年（1142 年），张栻十岁时，张浚寓居长沙，曾命张栻从刘芮学。刘芮，字子驹，东平人，生卒年不详，宋室南渡后居于湘中。据《宋元学案·元城学案》：刘芮系孙伟门人，刘安世再传，司马光三传，后遍游尹和靖（尹焞）、胡文定（胡安国）之门：

> 祖望谨案：元城之得统于温公，大抵不出"刚健笃实"一语。元城门下，其最显者为李庄简公泰发，其厄于下寮者为先生（孙伟），其骨力皆得之元城。……先生之高弟曰刘芮。[1]
>
> 刘氏自学易以来，三世守其家学，不求闻达。虽阀阅亚于韩、吕，而节行与之埒。先生学于孙奇甫，其后遍游尹和靖、胡文定之门，所造粹然。[2]

张栻父子向与刘芮之师学有同道之交，互为欣赏。张浚初涉政坛，孙伟常常赞其贤能。尹焞曾入蜀至阆中，与张浚有过来往，张浚馆之于子弟之舍。而孙蒙正（孙伟之子）则在张栻拜师胡宏时起过一定的推荐作用。张浚居长沙，命张栻向刘芮问学，也表明张浚对刘芮之学的赞赏。绍兴十二年（1142 年），张栻开始跟从刘芮读书业儒。刘芮一生铮铮铁骨，他从不媚权势，并忠心爱国、志在恢复中原。《宋元学案》载：

> 其为永州狱椽，与太守争议狱，谓今世法家疏駮之设意，殊

---

① 黄宗羲：《宋元学案》，中华书局 1986 年版，第 834 页。
② 同上书，第 840 页。

与古人不同，古人于死中求生，不闻生中求死，遂以疾求去。会太守遣属来，乃绍圣权臣之后，先生（刘芮）叹曰："吾义不与仇人接！"投檄竟归。①

由此，刘芮不向权贵折腰之性情便可见一斑。其抗金复仇之志也非同寻常："初，先生（刘芮）十丧未葬，意欲得中原之复，返葬岭北。"② 因此，刘芮的学问，尤其是刘芮不媚权势、忠心爱国及其恢复之志，对于少年时期的张栻应当产生过一定的影响。这一点从刘芮晚年与张栻的和诗中即可略窥一二：

> 病著不任事，淹卧心自休。
> 经时不出门，况复斜川游。
> 每觌节物换，怳惊时序流。
> 少年喜追逐，聚散水上鸥。
> 沉舟枯木伴，风帆春树秋。
> 我病正尔许，怀念老朋俦。
> 有酒不能饮，徒有献与酬。
> 故人酌佳日，亦复我念否。
> 佳章写怀抱，一读宽百忧。
> 吾君念远民，归计未易求。③

张栻诚邀刘芮前往相叙师徒情谊，刘芮因病无法前往，但"心心不忘"，因此躺在病榻之上，回忆了师徒二人在一起的美好时光，十分自得地称赞弟子取得的成就，并勉励张栻忠君爱民，建功立业。从诗中可以推断，师徒在学问、思想等方面的交流一直没有间断。

王大宝（1094—1170 年），赵鼎门人。明代郭棐在《粤大记》

---

① 黄宗羲：《宋元学案》，中华书局 1986 年版，第 840 页。
② 同上。
③ 傅璇琮：《全宋诗》，北京大学出版社 1991 年版，第 22344 页。

中，曾将他与冯元、余靖、崔与之、李昴英、郭阊等一起并称为宋代岭南六先生，赞叹他们"真五岭间气之钟灵，百代士林之仪表"。年少时以优异成绩入太学上庠，南宋建炎二年（1128年）高中进士第二，是两宋时期岭南地区唯一的榜眼。他精于易学，曾作《诗书易解》六卷献给宋高宗。同时，他还是南宋初期著名的抗战派领袖，曾向孝宗数次进言，大声疾呼"今国事莫大于恢复，莫仇于金敌"，上疏曰："太上传丕基于陛下，四方日俟恢复，国论未定，众志未孚。愿陛下果断，则无不济。"① 后来孝宗复用张浚，主持北伐，王大宝又积极支持张浚，力赞其议。北伐遭遇符离之败，抗金形势急转直下，主和派开始抬头，纷纷攻击张浚。就在群言汹汹之际，王大宝向孝宗进言"危疑之际，非果断持重，何以息横议"，使孝宗又一度坚定了抗金信念，仍以张浚为枢密使、江淮东西路宣抚使，并且擢升为右丞相。后来，汤思退议罢督府，力请讲和，王大宝又挺身而出，接连上三道奏章，反对与金媾和，"奏谓：'今国事莫大于恢复，莫仇于金敌，莫难于攻守，莫审于用人。宰相以财计乏，军储虚，符离师溃，名额不除，意在核军籍，减月给。臣恐不惟边鄙之忧，而患起萧墙矣。'章三上，除兵部侍郎。"② 但由于主和派逐渐把持朝政，张浚被排挤罢职，王大宝也随之辞去谏议大夫之职。王大宝为官清正，淡泊名利，体恤民苦，为普通百姓做了很多好事。如绍兴十九年（1149年），他借上京接受考课之机，奏称，广南路连、英、循、惠、新、恩六州户口稀少，商贸很不发达，应诏各小州裁减每月所纳"免行钱"，使得六州民众因而减轻了不少负担。王大宝为人刚直不阿，在位时从不避权贵，敢于直言，"逮斥权奸，了无顾忌"，在京为任时曾先后奏劾、罢免了刘章、廖迟、樊光远、朱倬、汪澈等达官贵人，一时朝野为之震动，称之为"王老虎"。绍兴十六年（1146年），张栻刚满十四岁，父亲张浚被贬谪到连州（今广东连县），张栻也随父寓居连州，恰逢王大宝在此居官，因此张浚"命其子栻与讲学"，重

---

① 《宋史》卷386《王大宝传》，中华书局1977年标点本，第11856页。
② 同上书，第11858页。

点研习《易经》。此刻由于张浚在朝廷失势，其门生故吏、亲朋好友均遭到打击排斥，很多人避之唯恐不及，但王大宝却坦然处之，不仅认真指点张栻进德修业，还经常周济张家父子："时赵、张客贬斥无虚日，人为累息，大宝独泰然。浚奉不时得，大宝以经制钱给之，浚曰：'如累君何？'大宝不为变。"① 王大宝的人品学问以及在父亲蒙难时所展现出的高尚气节使张栻景仰不已，他的抗金复疆思想也对张栻产生了深刻影响。

关于拜师胡宏，近人昌彼得在《南轩先生文集跋》记述曰："栻字敬夫，号南轩，四川广汉人，徙居衡阳，中兴丞相魏国公浚长子。颖悟夙成，少师五峰宏，宏告以孔门论仁亲切之旨，乃益自奋厉，以古圣贤自期，作《希颜录》以见志。"② 拜师胡宏是张栻人生的重要转折点，因为在此期间他从胡宏那里领悟到了"孔门论仁亲切之旨"，奠定了其一生的学术基础。不过，张栻与胡宏的师徒之缘则一波三折。绍兴二十九年（1159 年），张栻 27 岁，他辑录孔子弟子颜渊的言行，作《希颜录》上下篇，视颜渊为楷模，致知力行，追寻圣门之道。是年，张栻听闻胡宏在衡山传播二程之学后欣喜不已，遂以书信方式求教质疑，逐渐受到胡宏的关注，"适时闻五峰先生之名，见其话言而心服之，时时以书质疑求益"。两年以后，张栻在父亲张浚的支持下决定前往衡山拜胡宏为师，问河南程氏之学："辛巳之岁（1161 年）方获拜于文定公书堂。先生顾其愚而诲之，所以长善救失，盖有在言语之外者。然仅得一再见耳，而先生卒。"③ 胡宏（1105—1161 年），字仁仲，学者尊称其为五峰先生，曾师事二程高弟杨时及侯仲良，是二程的再传弟子，但主要宗守其父胡安国之学。胡宏一生不愿出仕，最初以荫补右承务郎，不调；后秦桧当国，意欲起用，亦遭其严词拒绝。他在给秦桧的信中，表明其志在于"立身行道"，富贵于己如浮云。为振兴道学、推行风教，他隐居衡山二十余

---

① 《宋史》卷 386《王大宝传》，中华书局 1977 年标点本，第 11858 页。

② 张栻：《南轩先生文集》（附录），华东师范大学出版社 2010 年标点本，第 666 页。

③ 同上书，第 395 页。

年，边著书立说边培养弟子传人，成为南宋初期著名的理学家、教育家。作为开湖湘学派风气之先的一代理学大师，全祖望对其评价甚高，说："绍兴诸儒所造，莫出五峰之上。其所作《知言》，东莱以为过于《正蒙》，卒开湖湘之学统。"其哲学以性、道为最高范畴。胡宏的著作主要有《知言》六卷、《五峰集》五卷等。

在未见到张栻之前，胡宏对是否接受张栻为弟子甚为犹豫。因为张栻的父亲张浚曾师从蜀学苏门之后苏元老及蜀人樵定，而樵定和苏元老喜佛学，学术思想里多有禅学的影子，张浚作为弟子，势必受其影响。胡宏因此推测张栻很可能沾染佛学，这对志于维护道统的胡宏来说是不能容忍的。在张栻第一次恳请胡宏收其为徒时，胡宏曾以"渠家学佛"为由婉拒了张栻的请求。事实上，胡宏在这一点上确实冤枉了张栻，张栻和韩愈、欧阳修等士大夫一样，一生都是儒学的忠实卫道士，是坚定的排佛抑道之士。魏了翁在《跋南轩与李季允帖》中曾记述：

> 南轩先生受学五峰，久而后得见，犹未与之言，泣涕而请，仅令思"忠清未得为仁"之理。盖往返数四，而后与之。前辈所以成就后学，不肯易其言如是。故得其说者，启发于愤悱之余，知则真知，行则笃行，有非俗儒四寸口耳之比。今帖所谓"无急于成"，乃先生以其所以教于人者教人。[1]

从史料可以看出，最初，尽管胡宏勉强承认张栻为其弟子，但仍处于犹豫不决阶段，在张栻前后三次"泣涕而请"的情况下，胡宏并未轻易传授自身学问。

经过一段时间的认真考察，胡宏发现自己以前的判断有误，逐渐意识到自己得到了一位天赋异禀、志存高远的英才，足以继承自己的学术衣钵。他在给孙正孺的信中开始改口，毫不掩饰自己的欣喜之情："敬夫特访陋居，一见真如故交，言气契合，天下之英也。见其

---

[1]　黄宗羲：《宋元学案》，中华书局1986年标点本，第1635页。

胸中甚正且大，日进不息，不可以浅局量也。河南之门，有人继起，幸甚！幸甚！"① 事实证明胡宏所言非虚。尽管张栻从学时日短暂，但在胡宏众多弟子之中，张栻是唯一配得上学术传人称号的，正像黄宗羲所言：

> 宗羲又按：南轩受教于五峰之日浅，然自一闻五峰之说，即默体实践，孜孜勿释。又其天资明敏，其所见解，初不历阶级而得之。五峰之门，得南轩而有耀。从游南轩者甚众，无一人得其传，故道之明晦，不在人之众寡而。②

张栻光大了胡宏之学和湖湘学派，在他之后再无人做到这一点，由此可见张栻在胡宏学术脉络中扮演着多么重要的角色！

当然，张栻也非常服膺胡宏的学问，这一点从他泣涕多次拜师可以深刻感知。张栻称赞胡宏"志于大道，玩心神明，不舍昼夜，力行所知，亲切至道"，其学问"析太极精微之蕴，穷皇王制作之端，综事物于一源，贯古今于一息，指人欲之偏，以见天理之全，即形而下者而穷无声无臭之妙，使学者念端倪之不远，而造高深之无极。"③ 从上述字里行间之中，师徒二人惺惺相惜、相见恨晚之情溢于言表。然而，张栻仅跟随胡宏求学一年，胡宏即溘然长逝，张栻对胡宏英年早逝痛憾不已，他说："以先生之学，而不得施于时，又不幸仅得中寿，其见于文字间复止于如此，岂不甚可叹息！"对自己因从学之短，而没有完全领悟恩师治学之要也颇为遗憾："某倾获登门，道义之诲，浃洽于中，自惟不敏，有负夙知。"④ 尽管从学时日短暂，但胡宏的学术思想对张栻影响深远，张栻吸收了胡宏的许多理学观点，对其代表作《知言》更是称颂不已，称"其言约，其义精，诚道学之枢要，

---

① 《胡宏集》，中华书局 1987 年标点本，第 147 页。

② 黄宗羲：《宋元学案》，中华书局 1982 年标点本，第 1636 页。

③ 张栻：《南轩先生文集》卷 14《胡子知言序》，华东师范大学出版社 2010 年标点本，第 232 页。

④ 同上。

制治之龟要也"。当然，对恩师的服膺并不代表盲从，张栻颇具"吾爱吾师，吾更爱真理"的学术独立精神，如在存养和省察的先后问题上，张栻先是笃信胡宏，后在与朱熹的学术交往中给予了更正；在伯夷、叔齐问题的探讨上，他旧承恩师之说，"谓伯夷、叔齐让国，故见伐国事不是，不食周粟，在伯夷、叔齐身分上当然，是能全其清则也"，但经过深思，他认为胡宏的结论有失偏颇，"非谓前日已曾如此，今日更不得如彼，只是清者之见自如此耳"；对胡宏在《中庸章句》中解释"道不远人"的章节里，也有"文义亦自有疑"的地方。① 正是这种视学术为生命的优秀品格，以及在对恩师的继承与超越中，才使张栻在学派林立、大师辈出的时代里卓然独立，独树一帜。黄宗羲所谓"南轩之学得之五峰，论其所造，大要比五峰更纯粹"②的赞誉，就是对张栻在寻师问道中将恩师之学问发扬光大的精要总结。

三　取友四方

独学而无友，则孤陋而寡闻。宋儒扬弃了两汉以来形成的死板烦琐的注疏训诂学风，开始注重义理之学。义理之学最大的特点是使经学的研习带有浓厚的意趣与思辨成分，这也极大地提高了儒士们钻研经籍的积极性，义理需透过经籍文字的表面去深入探究，还要联系修身治国的实际，因此，义理之学还具有浓郁的个性化色彩，注重经籍的理解和发挥，故求教名师、师友切磋的必要性大大增强。在这样的时代氛围里，学者们往往能超越狭隘的门户之争，摒弃学术偏见，互相交流借鉴。张栻相较其他学者，更是异乎寻常地执着于此，他每每以"孤陋少友是惧"③，在治学过程中广交学友，相互切磋辩难，以增益见闻、精进学问。正像朱熹所赞："（张栻）所造既深远矣，而

① 张栻：《南轩先生文集》卷14《胡子知言序》，华东师范大学出版社2010年标点本，第333页。

② 黄宗羲：《宋元学案》，中华书局1982年标点本，第1609页。

③ 张栻：《南轩先生文集》卷27《答李贤良》，华东师范大学出版社2010年标点本，第408页。

犹未敢自以为足，则又取友四方，益务求其学之所未至。"① 当时几乎所有拥有学术声望的学者都与他有过学术交流，其中与"东南三贤"之中的其他两位——吕祖谦、朱熹交情最善，来往也最为频繁。他在《答陆子寿》中曾忆昔、总结了三人之间的友谊：

> 元晦卓然特立，真金石之友也。然作别十余年矣，书问往来，终岂若会面之得尽其底里哉！伯恭一病，终未全复，深可念，向来亦坐枉费心思处多耳。心之精微，书莫能究，布复草草，正惟亮之。②

张栻视朱熹和吕祖谦为金石之友，对他们可谓惦念至深。这种深厚情谊建立在他们之间志同道合、互相钦慕以及经年累月的学术交流与切磋基础之上。

（一）与吕祖谦的莫逆之交

吕祖谦（1137—1181 年），字伯恭，南宋婺州（今浙江金华）人，原籍寿州（今安徽凤台），人称东莱先生。与朱熹、张栻齐名，同被尊为"东南三贤"，"鼎立为世师"，是南宋时期著名的理学大家之一。他所创立的"婺学"是当时颇具影响的学派之一。关于张栻与吕祖谦之间的往来情况，《宋史》有载："祖谦之学本之家庭，有中原文献之传。长从林之奇、汪应辰、胡宪游，既又友张栻、朱熹，讲索益精。"③ 张栻在文集中也曾屡次提及，如在《答朱元晦·三》里，他记述了与吕祖谦探讨学术的情景："伯恭临墙，日得唔语，近来议论甚进，每以愚见告之，不复少隐也"；在《答朱元晦·九》中，张栻提到吕祖谦经常前往城南书院讲学论道："伯恭近日尽好讲论"；在《答朱元晦·十四》中，张栻难掩欣喜之情，说"伯恭

---

① 张栻：《南轩先生文集》附录《右文殿修撰张公神道碑》，华东师范大学出版社 2010 年标点本，第 643 页。

② 同上书，第 405 页。

③ 《宋史》卷 434《吕祖谦传》，中华书局 1977 年标点本，第 12873 页。

相聚计讲论，彼此之益甚多，恨不得从容于中也"；在《答朱元晦秘书·三一》中，他又提到"伯恭近专人来讲论详细，如此朋友，真不易得"，等等。两人探讨学问常常达到忘我的境地，他们曾就某一问题通宵达旦地探讨，唯恐见面时光易逝，这和张栻与朱熹讨论学术"三日三夜不合"的情形极其相似，正像吕祖谦在《答潘叔度》中所言："八月稍凉，已与张丈约共为夜课，盖日月殊易失耳。"① 吕祖谦将这种彻夜长谈趣称为"夜课"，从中可以深切感受到二人在讲论过程中的严肃认真程度，以及双方在学术探讨后收获的喜悦。

　　还值得一提的是，张栻与吕祖谦还有过短暂的同僚关系。乾道五年（1169 年），经刘珙推荐，张栻除知抚州，未及上任，又改知严州（今浙江建德）。是年，吕祖谦出任严州教授，两人一位掌政事，一位掌教事，过从甚密，相与论学，并以经学诲勉诸生。二人在这一年深入探讨了许多重要理学问题，并就教育目的达成一致，认为明人伦是道德教育的重中之重，吕祖谦从《易》、《诗》、《书》、《春秋》、《孟子》等儒家经典中辑录关于父子、兄弟、夫妇、人伦之道的内容，编为《阃范》一书，张栻为之作序，作为严州州学的教材使用。此外，张栻还呼吁人人都要收藏、研读此书，以提升整个社会的道德水准："某谓此书行于世，家当藏之，而人当学之也。"② 尽管吕祖谦在一年之后就调往京师出任太学博士，但这段机缘对二人来说都弥足珍贵。张栻与吕祖谦关系莫逆，还有一个重要原因是二人在抗金主张上的一致性。据《宋史》记载，吕祖谦在抗金复疆问题上立场坚定，他在为孝宗讲学之时曾趁机上疏曰："恢复大事也，规模当定，方略当审。陛下方广揽豪杰，共集事功，臣愿精加考察，使之确指经画之实，孰为先后，使尝试侥幸之说不敢陈于前，然后与一二大臣定成算而次第行之，则大义可伸，大业可复矣。"③ 视恢复中原为第一要事，

---

① 《吕祖谦全集》卷 10《答潘叔度》，浙江古籍出版社 2008 年标点本，第 490 页。

② 张栻：《南轩先生文集》卷 14《阃范序》，华东师范大学出版社 2010 年标点本，第 226 页。

③ 《宋史》卷 434《吕祖谦传》，第 12872 页。

这一点和张栻几无区别，共同的志趣和抱负更加固了两人的友谊。

淳熙六年（1179 年）正月初，吕祖谦偶患中风，为庸医所误，以至于患偏瘫之病。四月，遂告假回归故里。七年，病中开始作《大事记》，而此时的张栻在江陵府正大刀阔斧整治吏治。是年二月二日，张栻突然病故，享年四十八岁。吕祖谦惊闻噩耗，呆立当场，痛哭失声。遂告之好友朱熹："张五十丈遂至于此，痛哉！痛哉！闻时适方饭，惊愕气通，手足厥冷，几至委顿。平生师友间可以信口而发，不须拣择，只此一处尔！"① 吕、张情谊之深，由此可见一斑。三月十七日，他带病作《张五十丈祭文》：

> 昔者某以郡文学事公于严唆，声同气合，莫逆无间。自是以来，一纪之间，面讲书请。区区一得之虑，有时自以为过公矣，及闻公之论，纲举领擎，明白严正，无缴绕回互、激发偏奇之病，然后释然心悦，爽然自失，逃然始知其不可及。此某所以愿终身事公而不去者也。呜呼！公今其死矣，我无所复望矣！②

吕祖谦悲痛地回忆了与张栻长期以来相识相知、声气相求的情形，他一直将张栻视为学术和日常生活的榜样，因此张栻的突然离世，对他来说并不是一般的丧友之痛，而是失去了一位学术知音和理学同调，这种彻骨伤痛使吕祖谦如泰山压顶般手足无措，顿感眼前一片渺茫。

吕祖谦自淳熙六年回归故里，本来就疾病缠身，卧榻不起，终身挚友张栻又突然病逝，无疑对其极为脆弱之身心以沉重一击。张栻于淳熙七年离世，随后吕祖谦第二年病故，二人分别享年四十八、四十五岁，皆英年早逝，彼时中华大地上两位耀眼文化巨匠相继陨落，令世人为之扼腕叹息！张栻与吕祖谦，同朝称臣，声气相求，互为奥援；在野为学，善类相聚，互相发明。自乾道五年（1169 年）十二

---

① 《吕祖谦全集》卷 8《与朱侍讲》，浙江古籍出版社 2008 年标点本，第 431 页。
② 同上书，第 135 页。

月两人相识，从此成为莫逆之交，义兼师友，友谊终身。

（二）与"金石之友"朱熹的往来

与朱熹的相识与学术往来，是张栻学术生涯的重要转折点。朱熹（1130—1200年），字元晦，一字仲晦，号晦庵，晚称晦翁，又称紫阳先生、考亭先生、沧州病叟、云谷老人、逆翁。谥文，又称朱文公，出生于南剑州尤溪（今属福建省尤溪县）。南宋著名的理学家、思想家、哲学家、教育家、诗人，闽学派的代表人物，世称朱子，是孔、孟以来最杰出的弘扬儒学的大师。朱熹的学问"致广大，尽精微，综罗百代"，他集宋代理学之大成，圆满整合了自汉末以来始终冲突不已的儒、道、佛三大思想流派，其理学学说从南宋后期成为官方意识形态，并通过学校教育和科举等途径不断强化，深刻影响了中国近千年。

从学术师承和人生履历观察，朱熹与张栻有诸多渊源和共同经历，这也为双方的学术友谊和学术交往奠定了背景基础。追溯学术师承，两人都是二程的四传弟子，真德秀描述了二程洛学南传的两条线索：一是杨时——罗从彦——李侗——朱熹；二是谢良佐——胡安国——胡宏——张栻。两条线索分别形成闽学学派和湖湘学派。两派同出一源，并在传承的过程中相互融汇。胡宏曾师事杨时和程门另一弟子侯师圣，朱熹既有得于谢良佐，又通过胡宪而曾为胡安国的再传弟子。从人生和思想经历看，他们都是忠君爱国的理学家，都反对和议，力主抗金，在抵御外敌入侵方面立场坚定，铮铮铁骨，都曾在地方担任过官职。

张栻与朱熹虽有很多共同点，且均以二程之学为旨归，但张栻以五峰胡宏为师，朱熹以延平李侗为师，因此二人在具体的学术理念和治学路径上自有区别，全祖望所谓"南轩似明道（程颢），晦翁似伊川（程颐）"①就较为形象地指出了这一点。张栻"与朱子交最善"，但两人因诸多因素的牵绊，在近二十年的交往中仅有三次会面，通常以信柬往来、诗赋酬唱等方式来探讨学问、巩固友谊。据不完全统

---

① 黄宗羲：《宋元学案》，中华书局1982年标点本，第1609页。

计，二人的书信往来收录《南轩文集》中就有九十多篇，《朱文公文集》里也有五十多篇，另外还包括大量的题诗作序、唱和往来等记载，以及二人围绕理学的"心性"、"中和"、"已发"、"未发"、"工夫"、"持敬"、"涵养"、"省察"等重要概念而阐发的不同观点的记录。

张栻与朱熹初次会晤于隆兴元年（1163 年），这一年张栻 31 岁，朱熹 34 岁。是年冬天的一次偶然机会，朱熹和张栻均奉旨入都奏事，两位之前缘悭一面的青年才俊方得以相见。当时朝中局势错综复杂，主战派与主和派争斗激烈，而且主和派大有压倒之势。张栻之父张浚被召入朝为相，张栻在张浚入相前被召入都，朱熹就在这年冬天第一次与张栻相见。这一时期张栻父子均被重用，张浚为右相，张栻则极得孝宗器重，频繁出入宫廷，与皇上商谈，往来传达讯息，其地位之重甚至引起了许多朝中权贵的嫉妒。一些鲜廉寡耻的官僚士大夫则极尽谄媚之能事，参政周葵竟指着张栻对满朝文武说："吾辈进退，皆在此郎之手。"[①] 此时张栻刚过而立之年，父亲是当朝宰相，自己又得到皇上器重，意气风发之心态可想而知。而朱熹既没有显赫的家庭背景，自己也仅做过一任僻远地区的泉州同安县主簿。但朱、张二人一见便志趣相投，从此他们以学术为纽带，摒弃一切世俗偏见，成为终身挚友。因为二人有共同的学术渊源，且又都是世人瞩目的理学新秀，这次相见免不了要谈起学术之事，但当时二人更关注的还是主战反和的军国大事。朱熹预见到张浚若入朝与主和派的汤思退并列为相，则其志必定难酬，因此与张栻一见面，他就阐述了自己的立场，认为张浚若想抗金复疆，必须请旨罢退主和势力，坚决阻止汤思退出任丞相。朱熹后来回忆道："张魏公被召入相，议北征。某时亦被召辞归，尝见钦夫与说，若相公诚欲出做，则当请旨尽以其事付己，拔擢英雄智谋之士，一任诸已，然后可为。若欲与汤进之（思退）同做，决定做不成。"[②] 朱熹在这里提到了他与张栻首次会面时的情况，

① 黎靖德：《朱子语类》，中华书局 1986 年标点本，第 2609 页。
② 同上书，第 3152 页。

探讨的重点聚焦在张浚入朝为相以及北伐金人等国是问题上。

朱、张的第二次会面是隆兴二年（1164 年），亦即二人在都城杭州第一次会面的次年，张浚去世，朱熹千里迢迢赶到豫章，登舟哭祭张浚亡灵，然后从豫章护送灵柩到丰城，期间同张栻畅谈了三天。张浚之死对抗金主战派是一个沉重的打击，事实上他也是孝宗战和摇摆不定的牺牲品。张浚入朝后，孝宗一方面任命他为右相，显示自己顺应民意、抗金复疆的决心，并以此归拢人心。同时，他却不顾朝野议论，又执意启用主和派的汤思退为左相，这就表明孝宗在战和问题上态度犹豫暧昧，在主战与议和之间举棋不定。针对严峻复杂的现实，朱熹当时曾专门拜望张浚，陈献分兵北征之计：

> 某向见张魏公，说以分兵杀虏之势，……为吾之计，莫若分几军趋关陕，他必拥兵于关陕；又分几军向西京，他必拥兵于西京；又分几军往淮北，他必拥兵于淮北；其他去处必空弱。又使海道兵捣海上，他又著拥兵捍海上。吾密拣精锐几万在此，度其势力既分，于是乘其稍弱处，一直收山东。虏人首尾相应不及，再调发来添助，彼卒未聚，而吾已据山东。才据山东，中原及燕京自不消得大段用力，盖精锐萃于山东，而虏人势已截成两段去。又先下明诏，使中原豪杰自为响应。①

从朱熹的分析来看，分兵北征的确不失为一条切实可行的御敌之策。但张浚却回答"某只受一方之命，此事恐不能主之"。朱熹颇感失望，此后一直视张浚为志大才疏之流："张魏公才极短，虽大义极分明，而全不晓事。扶得东边，倒了西边，知得这，忘了那里。"②而张浚很快就在主和派的极力排挤和诋毁下被逐归长沙，行至余干途中，病重不治而亡。朱熹虽然对张浚怀有不满情绪，但对其主战立场和凛然气节还是相当钦慕的，况且此时他已与张栻结为挚友，于是听

---

①　黎靖德：《朱子语类》，中华书局 1986 年标点本，第 2706 页。

②　同上书，第 3140 页。

闻张栻与其弟张构载舟护送张浚灵柩归葬衡山的消息后，便专程不远千里前往哭祭。

这次会面，朱熹和张栻无话不谈。张栻向朱熹郑重推介了胡宏的学说，并将业师数本新刻的名作《知言》赠给朱熹收藏。朱熹在写给其好友罗博文的书信中，详细谈到这次与张栻相见的情景：

> 九月廿日至豫章，及魏公之舟而哭之。云亡之叹，岂特吾人共之，海内有识之所同也。自豫章送之丰城，舟中与钦夫得三日之款。其名质甚敏，学问甚正，若充养不置，何可量也。①

又说：

> 龟山《论语序》……后见张钦夫、吴晦叔，乃知文定亦尝疑之，不审尊意以为如何？幸有以见教。胡仁仲所著《知言》一册内呈，其语道极精切，有实用处，大抵衡山之学只就日用处操存辨察，本末一致，尤见其功。某近乃觉知如此，非面未易究也。②

朱熹这次从张栻处幸获《知言》一书，通过张栻的推介和自己的研读思考，较为深刻地把握了胡宏的学术理路。朱熹在信中还对张栻进行了高度评价，称许胡宏就日用处操存辨察的观点。从史料可以看出，朱熹在写此信的乾道元年（1165 年）时，对胡宏的工夫论已有所认同，并从张栻处获得不少学术启迪。

朱熹与张栻的第三次会面是乾道三年（1167 年）。这一年秋冬之际，朱熹从福建崇安出发，专程前往长沙（潭州）拜访张栻。两人聚首长达两月有余，最后联袂登游南岳衡山，吟诵酬唱数日才依依惜别。同游衡山者还有朱熹高弟、被朱熹视为"畏友"的著名学者林用中，三人唱和诗多达一百四十九首，编成《南岳唱酬集》行世，

---

① 《朱熹集》，四川教育出版社 1996 年标点本，第 5237 页。
② 同上书，第 5238 页。

张栻欣然为之作序。朱熹这次访问张栻，实际上是中国古代教育发展史上"会讲"的先声。所谓"会讲"，即"会友讲学"，是书院之间重要的学术交流活动。王炳照指出："宋代书院经常轮流延聘不同学派的名师来学院讲学，书院师生共同听讲，开展辩论，探究不同学派之异同。这种讲学方式，发展成为一种'会讲'制度，实际上把书院讲学变成不同学派之间开展学术争鸣辩论的研讨会。"① 在这次被称为"潭州嘉会"（也称"朱张会讲"）的著名会讲活动中，张栻和朱熹用精密高超的思维探讨了哲学意义上宇宙、人和人性的秘密，并对其进行了一次几乎前无古人、后无来者的反拨与清理，"举凡天地之精深，圣言之奥妙，德业之进修，莫不悉其渊源，而一归于正大"。二人所讨论的问题相当广泛，重点论及太极、仁、《论语》、《中庸》、《孟子》以及胡宏的《知言》等内容。朱、张二人讨论太极问题是围绕周敦颐的太极理论而进行的。源自《周易·系辞》的"太极"一词，首次被周敦颐作为自己学说的基本范畴加以阐发，此外，周敦颐还撰著有《太极图》、《太极图说》等传世名著。张栻的老师胡宏对周敦颐已很景仰，张栻本人更是推崇周敦颐，而且以太极论性，提出"太极性也"的重要命题。朱熹早年即读周子之书，后又在李侗的指导和影响下对周敦颐著作有深入领会。这次相见，两人的讨论首先就是从太极之理上展开的。

　　"仁"也是朱、张二人此次会讲讨论的中心议题之一。朱熹弟子郑可学曾向朱熹问及这一问题："先生旧与南轩反复论仁，后来毕竟合否？"朱熹答道："亦有一二处未合。敬夫说本出胡氏。胡氏之说，惟敬夫独得之，其余门人皆不晓，但云当守师之说。向来往长沙，正与敬夫辩此。"② 朱熹自己提到当时在长沙与张栻辩论"仁"的问题，从朱熹语气上看，大部分观点是相合的，只有一二处未合，大同小异。此次论"仁"，两人均已著有阐收《论语》、《孟子》的著作，讨论自然十分深入细致。朱熹在到达长沙半个月后写信给曹晋叔，提到

---

①　王炳照：《中国古代书院》，商务印书馆1998年版，第6页。

②　黎靖德：《朱子语类》，中华书局1986年标点本，第2606页。

在长沙读了张栻的《论语说》，由于朱熹此时信奉胡宏之学，所以对于在他看来"独得"胡氏之说的张栻大加赞赏：

> 熹此月八日抵长沙，今半月矣，敬夫学问愈高，所见卓然，议论出人意表。近读其《论语说》，不觉胸中洒然，诚可叹服。岳麓学者渐多，其间亦有气质醇粹，志趣确实者，只是未知向方，往往骋空言而远实理。告语之责，敬夫不可辞也。①

朱熹此时对张栻已心悦诚服，加之服膺胡宏之学，精研过张栻的《论语说》，因此二人在"仁"这一问题上基本是一致的。

关于《中庸》之书，当时朱熹的侍行弟子范念德曾记述两人"论《中庸》之义，三日夜而不能合"，可见两人讨论的激烈程度。当然，这里所说的"三日夜而不能合"，并非指《中庸》中的"未发"、"已发"的"中和"问题，因为在朱熹来长沙前，两人在"中和"问题上已基本取得一致，这时朱熹认同胡宏"未发为性，已发为心"的观点，朱、张二人在这个问题上必然共同讲论，无甚相异。但在"未发"、"已发"问题上无甚争议，并不能说明在围绕《中庸》出现的其他问题上没有异议，范氏所记应有可信之处。最有可能是，在《中庸》的具体训注上二人意见应有相左之处，因为此时朱熹已写成《中庸详说》，而张栻则正酝酿《中庸》的著述。

《知言》可称作湖湘学派的开山之作，朱熹在来长沙之前已认真研读了《知言》，并且认同胡宏之学，所以这次来长沙自然将《知言》作为探讨重点。由于此时朱熹思想尚处在"中和旧说"阶段，认同胡宏"性为未发，心为已发"，在已发之心上做工夫，于日用处发现良心萌蘖之苗裔并扩而充之的观点，因此，朱熹此时与包括张栻在内的湖湘派学者在对待胡宏工夫论上应该是一致的。朱熹在《中和旧说序》中说自己获得己丑之悟后，"亟以书报钦夫及尝同为此论者"，说明当初朱熹的确跟张栻和其他湖湘学者在工夫论上观点相同。

---

① 《朱熹集》，四川教育出版社 1996 年标点本，第 1027 页。

但是，在本体论上，朱熹一开始就和张栻有别。朱熹说："陆子静之学，只管说一个心，南轩初年说，却有些似他。如《岳麓书院记》，却只恁地说。如爱牛，如赤子入井，这个便是真心。若理会得这个心了，都无事。后来说却不如此。"① 朱熹在这里回忆当年张栻在本体论上，也像陆九渊一样说"心"，这点既是实际情况，也说明当初朱、张二人的本体论是有区别的。

经过三次如沐春风的会晤，尤其是在岳麓书院长达两月的"中和之辩"，双方互相修正、完善了自身学问之不足，"相与博约"，均德业大进。张栻送走朱熹后，激动地赋诗一首回忆到：

> 君侯起南服，豪气盖九州。顷登文石陛，忠言动宸旒。坐令声利场，缩颈仍包羞。却来卧衡门，无愧知日休。尽收湖海气，仰希洙泗游。不远关山阻，为我再月留。遗经得绀绎，心事两绸缪。超然会太极，眼底无全牛。惟兹断金友，出处宁殊谋。南山对床语，匪为林壑幽。白云政在望，归袂风飕飀。朝来出别语，已抱离索忧。妙质贵强矫，精微更穷搜。毫厘有弗察，体用岂周流。驱车万里道，中途可停辀。勉哉共无斁，邈矣追前修。②

朱熹在讲会期间深感德业精进，对张栻的感激之情更甚，他在给弟子曹晋书的一封信中由衷感叹："熹此月（九月）八日抵长沙，今半月矣。荷敬夫爱予甚笃，相与讲明其所未闻，日有问学之益，至幸至幸！敬夫学问愈高，所见卓然，议论出人意表，近读其语说，不觉胸中洒然，诚可叹服！"③ 在收到张栻的赠诗后，朱熹随即回赠道：

> 我行二千里，访子南山阴。不忧天风寒，况惮湘水深。辞家

---

① 《朱熹集》，四川教育出版社 1996 年标点本，第 2981 页。

② 张栻：《南轩先生文集》卷 1《诗送元晦尊兄》，华东师范大学出版社 2010 年标点本，第 16 页。

③ 朱熹：《朱子全书》（第 21 册），上海古籍出版 2002 年标点本，第 1107 页。

仲秋旦，税驾九月初。问此为何时，严冬岁云徂。劳君步玉趾，
送我登南山。南山高不极，雪深路漫漫。泥行复几程，今夕宿楮
州，明当分背去，惆怅不得留。诵君赠我诗，三叹增绸缪。厚意
不敢忘，为君商声讴。昔我抱冰炭，从君识乾坤。始知太极蕴，
要眇难名论。谓有宁有迹，谓无复何存。惟应酬酢处，特达见本
根。万化自此流，千圣同兹源。旷然远莫御，惕若初不烦。云何
学力微，未胜物欲昏。涓涓始欲达，已被横流吞。岂知一寸胶，
救此千丈浑，勉哉共无斁，此语期相敦。①

从两首饱含深厚友情的诗作可以看出，张栻与朱熹对此次长时间
相聚均相当激动，两人在两月之中，白天携手优游于岳麓书院、城南
书院以及各山水名胜之间，夜晚"对床"彻夜长谈，几乎就理学的
所有重要问题反复切磋辩难，哪怕毫厘之间也要体味至深，最终达到
"精微更穷搜"的圆满讲论效果。离别之际，两位大儒仍恋恋不舍，
深怀"离索之忧"，张栻一直将朱熹送至株洲，执手共勉后才依依
惜别。

张栻与吕祖谦、朱熹两位终身讲友私交甚笃，且在精研学问时互
相取长补短，三人作为鼎立于时的儒学宗师，均抱有"承三圣、续绝
学"的崇高治学目标，其学术要旨都"归宿于圣人"，但是，他们在
经义概念的解读以及学术理路的切入等方面却大相径庭，因此在价值
观、学术立场以及核心学术观点上往往采取"和而不同"的严肃态
度，有时观点分歧相当严重，争鸣激烈。如张栻的治学要诀在于"义
利之辨"，对士人追逐科举功名，导致"不悦儒学，争驰乎功利之
末"的现状十分忧虑，视为"今日大患"，因此对吕祖谦鼓励、引导
身边弟子奔竞举业很不认同，他在给朱熹的信中说：

伯恭近专人来讲论详细，如此朋友，真不易得。但论兄出
处，引周之可受之意，却似未然。又向来聚徒颇众，今岁已谢

---

① 朱熹：《朱子全书》（第21册），上海古籍出版社2002年标点本，第387页。

遣，然渠犹谓前日欲因而引之以善道。某谓来者既为举业之故，先怀利心，恐难纳之于义。大抵渠凡事于果断有所未足耳。①

张栻在言论中首先高度肯定了吕祖谦的学问人品，但话锋一转，就其对《周礼》解释不当之处作了委婉批评，尤其对其不加遴选地广纳弟子、过于鼓励弟子谋取举业的举动提出质疑，认为这些举动有损圣道，"难纳之于义"，劝好友要果断规劝学者摒弃利心，以追寻圣贤之道为己任。这个建议不久得到吕祖谦的积极回应，他在次年毅然遣散那些抱应举利禄之心前来就学的士子。

在与朱熹的另一封信中，张栻又说：

> 伯恭近来尽好说话，于苏轼父子甚知其非，向来见渠亦非助苏氏，但习熟元祐间一等长厚之论，未肯诵言排之耳，今亦颇知此为病痛矣。孟子答公都子一章，要需如此方为圣贤作用。此意某见得，但力量培植未到，要不敢不勉耳。此话到此，尤觉难说。邪论甚炽，人心消荡，一至于此，每思之不遑寝食也，奈何奈何！②

此番言论中，张栻对吕祖谦不仅不排斥、反而亲近苏轼父子之学，进而推崇元祐党人注重文史的学术理路颇为担心，他借助《孟子》的某些章节，提醒吕祖谦这样做易使社会产生"邪论甚炽，人心消荡"的不良局面，希望他将其视为心腹"病痛"，尽力消除之。

在日常生活方面，吕祖谦有时不太在意个人形象，甚至衣冠不整就轻率出门。张栻认为吕祖谦作为一代儒宗，不仅在社会上具有重要的示范和楷模意义，还承担着继承儒家礼仪的重要责任，因此经常提醒他注意自身的形象：

---

① 张栻：《南轩先生文集》卷21《答朱元晦秘书·二一》，华东师范大学出版社2010年标点本，第332页。

② 同上书，第355页。

向来每见衣冠不整，举止或草草，此恐亦不可作小病看。古人衣冠容止之间，不是要作意於持，只是循他天则合如是。为寻常因循怠驰，故须着勉强自持。外之不肃，而谓能敬于内，可乎？此恐高明所自知，但不可以为小病耳。①

从上述可以看出，张栻曾对吕祖谦"衣冠不整"、"举止草草"不止一次进行劝说，但吕祖谦一直认为这是"小病"而未加在意，张栻则抛出个人观点，他坚信"外之不肃"，内心必定不能"持敬"，进而严重妨碍个人进德修业。他因此希望好友正视并改正这一缺点。

不仅是吕祖谦，朱熹的一些不足之处，张栻也处处以诤友的身份毫不隐讳地加以提醒，以利于好友不断提升向圣之境界。如他在《答朱元晦秘书·一一》里说：

某近年以来，窃见尊兄往来书问之间，讲论知见甚异畴昔，每用敬叹，且因得以开益其愚陋者固非一端，独恨相去之远，顾以未得详日用间事为念。……闻兄在乡里，因岁之歉，请于官得米而储之，春散秋偿，所取之息不过以备耗失而已，一乡之人赖焉，此固未害也。然或者妄有散青苗之讥，兄闻之，作而曰'王介甫所行，独有散青苗一事是耳！'奋然欲作《社仓记》以述此意。某以为此则过矣。夫介甫窃《周官》泉府之说，强贷而规取其利，逆天下之公理，……且介甫自以其为鄞县尝贷谷而便于民，故以谓可行于天下，执一而不通天下之务，立法无其本，用法无其人，必欲其说之行，故举天下异己者尽归于流俗，于是合其说者无非趋附之小人。既欲其事之济，则用其说之合者，小人四出，以乱天下，其势则然也。今元晦见吾行社仓于一乡为目前之便，而遂以介甫之事为有可取，无乃与介甫执鄞县所为而遽欲

---

① 黄宗羲：《宋元学案》，中华书局1982年标点本，第1628页。

施之于天下者相类乎？似不可不周观而深查也。①

朱熹出于赈济乡民的目的，借助官方力量行社仓之法，取得了很好的效果，但有人借此讥讽他是在乡里变相推行王安石的青苗法。朱熹气愤之下欲作《社仓记》以告知天下。张栻得知此事后从自身认识以及多年从政经验出发，在肯定朱熹做法的同时，帮助朱熹冷静分析了王安石青苗法失败的前因后果，告诫朱熹要因时、因地制宜，不可将社仓之法推行全国，否则就有可能造成义利不辨、小人四出、天下混乱的局面。他又指出朱熹"学行为人所尊重"，门生弟子遍及天下，很多人忌惮于其声望"而不敢以请"，因此，自己作为"世间相知孰逾于元晦"之人，有责任提醒盛怒之下的朱熹要谨慎为之。

在《答朱元晦秘书·二四》里，张栻针对朱熹突遭丧妻之痛，方寸大乱之际有失儒家礼制的迷信做法提出了委婉批评：

> 尊嫂已遂葬事否？卜其宅兆，固当审处。然古人居是邦即葬是邦，盖无处无可葬之地，似不必越它境，费时月，泛观而广求也。君子举动，人所师仰。近世风俗深泥阴阳家之论，君子固不而，但恐闻风失实，流弊或滋耳。更幸裁之。②

妻子死后，朱熹在悲痛之余，欲请卜者前来占卜住宅之吉凶，并请堪舆者四处勘察理想下葬之地，张栻一面表示理解挚友的举动，一方面也提醒朱熹是"人所师仰"的公众人物，其一言一行均受世人瞩目，这种迷信阴阳家、助长社会不良风气的行为一定要慎行，以免造成流弊滋生、天下仿效的不良后果。

张栻一生学侣、讲友、同调众多，除上述与其往来频繁的朱熹、

---

① 张栻：《南轩先生文集》卷20《答朱元晦秘书·一一》，华东师范大学出版社2010年标点本，第321页。

② 张栻：《南轩先生文集》卷23《答朱元晦秘书·二四》，华东师范大学出版社2010年标点本，第361页。

吕祖谦外，杨万里、陆游、周必大、张孝祥、辛弃疾、赵汝愚、潘
畤、吴松年、张杰、陈傅良、胡大本、吕陟、赵不息、刘靖之、刘清
之、刘珙、关叔晦、胡广仲等名士硕儒均在此列。如张栻与杨万里的
交游也颇值得一书。杨万里（1127—1206 年），字廷秀，号诚斋。吉
州吉水人（今江西省吉水县）。南宋著名爱国诗人，文学家，被誉为
一代诗宗。杨万里一生力主抗战，反对向金人屈膝投降，具有"脊梁
如铁心如石，不曾屈膝不皱眉"的豪迈气概。绍兴二十九年（1159
年），杨万里被调任永州，任湖南零陵县县丞，张浚此刻正谪居于此。
对于张浚的声望，杨万里早钦慕已久，在他心目中，张浚不仅是当世
人心所归的抗金爱国领袖，还是一位有着深厚学术造诣的理学家。此
次与张浚近在咫尺，是一个千载难逢的求教时机，因此他十分渴望有
机会拜谒张浚，并聆听其教诲。但张浚此刻因谪居而心情压抑，在永
州一直闭门谢客，杨万里先后三次拜见均未如愿，以书信力请仍未
果，在惶惑之时他想到了另一办法——通过其子张栻引荐。由于年岁
相仿，彼此又慕名已久，张栻最终应允，在父亲面前力荐杨万里：

> 杨诚斋为零陵丞，以弟子礼谒张魏公。时公以迁谪故，杜门
> 谢客。南轩为之介绍，数月乃得见。因跪请教，公曰："元符贵
> 人，腰金纡紫者何限，惟邹至完、陈莹中姓名与日月争光。"诚
> 斋得此语，终身厉清直之操。①

体会到杨万里心意之诚恳，又觉得是一位可塑之材，张浚才改变
态度，勉之以"正心诚意"之学。杨万里深受鼓舞，服膺其教终身，
并名其读书之室曰"诚斋"，以明己志。张浚也成为其一生效法的
榜样。

以此次拜谒为契机，杨万里和张栻遂结为终身挚友，张栻的理学
思想和教育主张对杨万里产生了深刻影响，因此他十分推重张栻的学

---

① 罗大经：《鹤林玉露》，《宋元笔记小说大观》，上海古籍出版社 2002 年标点本，第
5166 页。

说、人品：

> 杨诚斋初欲习宏词科，南轩曰："此何足习，盍相与趋圣门
> 德行科乎？"诚斋大悟，不复习，作《千虑策》，论词科可罢，
> 论词科可罢，曰："孟献子有友五人，孟子已忘其三。周室去班
> 爵之籍，孟子已不能道其详，孟子亦安能中今之词科哉！"晚年
> 作诗示儿云："素王开国道无臣，一榜春风放十人。莫羡榜头年
> 十八，旧春过了有新春。"①

张栻以诤友身份，规劝杨万里不应过度关注以诗词歌赋为考试内
容的宏词科，应转而趋向圣门之学，以完善德行。杨万里悚然领悟，
不复研习。后来杨万里赞誉张栻"圣域有疆，南轩拓之；圣门有钥，
南轩廓之；圣田有秋，南轩获之"，确是肺腑之言。

在与当世众多学者的交相共济中，张栻博采众长，逐渐形成和完
善了自己独树一帜的教育思想体系。同时，在学术交往和日常生活
中，张栻对身边师友始终坚持"和而不同"的原则，不轻易曲学阿
世，从不放过他认为不妥或与义未安之处，这一点在与吕祖谦、朱
熹、杨万里的往来中有淋漓尽致的体现。其高尚的品格和卓然独立的
学术精神不仅成就了自己的一代伟业，还赢得了世人的尊重。朱熹的
一番精辟之言或可以概括之：

> 我昔求道，未获其友，蔽莫予开，吝莫予剖。盖自从公，而
> 观于大业之规模，察彼群言之纷纠，于是相与切磋以究之，而又
> 相厉以死守也。②

交友四方，察纳雅言，相与切磋，相厉互勉。这十六字高度浓缩

---

① 罗大经：《鹤林玉露》，《宋元笔记小说大观》，上海古籍出版社2002年标点本，第
5186页。

② 朱熹：《朱子全书》（第24册），上海古籍出版社2002年标点本，第4074页。

了张栻一生的功业之源与交友之道。

第二节　张栻教育思想的特色

张栻一生致力于设学授徒，培养学术传人和治国之材，在教育实践中他从不轻信权威，囿于门户，画地为牢，而是慎思笃行，具有"见处高而践履又实"的宏阔学术胸襟，他在兼收并蓄诸家之长的基础上又大刀阔斧地整合和创新。具体来讲，张栻以"传道济民"这一崇高教育宗旨出发，分别在德育思想、教育目的、教育内容、教育方法等方面进行了卓有成效的探索，系统构造了自己丰富深邃、卓然独立的教育思想体系。

一　传道济民的崇高教育宗旨

张栻处在一个民族危机深重、"道术为天下裂"的时代，内忧外患复杂交织，士人阶层汲汲于名利，鲜廉寡耻，有识之士对此深感忧虑警惧。张栻作为一代醇儒，儒家学者的责任感和使命感促使他更为深刻地思考如何重新用儒家伦理道德统一思想，协助统治者稳定社会秩序，其一生设坛讲学之深意也在于此。朱熹当年应张栻之弟张构之请为张栻撰写神道碑时，曾说过这样一番令人深省的话语：

> 熹尝窃病圣门之学不传，而道术遂为天下裂，士之醇悫者拘于记诵，其秀敏者衒于词章，既皆不足以发明天理而见诸人事，于是言理者归于老佛，论事者鹜于管商，则于理事之正反皆有以病焉，而去道益远矣。中间河洛（二程）之间先生君子得其不传之绪而推明之，然今不能百年，而学者又失其指。近岁，乃幸得吾友敬夫焉，而天下之士乃有以知理之未始不该于事，而事之未始不根于理也。然又不得尽其所为，而中间以没，不由考焉以垂于世，吾恐后之君子，将又憾于吾徒也。①

---

① 张栻：《南轩先生文集》（附录），华东师范大学出版社 2010 年标点本，第 643 页。

朱熹指出，孔孟之学被二程发扬光大百年之后，学者逐渐"又失其指"，陷溺于科举记诵、诗词歌赋、功利主义、佛老之学中不能自拔，幸亏张栻横空出世，发扬二程余绪，对世人当头棒喝，收拾圣道人心，始得拨乱反正，端正事理。

朱熹将张栻与孔孟、二程相提并论，似乎有些评价过高，但从张栻一生来看，这一说法也不甚为过。正像胡宏赞颂张栻的出现使"圣门有人，吾道幸矣"一样，张栻一生始终以成为孔、孟、颜回那样的圣贤自期，自幼就志存高远，肩负独善其身与兼济天下的神圣使命感。因此他的教育宗旨也紧紧围绕如何培养圣贤、拯济天下为目标设立，尤其在民族危难、异论纷纷的多事之秋，他认为更应该引导学者坚定地弘扬儒学，捍卫道统，以统一思想，归拢士心，即所谓"今日之事，固当以明大义、正人心为本"。① 如在《敬斋记》中，张栻在感叹圣学失传、志同道合者寥寥的同时，也表达了自己在捍卫孔孟之道过程中当仁不让的决心：

> 孟子没，圣学失传，寥寥千数百载间，学士大夫驰骛四出以求道，泥传注，溺文辞，又不幸而高明汩于异说，终莫知其所止。嗟乎，道之难明也如此！非道之难明也，求之不得其本也。宋兴又百余载，有大儒出于河南，兄弟并立，发明天地之全、古人之大体，推其源流，上继孟氏，始晓然示人以致知笃敬为大学始终之要领。……予叹夫同志之鲜也。②

在圣学不传、学者四处求道而不得其要的背景下，张栻通过长期的教育实践，最终提炼出"传道济民"的教育宗旨。乾道二年（1166 年），他在《潭州重修岳麓书院记》里明确岳麓书院人才培养目标纲要："岂将使子群居族谭，但为决科利禄计乎？抑岂使子习为

---

① 《宋史》卷 429《张栻传》，中华书局 1977 年标点本，第 12771 页。

② 张栻：《南轩先生文集》卷 12《敬斋记》，华东师范大学出版社 2010 年标点本，第 202 页。

言语文词之工而已乎，盖欲成就人材，以传斯道，而济斯民也。"张栻认为教育不是干禄仕进的敲门砖，也不是培养工于文辞的刀笔小吏，而是"以传斯道而济斯民"。所谓"传斯道"，即士人应传承儒家道统，担当起儒学继承和弘扬的责任；"济斯民"，即经世致用、匡济天下，强调儒家学者应具有兼济天下的崇高社会责任感。其"传道济民"的教育宗旨深切体现了儒家学者"内圣外王"的理想人格与核心价值观，自此，"传道济民"成为张栻终身坚守的教育理想和信念。

冯天瑜指出："宋代理学家将内在身心修养推为最高实在本体，力主心性论谈高于治平方略，圣贤位置胜过世俗功勋。"[①] 张栻作为宋代著名理学家之一，当然也不能例外。但是，从张栻的教育宗旨可以看出，他与朱熹、吕祖谦、陆九渊等理学大师最大不同之处在于，张栻除了具备他们"为往圣续绝学"、以内圣为本的特质外，还具有最为深沉强烈的"为天地立心、为生民立命"的济世情怀，将埋首研读圣贤之书与走出书斋拯济天下真正结合起来，把个人命运与国家、民族的命运紧紧联系在一起，这一点是其教育思想的最大特色，其注重践履、关注现实的教育特质和风光霁月般的学术胸襟是超越同侪、傲立于世的根本所在，也是大儒朱熹一生敬重他的重要原因："己（朱熹）之学乃铢积寸累而成，如敬夫，则于大本卓然先有见者也。"[②] 正像他乾道五年（1169 年）离任严州后上疏孝宗时所言：

> 臣闻前史称汉高帝不悦儒学，或以是高帝之病。臣窃以谓高帝所恶特腐儒俗学耳。高帝聪明大度，其仗义履正，盖有与儒术暗合者，是以能成大业。然以高帝天姿如此，政宜用儒，惜乎当时不遇真儒谈实学耳。不然，则其治效又岂止此哉！夫所贵乎儒学者，以真可以经世而济用也。若夫腐儒则不然，听其言则汗漫而无纪，考其事则迂阔而无成，则亦安所用夫学哉？臣试举两事

---

① 冯天瑜：《中华文化史》，上海人民出版社 2005 年版，第 521 页。
② 《宋史》卷 429《张栻传》，中华书局 1977 年标点本，第 12775 页。

论之。夫所谓兵与财者，有天下者之所急也。腐儒之论则曰儒者不知兵，儒者不言财。曾不知子路问"子行三军则谁与"，孔子对以"必也临事而惧，好谋而成"。……孟子之言曰："无政事则财用不足。"则知理财未有若孟子也。腐儒者己则不能，遂断以为儒者无是事。①

张栻以功业盖世的汉高祖为例，指出真正的儒者都是敢于担当、经世济用之材，他们在弘扬儒学之时，从不避讳诸如兵、财等实学内容，这一点在儒家圣贤孔、孟身上都有深刻体现。近世之所以出现儒学不振，国运日蹙的窘况，正是那些披儒学外衣，却汗漫无纪、迂阔无成的"腐儒"一手造成的，他们为掩盖自己的无能而故意排斥经世之学。因此，儒学的真正价值贵在"经世而济用"，国家要努力多培养那些具备治国安邦才能的"真儒"。他建议孝宗若想实现富国强兵、抗金复疆的志向，必须"尊圣人制治之典，求开物成务之才"，这样才能"助成圣德，共济远图"。张栻是年三十七岁，其理学思想和教育理念已处于成熟完备、体大精深之阶段，因此其"尊圣人制治之典，求开物成务之才"的提法，真切地反映出其传道济民、经世致用的教育要旨。张栻好友、著名文学家杨万里称赞其具有"名世之学，王佐之才"，也生动揭示了张栻"内圣"与"外王"有机结合的教育思想特色。

二 明义利之辨的德育要旨

在儒家哲学理论体系中，对义利关系的态度，集中体现了中国伦理道德的价值取向和善恶标准。所谓义，是指思想行为符合儒家道德伦理标准，所谓利，即指利益、功利。孔子很早就提出"君子喻于义，小人喻于利"的著名论断；孟子主张人们在紧要关头应"舍生取义"；董仲舒也提出"夫仁人者，正其谊不谋其利"的观点。张栻承袭、发挥先秦以来诸贤的观点，从培养圣人的目标出发，将义利之

---

① 曾枣庄、刘琳：《全宋文》（第255册），上海辞书出版社2006年版，第15页。

辨视为儒者道德修养的"第一义"，使义利之辨日益深入人心，发扬光大。他宣称，自己所追求的圣门之道无它，仅有义、利二字而已：

> 嗟乎！道二，义与利而已矣。义者亘古今、通天下之正途；而利者犯荆棘、入险阻之私径也。人之秉彝固有坦然正途之可尊，而乃不由之，而反犯荆棘，冒险阻，颠敏终身而不悔，独何叹？血气之动于欲也。动于声色，动于货财，以至于知爵禄之可慕则进以求达，知名之可利则锐于求名。不宁惟是，凡一日夕之间，起居饮食，遇事接物，苟私己自便之事，意之所向，无不趋之，则天理灭而人道或几乎息矣。①

人在私欲的驱使下，对声色、货财、名利等无不趋之若鹜，因此，为明天理，弘扬人道，张栻把明辨义利视为追寻圣贤之道的根本和全部。

朱熹在《右文殿修撰张公神道碑》中曰："公（张栻）之教人，必使之先有以察乎义利之间，而后明理居敬，以造其极。其剖析开明，倾倒切至，必竭两端而后已。"②朱熹指出，张栻在道德教育活动中，对学者要求的首要之事即是"察乎义利之间"。由于交流频繁，朱熹对张栻的学术脉络谙熟于心，因此其一语切中肯綮。关于明"义利之辨"在教育中的重要性，张栻在《孟子讲义序》开宗明义：

> 学者潜心孔孟，必得其门而入，愚以为莫先于义利之辨。盖圣学无所谓而然也。无所为而然者，命之所以不已，性之所以不偏，而教之所以无穷也。凡有所为而然者，皆人欲之私，而非天理之所存，此义利之分也。……平时未觉吾利欲之多也，灼然有见于义利之辨，将日救过不暇。由是而不舍，则趣益深，理益

---

① 张栻：《南轩先生文集》卷15《送刘圭父序》，华东师范大学出版社2010年标点本，第248页。

② 同上书，第651页。

明，而不可以已也。……嗟乎！义利之辨大矣，岂特学者治己所以当先，施之天下国家一也。王者所以建立邦本，垂裕无疆，以义故也；而伯者所以陷溺人心，贻毒后世，以利故也。①

张栻指出，是否明义利之辨，是学者在潜心孔孟过程中能否登堂入室的关键。学者对义利之辨理解益深，则"趣益深，理益明"。从学者治学推及到国家治理，明义利之辨更是"建立邦本，垂裕无疆"的大事。因此，明义利之辨是人才培养的关键步骤和根本前提。

张栻将义利之辨从学者治学上升到治国安邦的高度，不仅因为其一生具有治国平天下的伟岸志向，还因为其对当时天下形势的深刻判断。先秦百家争鸣时期，儒墨之间关于义利的问题就一直争论不休，义利之辨也成为儒家的传统话题。两汉以来，关于这一话题的探讨时断时续，宋代儒学复兴，理学先驱二程打破沉寂，重拾这一话题，在继承儒家重义轻利、贵义贱利的传统上，援天理人欲于义利之辨中，借此重整五代以来被严重破坏的儒家纲常伦理。如程颐曾大声疾呼："大凡出义则入利，出利则入义，天下之事，惟义利而已。"②但二程的言论在盛世之时被世人视为危言耸听，很快淹没于社会改革与科举取士的喧嚣之中，几丝涟漪后归于平静。靖康之难，宋室南渡，社会礼崩乐坏，纲纪沦没，张栻在国家危难之际承继二程，奋然重提义利之辨话题，并将之上升到学者道德修养和为政治国的高度，这不啻一声惊雷，给当世脊梁全无的碌碌之士一记当头棒喝，对道德重建和振奋民族精神都具有重要指引意义。正是基于这种背景，朱熹对张栻将义利之辨视为培养人才的关键因素甚为推崇，对其高瞻远瞩赞叹不已：

孟子没，而义利之说不明于天下。中间董相仲舒、诸葛武

---

① 张栻：《南轩先生文集》卷14《孟子讲义序》，华东师范大学出版社2010年标点本，第230页。

② 程颐、程颢：《二程集》，中华书局1981年标点本，第124页。

侯、两程先生屡发明之，而世之学者莫之能信，是以其所以自为者，鲜不溺于人欲之私，而其所以谋人之国家，则亦曰功利焉而已而。爰自国家南渡以来，乃有丞相魏国张忠献公倡明大义以断国论，伺读南阳胡文定公诵说遗经以开圣学。……张侯敬夫者，则又忠献公子嗣子，而胡公季子五峰先生之门人也，……独见其于论说，则义利之间，毫厘之辨，盖有出于前哲之所欲言而未及究者。[①]

　　朱熹钩沉史实，将弘扬义利之说的圣贤作了排比，张栻亦赫然在列，并认为张栻是继孟子、董仲舒、诸葛亮、二程之后对义利之说贡献最大者，许多观点发前人之所未发，其成就及社会影响远远超越前哲。

　　张栻的义利之辨首先建立在义利之分基础上。在儒家的义利问题上，"义"一般指儒家伦理规范，"利"主要指现实的功名利禄、财货之利。儒家传统中特别强调二者之间的区分，张栻继承了这一传统，他指出，"事无巨细，莫不有义利之两端"，在义利的交锋与冲突中，如果不有意识地克服，利总是在最后占据上风，所谓"义利交战，卒为利所夺"。针对义利之间的对立性，张栻认为在道德修养中，首要任务是存义去利。在这一基础上，张栻对义利之辨提出了许多具有开创意义的阐发。

　　首先，张栻援天理人欲于义利之中，在道德修养上的存义去利就是"存天理，灭人欲"。不过，和朱熹、陆九渊强调天理、人欲截然对立不同，张栻还提倡二者的对立统一。张栻秉承、修正了胡宏"同体异用，同行异情"之说，从天理人欲互相包容、统一的角度出发，提出了天理人欲"同行异情"的独特理欲观。早在乾道二年（1166年），张栻在《潭州重修岳麓书院记》一文中就曾说："今夫目视而耳听，口言而足行，以至于食饮起居之际，谓道而有外夫是，乌可乎？虽然，天理人欲，同行异情，毫厘之差，霄壤之谬，此所以求仁

①　张栻：《南轩先生文集·序》，华东师范大学出版社 2010 年标点本，第 1 页。

之难，必贵于学以明之软？"① 张栻用"同行异情"来规定天理与人欲的关系，继承和发扬了胡宏《知言》中的观点。胡宏在《知言》中说："天理人欲同体而异用，同行而异情。进修君子宜深别焉。"反对把天理人欲绝对对立起来，允许人欲在一定范围内存在，主张"欲而不淫"，反对"欲而不能止"。

张栻在一定程度上肯定了人们的正常色、货欲求，并把满足广大百姓的日常欲望纳入天理的包容之中。但另一方面，欲、利也离不开天理、义的制约。正是因为二者之间存在着内在统一性，所以天理与人欲、义与利才能相互制约，相互发现。张栻主张天理人欲可以互相包容，给人欲留有一定的空间，很大程度上承认了人欲存在的某种合理性，不是要消灭人欲而是要以天理对人欲加以控制。他说："天理不明，而人欲莫之遏矣"。如果出现人欲横流，那么罪不在人欲本身，而在于天理对人欲的失控。这种强调以道德原则对人的物质利益的要求加以控制的德育思想脉络，应该说是与孔子的"克己复礼"、孟子的"舍生取义"、以义制利的思想前后相继、遥相呼应的，天理成为衡量义利的主要标准，也使以往物质层面居多的义利之辨完全提升到精神化的高远境界。这种理念观照下的义利之辨，在处理人与人之间的关系方面就留有较多的弹性和余地，这一点是张栻和其他理学家的义利观的最大不同之处。还需注意的是，张栻提出"遏人欲"取代朱熹的"灭人欲"，一个"遏"字，避免了把义利之辨导向极端境地，较为合理地调解、纠正了朱熹等理学家对人欲的否定、决绝态度，具有拨乱反正的积极意义。

其次，张栻将"义利之辨"引申为"公私之辨"。张栻指出，在道德修养上，义利之辨也是公私之辩，"存义去利"就是要"存公去私"。他说："无所为者天理，义之公也，有所为者人欲，利之私也"，天理代表义、公，人欲代表欲、私，在个人立场上，"公"与"私"趋向和所怀不同，是君子与小人的分野之处，"君子小人趋向

① 张栻：《南轩先生文集》卷10《谭州重修岳麓书院记》，华东师范大学出版社2010年标点本，第172页。

之异，故所怀不同，大抵公私之分而已。怀德怀刑，好善恶恶之公心
也；怀土怀惠，苟安务得之私意也"。这样，公理、义就成了人人追
求的崇高精神境界，立德树人的最终目标。圣与不圣关键在于对待义
与利、天理与人欲的态度，或者说选择问题。圣人之所以成为圣人，
乃在于物欲诱惑面前而能"无所为而然也"，尽理怀公，自觉抵御物
欲的诱惑。在存公去私的过程中，克制私欲是关键因素，而克制私欲
的主要途径是行"恕"，即"己所不欲，勿施于人"，"人之患莫大于
自私。恕者，所以克其私而扩公理也。己所不欲，勿施于人，恕之方
也，是所当终身行之者，极其至则仁也"。张栻在教育活动中对门生
弟子的遴选和取舍也是从公私之分的角度进行的，他曾与湖州太守薛
士龙探讨曰：

> 论及学校之事，此为政之所当先也。湖学安定先生经始，当
> 时作成人才，亦可谓盛矣。闻欲招陈君举来学中，此固善，但欲
> 因程文而诱之读书，则义未正。今日一种士子，将先觉言语耳剽
> 口诵，用为进取之资，传趋于薄，此极害事。若曰于程文之外，
> 明义利之分，教导涵养，使渐知趋向，则善也。①

在对待弟子读书参加科举的问题上，张栻的态度是鲜明的。他并
不完全反对科举入仕，但认为学者将研习科场程文同研读圣贤之书混
为一谈则"与义未正"，是很不可取的，他提醒湖州太守薛士龙，一
定要发扬胡瑗首创的湖学精神，在关注科举的同时还要"明义利之
分"，仅为一己之私把读书业儒作为"进取之资"，而不是为了涵养
德性、治国平天下，是十分有害的社会风气，决不能提倡。

张栻在义利之辨中注入公私之分，力倡世人存公去私、献身国家
民族大业，反对为一己之私而不顾他人的利己主义，极大丰富了义利
之辨的内涵，在当时具有十分重要的现实意义。因为在南宋初年国家

---

① 张栻：《南轩先生文集》卷19《答湖守薛士龙寺正》，华东师范大学出版社2010年
标点本，第202页。

危难、民族文化信念动摇的严峻时刻，正迫切需要民众发扬大公无私的精神来挽救时局。

最后，张栻将"义利之辨"进一步引申为"王霸之辨"。张栻提倡义利之辨之所以成为为学治国之要，除了其作为理学思想体系中的重要环节的伦理学意义之外，更重要的是义利之辨回答了宋代历史和时代的重要课题，不仅关涉着宋代儒家伦理秩序的统一局面，更影响着国祚的长治久安。当时张栻所处的南宋王朝，外有金人虎视眈眈，随时都有南下犯疆的野心；内有朝政腐败，统治集团穷奢极欲，偏安一隅，不思进取。张栻这时振臂高呼义利之辨，把天理作为构成内圣的第一要素，旨在去掉君主利欲之心，摈除社会弊病，为王者建立邦本、垂裕无疆提供理论根据。他说：

> 学者要须先明王伯之辨，而后可论治体。王伯之辨，莫明于孟子。大抵王者之政，皆无所为而为之，伯者则莫非有所为而然也。无所为者天理，义之公也；有所为者人欲，利之私也。①

王者之政，就是遵循天理，用义、公使天下臣服；伯者之政，诱于人欲，出于私欲。行王者之政的关键在于统治者要顺乎天理，建立以仁义礼智为核心的儒家伦理纲常秩序。

张栻还强调行王者之政要"格君心之非"，即要求统治者加强自身修养，提高道德水准，以身作则来引领民众，只有这样才能实现天下大治的局面。他在给朱熹的信中，对小人当道，无贤人用理义引导、规范当今圣上（宋孝宗）的情况十分担忧，"上聪明，所恨无人讲道至理，以开广圣心，此实今日兴衰之本也"，在临终之时还念念不忘提醒孝宗"亲君子，远小人，信任防一己之偏，好恶公天下之理"。② 张栻对君主以利治天下的行为深恶痛绝，他认为那样做短期

---

① 张栻：《南轩先生文集》卷19《答湖守薛士龙寺正》，华东师范大学出版社2010年标点本，第264页。

② 同上书，第144页。

内可能有效，但从长久来看则"陷溺人心，贻毒后世"，危害极大。张栻曾用春秋战国诸侯争霸为例，深刻指出齐桓公、宋文公等诸侯为实现一己之野心，采用以利治理天下的手段，诱使天下人为其所用，这样做仅能治标，不能治本，是误国、害天下后世、仁义之说的罪魁祸首，他进而给出之所以出现这种状况的深层次原因，"功利既胜，人纪隳丧，虽得天下，何以维持主守之乎？故功愈就而害愈深，利愈大而祸愈速"。在功利盛行，伦理纲常沦丧的情况下，即使侥幸"得天下"也不可能长久。张栻将义利之辨与王霸之辨有机结合，不仅有利于统治者汲取历史教训，还对统治者具有一定的约束、警示作用。

张栻把义利之辨与公私之辨、王霸之辨联系在一起，构成了其义利之辨的完整体系和特色，尤其是把义利之辨这一传统论题从伦理领域扩展到政治领域，极大地丰富了其内涵，赋予其时代价值和社会影响。和其他理学家相较，张栻的义利观，既重视义利之分，又强调"去利就义"，"仁义之行，固无不利"。既反对空谈仁义，号为安静，"一切不为"的思想，又反对"先怀利心"，贻害仁义的作为。张栻还站在现实的角度，主张在遵循理的原则之下，妥善解决具体的钱铁等日用问题，把利包容在义之中，而不是把利排斥在义之外：

> 铁钱事如何计？循其理而为之，不若他人做工作事也。大抵今日人才之病，其号为安静者则一切不为，而其欲为者则又先怀利心，往往贻害。要是儒者之政，一一务实，为所当为，以护养邦本为先耳，此则可贵也。①

张栻主张既要重义轻利，重理轻欲，不怀利之心；又不要排斥涉及国计民生的日用之实，这种道德性命不离日用之实的观点，并不完全抹杀合理之欲、利的存在，而把利与欲纳入义理的包容之中，既有程朱学派存义去利的色彩，又有陈亮、叶适事功学派"义利双行"

---

① 张栻：《南轩先生文集》卷26《与施蕲州》，华东师范大学出版社2010年标点本，第394页。

的倾向，在宋代众多理学大家的义利思想中可谓别具一格，独领风骚。

总之，张栻将义利之辨视为道德修养和为政治国的第一要务，所谓"义利之辨大矣，岂特学者治己所以当先，施之天下国家一也"，充分体现了其"见处高而践履又实"的治学风格以及"传道济民"的教育宗旨。朱熹为张栻身后的画像作赞时，对张栻在义利问题上的远见卓识由衷感叹："（张栻）扩仁义之端，至于可以弥六合；谨善利之判，至于可以析秋毫。"① 由此可见张栻的义利之辨教育思想对时代影响之深，贡献之巨。

三 "居敬穷理"的德育方法

在道德修养程序上，张栻首先强调学者要明义利之辨，而在具体的涵养德性的过程中，他又强调了"居敬穷理"的德育方法的重要意义，即所谓"修己之道，不越乎敬"。他说："窃考二先生（二程）所以教学者，不越于居敬、穷理二事，取其书反复观之，则可以见。"② 张栻继承二程余绪，将居敬穷理视为道德修养的根本方法和区分贤愚的基本标准。学者谢用宾曾求学于张栻门下，"求一言可以行之终身者。南轩曰：'其敬乎！'自是守之不替。"③ 教育学生将"敬"视为终身修身之法，可见张栻对持敬的重视。正如朱熹所言："公（张栻）之教人，必使之先有以察乎义利之间，而后明理居敬，以造其极。"为了让学者更为深刻地洞晓义利之间的复杂关系，以及义利之辨在道德修养和治国安邦中的重要意义，张栻于是提出这一重要德育方法。他说："秦汉以来，学者失其传，虽或有志于力行，而其知不明，莫适其依以卒背于中庸。河南程子始以穷理居敬之方教人，又于致知力行有所遵循。"④ 张栻认为自二程以居敬穷理为德育

---

① 朱熹：《朱子全集》（第24册），上海古籍出版社2002年标点本，第4003页。

② 张栻：《南轩先生文集》卷26《答陈平甫》，华东师范大学出版社2010年标点本，第395页。

③ 黄宗羲：《宋元学案》，中华书局1982年标点本，第2389页。

④ 同上书，第1625页。

方法后，孔孟思想的精髓才得以真正弘扬，可见这一方法在张栻教育思想体系中的重要地位。

（一）居敬（或持敬）

居敬出自《论语·雍也》"居敬而行简"，意为持身恭敬。程颐把居敬作为修养心性以及迈向圣人之道的不二法门，正如罗大经所言，"造道必有门，伊洛先觉（主要指二程）以持敬为造道之门，至矣，尽矣"，① 创造性地提出"涵养须用敬"的主张，并将敬解释为"主一"。张栻在继承程颐学说思想的基础上，对居敬进行了新的阐释："伊川先生曰：'主一之谓敬'；又曰：'无适之谓一'。嗟乎！求仁之方，孰要乎此。"② 而所谓"主一之谓敬"，即"居敬则专而不杂，序而不乱，常而不迫，其所行自简也"。可以看出，张栻所谓的"居敬"，就是心无旁骛，不受外界事物的干扰和支配，始终按照儒家伦理道德行事，日积月累，循序渐进，从容不迫。张栻用了一个精彩的比喻来形容何谓"敬"："夫敬也，宅心之要，而圣学之渊源也。"③ "敬"像宅院一样将人固有的本心保护起来，以避免外来因素的侵扰，从而"持是心而勿失"，最终达到圣人境界。居敬面对的是自己的心灵，因此它是一种向内的艰苦工夫，需要通过长期的涵养本心才能达到，最终目的是使人不至于丧失心体之理。

同时，敬又是"人事之本"，是儒家学者的必修课，也是入圣贤之门的重要条件："然则君子之学，始终乎敬则矣。……学者舍是而求入圣贤之门，难矣哉！"④ 基于此，他严肃告诫学者要始终践行居敬之说："故君子之学，持敬以为本，穷理以为要，涵泳浸渍，致知力行，放心可求，而身得其养矣。"⑤ 将居敬视为学者进德修业的根

---

① 罗大经：《鹤林玉露》，《宋元笔记小说大观》，上海古籍出版社 2002 年标点本，第 5183 页。

② 张栻：《南轩先生文集》卷 36《主一箴》，华东师范大学出版社 2010 年标点本，第 537 页。

③ 同上书，第 530 页。

④ 同上书，第 525 页。

⑤ 曾枣庄、刘琳：《全宋文》（第 255 册），上海辞书出版社 2006 年版，第 348 页。

本，足见张栻对居敬之重视。

既然敬如此重要，怎样才能实现居敬的理想目标呢？张栻认为，至少应从以下几方面狠下功夫：

首先，要遏制人欲。与其他理学家不同的是，张栻并不反对人们在衣食住行等方面的正常欲望，主张遏制而不是消灭人欲，目的是阻止个人私欲的无限膨胀，"所谓无欲者，无私欲也。无私欲则可欲之善著，故静则虚，动则直。虚则天理之所存，直者其发见也。若异端之谈无欲，则是批根拔本，泯弃义伦。"① 无欲即无私欲，而不是否定人们的合理欲望，否则就沦为佛、道等异端之说，严重违背义理、人伦。但人的欲望是无止境的，正常欲望和私欲的界限往往很难界定和把握，因此，他劝诫人们尽量清心寡欲，以利于居敬穷理。他说：

> 若何而能敬？克其所以害敬者，则敬立矣。害敬者莫甚于人欲。自容色颜色辞气之间而察之，天理人欲丝毫之分耳，遏止其欲而保顺其理，则敬在其中。引而达之，扩而充之，将有常而日新，日新而无穷矣。②

人欲与天理始终是一对矛盾，彼此纠缠，难分难解。"敬"作为认识天理的重要手段，也因此受到严重妨碍，只有将人欲遏制在一定范围之内，才能解除天理受到的威胁，"敬"的目的自然就能达到。由此可见，"居敬主一"的内心修养，是一个"遏人欲、存天理"的道德自我完善过程。

其次，居敬要做到动静一致，内外兼修。提倡居敬之说的始作俑者周敦颐、二程都将"静"作为持敬的主要途径，这显然吸收了佛道相关学说，张栻也受此影响，他曾对吕祖谦说："一二年来，颇专

---

① 张栻：《南轩先生文集》卷26《答罗孟弼》，华东师范大学出版社2010年标点本，第398页。

② 同上书，第208页。

于敬上勉力，愈觉得周子主静之意为有味。"① 可见张栻对静以修身是深为认同的。但是，张栻绝不拘泥于此，他认为像佛教徒一样闭门不出、静默禅坐的做法是不可取的，因为"敬恭乎动静之际"，居敬的对象虽然是内心，但它要贯彻在人们的日常行为当中，内心的思虑和外在的行为不能截然分开，他们是一分为二的统一体：

> 某详教程子教人居敬，必以动容貌、整思虑为先，盖动容貌、整思虑则其心一，所以敬也。今但欲存心，而以此为外，既不如此用功，则心亦乌得而存？其所谓存者，不过强制其思虑，非敬之理矣。此其未知内外之本一故也。②

将思虑与践行有机结合，才能达到"敬"的最高境界，否则只能是勉强而为，收效甚微。张栻强调在日常生活中持敬，要求人们首先从行为举止做起，如吕祖谦平常穿戴随意，不修边幅，并屡劝不止，认为是小毛病，不足挂齿。张栻却认为这种行为严重妨道，有辱斯文，因此毫不留情地批评道："外之不肃，而谓能敬于内，可乎？"③

再次，居敬要心神专一，不能三心二意，被杂念所阻挠。因为人在外物干扰和刺激下，难免为物所役："曷为其敬？妙在主一。曷为其一？惟以无适。居无越思，事靡他及。涵泳于中，匪忘匪亟。斯须造次，是保是积。既久而精，乃生于极。勉哉勿倦，圣贤可测。"④也就是说，"居敬"即是"主一"，"主一"的要旨在于"无适"，所谓"无适"，就是要做到"居无越思，事靡他及"，使思想言行精诚专一，不逾越封建伦理道德规范，持之以恒就能达到"圣贤"的标准。张栻与同门胡广仲论"仁"时说："'心有所觉谓之仁'，此谢先

---

① 张栻：《南轩先生文集》卷 25《寄吕伯恭·四》，华东师范大学出版社 2010 年标点本，第 381 页。

② 黄宗羲：《宋元学案》，中华书局 1982 年标点本，第 1612 页。

③ 张栻：《南轩先生文集》卷 25《寄吕伯恭·二》，华东师范大学出版社 2010 年标点本，第 379 页。

④ 同上书，第 537 页。

生救拨千余年陷溺固滞之病，岂可轻议哉！夫知者，知此则也；觉者，觉此者也。果能明理居敬，无时不觉，则视听言动莫非此体之流行，而大公之理在我矣。"① 敬由心起，理由心生，才能达到"仁"的境地，大公之理也能贯彻在日常的视听言动之中。上述论断均要求将本心自作主宰，从心之本体发出严肃、庄敬的道德律令，于日用生活中规范人的行为举止。

为深入表达其居敬理论，张栻用汲井、事亲两个比喻来具体说明。他说："用工譬如汲井，渐汲渐清。如所谓未应事前，此事先在，既应之后，此事尚存，正缘主一工夫未到之故。须是思此事时，只思此事，做此事时，只做此事，莫教别底交互出来，久久自别。看时似乎浅近，做时极难。"② 此喻极为贴切，它要求学者在持敬思想的指导下行事，一定"只思此事"，摒弃瞻前顾后、患得患失的毛病，就像钻井一样，往一个目标不断深挖，清水自然会喷涌而出。同时，张栻告诫学者，居敬要像侍奉双亲之时从内心自然而然生发孝顺之念一样，此乃居敬之"要切处"："至亲至切，古人谓起敬起孝，'起'字更需深体而用力焉。"③ 张栻在此处用了一个"起"字，可谓意义非凡，对居敬理论具有重要创新价值，它表明从内心深处油然而生的"敬"才是最为纯正、崇高的，这不仅是他对儒士们的要求，也是自身一生孜孜以求的目标。

居敬的终极目标是穷理，因此张栻又从穷理的高度进一步深化居敬学说："然而君子之学，始终乎敬者也。人之有是心也，其知素具也。意乱而欲汩之，纷扰臲卼不得须臾以宁，而正理益以蔽塞，万事失其统矣。"④ 真正的学者，要始终将"敬"作为为学之方，抑制各种非分之想，如果整天为名利心绪不宁，欲壑难平，想要穷尽万事万

---

① 张栻：《南轩先生文集》卷 25《寄吕伯恭·二》，华东师范大学出版社 2010 年标点本，第 457 页。

② 同上书，第 418 页。

③ 同上书，第 420 页。

④ 张栻：《南轩先生文集》卷 35《书赠吴教授》，华东师范大学出版社 2010 年标点本，第 525 页。

物之理可谓竹篮打水般荒诞可笑。

最后，持敬要日积月累，不能浅尝辄止。张栻在训诲吕祖谦门人潘叔昌时说："来论于主一用工，此正所望。若实下手，乃知其间艰难曲折甚多，要须耐苦辛，长远而勿舍焉，则寖有味，为仁由己，而由人乎哉？勉之勉之！"① 持敬需要坚持终身，其间的艰难曲折需要自己去克服，在锲而不舍中集腋成裘，最终体会到儒家"仁"的高远境界。这段话与其说是在训诲后生学子，不如说是张栻一生坚守的道德修养信条。至于如何具体施行，张栻建议："虽然，格物有道，其惟敬乎。是以古人之教，有小学，有大学，自洒扫应对而上，使之循循而进，而所谓格物致知者，可以由是而施焉。"② 从小学到大学，从洒扫应对到格物致知，这就是持敬应遵循的基本原则，这一原则是不可逾越的，并需要漫长的探索和积累才能达到。不仅如此，张栻还将自己在持敬过程中不断体会到的喜悦和收获与学者分享，以引导和激励他们走上这条沧桑的人间正道："要须居敬穷理，工夫日积月累，则意味自觉无穷，于大本当渐莹然。"③ 居敬要日积月累，这一点同张栻强调循循有序的教育方法是高度一致的。

尤值得一提的是，张栻不仅把居敬作为修己之道，通过修养此心，达到道德上的自我完善，还推己及人，心怀天下，希冀以此安人安百姓，以至于齐家治国平天下，这也显示出张栻作为一代理学宗师、教育大家的伟大胸襟。他说："敬道之尽，则所为修己者亦无不尽，而所以安人、安百姓者，皆在其中矣。盖一于笃敬，则其推之家以及于国、于天下。皆是理也。"④ 正因为如此，朱熹对张栻持敬主一之说十分景仰，他积极吸收张栻"求仁之方"在"持敬主一"方面的精辟论述，根据张栻的《主一篇》而作《敬斋篇》，借以阐述自

---

① 张栻：《南轩先生文集》卷35《书赠吴教授》，华东师范大学出版社2010年标点本，第418页。

② 黄宗羲：《宋元学案》，中华书局1982年标点本，第1613页。

③ 张栻：《南轩先生文集》卷26《答刘宰》，华东师范大学出版社2010年标点本，第400页。

④ 《张栻全集》，长春出版社1999年标点本，第194页。

己的持敬学说。他又于庆元五年（1199 年）作《跋德本所藏南轩主一箴》，发扬主敬之意。南宋学者熊禾在《敬斋铭箴跋》中说：

> 朱子之《箴》不过发其未尽之蕴。……后之学者见《箴》不见《铭》，但有矜持拘迫而无从容涵养之功。……《南轩集》中《敬斋记》有曰："万事具万理，万理在万物，而其妙著于人心。一物不体则一理息，一理息则一事废。敬者贯万事，统万理，而为万物之主宰者也。致知所以明是心也，敬者所以存是心而勿失也。"又曰："心生生而不穷者道也，敬则生矣，生则恶可已也；息焉则放，放则死矣。"此千古圣贤传授心法之妙，学者深体而屡省之哉。①

熊禾一语道破，朱熹的持敬理论几乎全在阐发张栻之说，甚至某些地方画虎成犬，对后世学者产生了一定程度的误导，而张栻真正的持敬说则体大精深，深得圣贤心法之妙，这一点是朱熹所无法比拟的。

总之，不管从哪个角度说，张栻将这种为前人所忽视的"敬"之道德修养工夫，把一种主体道德修养方式，上升到具有终极关怀、普世价值观的高度，是对宋代理学思想体系的一大贡献。

（二）穷理

张栻认为居敬之外还要穷理，所谓"理明则有以精其知，敬立则有以宅其知"，② 二者功能不同，但殊途同归，均是认识事物规律的重要手段。因此，"不知既不穷理，如何去得物蔽，其所谓非蔽者，未必非蔽而不自知也，释氏之学，正缘不穷理故耳。"③ 如果不穷理，就有可能滑向类似佛道之异端邪说，最终贻害无穷。穷理的目的在于

---

①　熊禾：《熊勿轩先生文集》卷 2《敬斋铭箴跋》，商务印书馆 1936 年版，第 26 页。

②　张栻：《南轩先生文集》卷 11《扩斋记》，华东师范大学出版社 2010 年标点本，第 199 页。

③　同上书，第 402 页。

在万事万物上认真体味其规律，使之和居敬获得的内心之理融为一体。

至于如何穷理，张栻认为首先要不畏繁难，在一事一物上穷理。正如他同吕子约答问时说："惟主敬以立本，而事事必察焉，学之要也。"① "事事必察"即指探寻每一事物自身的规律性。他进而指出："盖天下之事众矣，非一一而穷之，则无以极其理而著。"② 万事具万理，万理存万物，一物不体则一理息，一理息则一事废。因此，格物工夫是必不可少的。

其次，穷理和居敬一样，要循序渐进，注意积累工夫。因为穷尽一事一物之理需要经年累月的工夫去琢磨，不能急于求成，急躁冒进是穷理之大忌，"故学而时习之，无时而不习也，念念不忘天理也。此所以至德以凝道也。及其久也，融然无间，涣然和顺，而内外、精粗、上下、本末功用一贯，无余力矣。"③ 这种注重量的积累，认为量变达到一定程度就会产生质变的观点，在当时学风浮躁的情况下无疑具有当头棒喝的作用，同时也是对佛家学说中顿悟之说的一种批评和反拨。

最后，穷理要深入阅读儒家典籍。宋代理学先贤，诸如二程、张载等人在构建理学伊始就有注重经学、忽视史学与文学的传统，认为文史有碍穷理问道，作为服膺二程的理学家张栻自然也不例外。他曾在某次病中告诉朱熹：

> 伯恭近遣人送药与之，未回。渠爱敝精神于闲文字中，徒自损，何益！如编《文海》，何补于治道？何补于后学？徒使精力困于翻阅，亦可怜耳。承当编此文字，亦非所以承君德。今病既退，当专意存养，此非特是养病之方也。④

---

① 张栻：《南轩先生文集》卷11《扩斋记》，华东师范大学出版社2010年标点本，第383页。

② 同上书，第205页。

③ 同上书，第218页。

④ 同上书，第376页。

张栻对自己病中沉溺于把玩文字颇为后悔，认为编《文海》之类的文学典籍不仅不利于弘扬儒家道统，还容易贻误后学晚辈，是一件徒耗精力的事情。因此在病愈之后，张栻又将精力集中在儒家典籍上，以利于居敬、存养。

从张栻的言行可以看出，经学思想是宋代理学整个学术思想的主要组成内容和表现形式，理学内部各学派虽然治学路径不同，但他们均是通过对儒家经典的阐释而逐渐发展起来的。同朱熹相较，张栻对儒家经典的重视有过之无不及，他常常训诲学生、告诫学者从儒家经典中领悟万物之理，这一点在前述教育内容论部分已详述。他指出："潜心圣贤，博考载籍，闻见之多，于是蓄德。"[1] "博考载籍"也就是广泛地涉猎前贤典籍，目的是穷理立德。在所有儒家典籍里，张栻尤为推崇《易》《春秋》，他认为《易》"言有尽，蕴无穷"，"《春秋》即事而明天理"，二者均是有关"穷理之要"的不朽典籍，学者要引起高度重视。[2]

居敬是针对内心之理的道德修养方法，目的是保护内心之理不受外物干扰，恢复和保持本心之纯然。通过居敬获得的主要是"德性之知"："诚能起居食息主一而不舍，则其德性之知，必有卓然不可掩于体察之际者。"[3] 穷理主要针对身外事物而言，由穷理获得的主要是"闻见之知"。居敬和穷理作为学者道德修养的两种方法，是须臾不可分的，持敬为本，穷理为要，两者有所轻重，但相须并进。即所谓"穷理持敬工夫，盖互相资耳"。张栻进一步指出，"盖居敬有力，则其所穷者益精；穷理浸明，则其所居者益有地，二者盖互相发也。"[4] 居敬与穷理相辅相成，互相启发，互相促进，二者缺一不可。如果只知居敬而不去穷理，就会"无复穷理之工，无复持敬之妙"，修养不以理为指导，其居敬便失去意义。反之，穷理而不居敬，思想

---

① 张栻：《南轩先生文集》卷36《四益箴》，华东师范大学出版社2010年标点本，第538页。

② 同上书，第294页。

③ 同上书，第497页。

④ 同上书，第395页。

就不会不专一，心中存有杂念，人欲不去，则不可能认识心中之天理，"理明则有以精其知，敬立则有以宅其知"，居敬以安心，穷理以精知，穷理与居敬相须并进，以扩充心中不虑而知的先验道德理性。

综上所述，张栻居敬穷理的工夫论，把认识论与修养方法结合起来，提出居敬与穷理互相发的思想，既主张致知明心，又强调日积月累，把朱、陆的认识方法结合起来，兼有二者之妙。

四　教育目的：明人伦、育圣贤

李泽厚指出："以朱熹为首要代表的宋明理学（新儒学）在实际意义上更接近康德。因为它的基本特征是，将伦理提高为本体，以重建人的哲学。许多哲学史论著喜欢把宋明理学公式化地分割为宇宙观、认识论、社会政治思想几大块论述，反而掩盖了上述基本特点。如果从宋明理学的发展过程和整体结构来看，无论是'格物致知'或'知行合一'的认识论，无论是'无极''太极''理''气'等宇宙观世界观，实际上都只是服务于建立这个伦理主体，并把它提到'与天地参'的超道德的本体地位。"[1] 由此可见，宋明理学一开始就是以伦理为本体的一种重要学术思潮，儒家伦理纲常成为宋代理学家关注的首要问题，张栻精心构筑的理学思想体系集中体现了这一点。作为一代理学宗师和教育大家，张栻以其心性论哲学思想作为教育思想的理论基础，主张在教化民众时，要把人性、人伦、教育三者紧密地结合起来，认为人之五伦是先天赋予的，是人的本性，通过教化使世人明白并接受这些人伦道德，防止人们做出违人伦、害恩义的事情，以此稳定社会思想和统治秩序。

由性善论出发通过教育来恢复人本来的善性，几乎是宋代所有理学家的教育理想，这一点张栻也不例外。他从"心主性情"的心性论谈起，认为教育的目标要明善，这里的"善"也是其心性论中的"理"，主要指儒家伦理道德，孟子称之为"人伦"，因此，张栻强调

---

[1]　李泽厚：《中国古代思想史论》，三联出版社 2008 年版，第 231 页。

其教育目的就是"明人伦"，"其所以学者，何也？明人伦也"。教育的目的是让学者明人伦，恢复人本身固有的善性，这一点上张栻与同时代的教育家区别不大，但教育目的一旦落实到培养哪种层次的人才，他们之间的区别就相当明显了，造成这一区别的原因在于人恢复性善的能力、程度的不同观点。关于人恢复性善的能力和程度问题，张栻与其他理学大师有截然不同的看法。如朱熹就认为圣人难做，圣贤仅是少数人的专利，一般人达到"君子"的程度就难能可贵了。但张栻指出"善学者志必在乎圣人"，而且"人皆可以为尧舜，非其力不胜也，特不为耳"。张栻宣称，只要努力向善，人人皆可以成为圣人，因此在教育活动中，他又进一步把明人伦的教育目的具体定位在圣贤的层面上，把"育圣贤"视为其"明人伦"教育目的的精神实质和核心内容，使"明人伦"的教育理想落到实处，这就最大限度地提高了教育的作用和层次，这也是张栻教育思想的一大特色。

（一）明人伦

张栻将"明人伦"作为其根本的教育目的，很大程度上是受孟子教育思想的启发以及对老师胡宏的继承，他曾论断："孟子论三代之学，一言以蔽之曰：皆所以明人伦也。"① 孟子谈论的三代之学的全部内容就是明人伦，因此，为恢复上古三代时期的理想之治，在教育活动中非常有必要向学者强调明人伦的教育目的。他接着指出，"孟子论事亲为仁之实，盖人心之至亲至切，孰尚乎此！此实学问之根柢也。"② 孝悌、事亲之事是学问的根本所在，是"仁之实"，因此学者要格外注重。而胡宏对人伦的强调也对张栻产生了重要影响。如胡宏在《邵州学记》中指出："夫为是学者，非教士子美食逸居，从事辞藻，侥觊名第，盖将使之修身也。身修，然后人伦明，小民亲，而人道立。故学在天下不可一日废。"③ 胡宏认为讲学的目的就在于明人

---

① 张栻：《南轩先生文集》卷9《郴州学记》，华东师范大学出版社2010年标点本，第161页。

② 同上书，第410页。

③ 《胡宏集》，中华书局1987年标点本，第149页。

伦，它是修身、治国的根本前提，因此要引起学者高度重视。关于人伦，儒家学说中通常指人们在处理日常关系时，要遵守君臣有义、父子有亲、夫妻有别、长幼有序、朋友有信的五种行为准则。张栻推行"明人伦"的教育目的，主要为了向四方学者和全社会贯彻儒家伦理思想，把教育纳入道德教化的轨道。他认为人与人之间的五伦是上天赋予的，是人性所固有的属性，必须通过教育使世人明了这一点，如果违背五伦，则人欲就会无限膨胀，进而出现"伤恩害义而沦胥其常性"的严重后果，这种情况下，人无异于禽兽："不有以教则安于欲不知义，是将与禽兽奚以远？"张栻认为人伦是人与禽兽的重要区别，因此他在教育活动中将人伦教育提升到前所未有的高度，正如他在《静江府学记》中强调的那样：

> 凡天下之事皆人之所当为，君臣、父子、兄弟、夫妇、朋友之际，人事之大者也，以至于视听言动、周旋食息，至绩至悉，何莫非事者？一事之不贯，则天性以之陷溺也。……朝廷建学，群聚而教养者果何在乎？嗟乎！此独未之思而已矣。使其知所思，则必悚然动于中，而其朝夕所接，君臣、父子、兄弟、夫妇、朋友之际，视听言动之间，必有不得而遁者，庶乎可以知入德之门矣。①

张栻认为五伦是"人事之大者"，缺任何一方面，人的天性就会陷溺，更不用说五伦全然不知了。国家设学养士的主要目的是让士子朝夕揣摩儒家伦理纲常大义，只有这样才能真正迈进"入德之门"。

乾道九年（1173 年），张栻应松滋县县令余彦广之邀，为偏于大江之滨的松滋县学作《江陵府松滋县学记》，再次强调了其"明人伦"的教育目的：

---

① 张栻：《南轩先生文集》卷9《静江府学记》，华东师范大学出版社2010年标点本，第157页。

先王之教，其大旨见于孟氏之书，曰"学则三代共之，皆所以明人伦也"，又曰"谨庠序之教，申之以孝弟之义"。是知学校以明伦为教，而明伦以孝弟为先。盖人道莫大乎亲亲，而孝弟者为仁之本也。……亲亲之理得，而无一物不在吾仁之中，孝弟之道有不可胜用者矣。……嗟乎！是乃先王建学之本意。余君（余彦广）今日之所望于多士者，宜莫先于此也，遂书以寄之。①

在这篇学记里，张栻告诫知县余彦广建学一定要以"明伦为教"，并指出学者若想真正"明人伦"，就要用孝悌之道来规范、约束自己，因为孝悌是"仁之本"，只要遵循孝悌之道就能明理得理，求仁得仁。

张栻推行"明人伦"的教育目的还有更深层次的期待，那就是为了收拾人心，恢复三代理想盛世，唤醒学者治国平天下的勇气和责任感，正像他在《邵州复旧学记》中所言："先王所以建学造士之本意，盖将使士者讲夫仁义礼智之彝，以明夫君臣、父子、兄弟、夫妇、朋友之伦，以之修身、齐家、治国、平天下，其事盖甚大矣。"②因此，他反对士子在求学过程中只顾汲汲于名利，不讲人伦纲常、仁义道德的学风。他说："后世之学校，朝夕所讲，不过缀缉文辞，以为规取利禄之计，亦与古之道大戾矣。"③他告诫学者："尘世利名无着意，圣门事业要精求。"④在《答新及第启》里，张栻又着重强调：

兹番承恩天陛，拜庆亲庭。闾里知荣，士友增慰。惟策名委质，当思忠义之勉图；而学道爱人，岂其利禄之是慕？愿扩昔贤之志，永为乡国之光。⑤

---

① 张栻：《南轩先生文集》卷9《静江府学记》，华东师范大学出版社2010年标点本，第168页。

② 同上书，第160页。

③ 同上。

④ 同上书，第63页。

⑤ 同上书，第154页。

从史料可以看出，张栻并不反对士子通过科举获得功名，但他指出获得功名利禄不是寻师问道的终结，而是在人生新的、更大的舞台上继续践行忠义人伦，"学道爱人"，以继承先贤之志，建功立业，为乡闾和国家增光添彩。

此外，张栻还从治国安邦的角度，深刻意识到"明人伦"在社会教化中的重要意义，因此积极主张在全社会推行这一教育主张。他在《钦州学记》中郑重指出：

> 十室之邑必有忠信之质者焉，其成就与否，则系于学与不学而已。学也者，所以成才而善俗也。……以夫人伦之教，圣贤之言行熏濡之以渐，由耳目以入其心志，其质之美者能不有所感发乎？有所感发，则将去利就义，以求乎为学之方，而又以训其子弟，率其朋友，则多士之风岂不庶几矣乎！异时人才成就，风俗醇美，其必由候今日之举有以发之。①

张栻认为，国家建学设教有两个重要目的，一是培养治国之材，二是"善俗"，即移风易俗，使全社会出现"风俗醇美"的良好状况。在这一过程中，那些具有"忠信之质"的莘莘士子肩负着重大的社会责任，因此首先要用人伦之教、圣贤之言教育、熏陶他们，使他们志存高远，具有"去利就义"的宽阔胸襟，在此基础上，鼓励这些学者用儒家人伦规训子弟亲朋、乡党邻里，这样就会出现人才辈出、天下大治的良好局面。由此可见，张栻倡导明人伦的教育目的，还具有忧国忧民的深沉情怀。

当然，张栻提出明人伦，并不是要求学者毫无原则地照搬教条，只要持志并存有"忠厚之心"，情感发自内心即可，没有必要拘泥于形式主义。前述他奉劝好友朱熹葬妻一事上即可表明这一立场。在解读《学而篇》里"父没观其行"时，他说："'父没观其行'，却恐

---

① 张栻：《南轩先生文集》卷9《钦州学记》，华东师范大学出版社2010年标点本，第165页。

文意只当于居丧说，若谓泛言行，则父在，固亦当观其行，但有所不得行，要以观志为主耳。……观《鲁论》中教人以《诗》为先，盖兴起性情、使人深笃于人伦之际，学者须是先教存忠厚之心也。"①他不仅要求人们在居父丧时遵从丧礼，更要求人们在父母健在之时也要及时行孝。从张栻的上述言行中，我们可以真切感受到他立意高远、灵活务实的教育风格。

（二）育圣贤（圣人）

恢复人本来的善性，使其懂得并遵守儒家伦理道德是张栻根本的教育目的，但这种抽象的目的论需要落实在具体的培养人身上，因此，张栻在"明人伦"基础上又提出了"育圣贤"的主张，他不仅以身作则，还常常告诫门人弟子要先立高远志向，即以做圣贤为读书业儒之目标："至如所谓不可以圣贤自期者，则非所闻。大抵学者当以圣贤为准，而所进则当循其序，亦如致远者以渐而至也，若志不先立，即为自弃，尚何所进哉？"②只有这样，加之循循有序地进德修业，才能最终学有所成。张栻本人就一直以圣贤颜回为榜样，"伊洛先觉谓学圣人当以颜子为准的，诚明训也"，他确信通过教育和培养，每个人都可以成为圣贤，因此直截了当地把教育目的的培养目标确定在圣贤的层次上。其著作中关于这方面的论述相当丰富，此处试列举数例：

> 善学者，志必在乎圣人，而行无忽于卑近。③
> 学可以至于圣，治不可以不本于学。④
> 人皆可以为尧舜者，以其才则然也。⑤
> 人唯自弃，以尧舜为不可及，是以安其故常，终身不克进，

---

① 张栻：《南轩先生文集》卷9《钦州学记》，华东师范大学出版社2010年标点本，第380页。

② 同上书，第301页。

③ 同上书，第386页。

④ 同上书，第176页。

⑤ 《张栻全集》，长春出版社1999年标点本，第432页。

犹不知己之性即尧舜之性，而其不能如尧舜者，非不能也，不为耳。①

以其皆有是性，故皆可以为尧舜。尧舜者，能尽其性而已。②

人皆可以为尧舜，非其力不胜也，特不为耳。③

……

从这些论述中可知，张栻育圣贤的目标是针对所有人，即"人皆可以为尧舜"，这一点显然是弘扬了孟子的相关学说。在《孟子》一书里，曹交曾问孟子："人皆可以为尧舜，有诸?"孟子回答曰"然"，然后又向曹交指出了做圣贤的途径就是明孝悌人伦之道："尧舜之道，孝弟而已。子服尧之服，诵尧之言，行尧之行，是尧而已矣。"④ 人人都能做圣贤，这就最大限度地张扬了教育的社会功能；同时，圣贤不仅是教育的终极理想，还是教育的唯一目标，这样就极大地提高了教育的作用和层次。

张栻的这一教育目的论是其教育思想的一大特色，也是他与同时代理学家群体的重要区别所在。如朱熹就认为圣人十分难做，对绝大多数"中人"来说，能做个"君子"已属不易，圣人只是最高层次的理想人格，对他们来说是遥不可及的。朱熹本人也从不敢奢望成为圣贤："某十岁时，读孟子，言圣人与我同类者，喜不可言，以为圣人易做，今方觉得难。"他进而感叹："以某观之，做个圣贤，千难万难。"⑤ 因此，他认为"教化之行，挽中人而进于君子之域；教化之废，推中人而堕于小人之涂"。朱熹将教育的培养目标分为几个层次，认为只要把中人培养成君子就很理想了，圣贤是那些天赋异禀的少数人的专利。张栻与朱熹等理学家在教育目的上的差异是有其深刻原因的，具体原因主要体现在如下方面：其一，从张栻的心性论来

---

① 《张栻全集》，长春出版社1999年标点本，第312页。

② 同上书，第311页。

③ 同上书，第448页。

④ 《孟子译注》，中华书局2005年标点本，第276页。

⑤ 朱熹：《朱子全书》（第24册），上海古籍出版社2002年标点本，第3621页。

看，他提出了"心主性情"、"心宰万物"的主张，极大地肯定了人的主观能动性，他还认为人具有本然之性，所谓"己之性即尧舜之性"，在性质上都是至纯至善的，虽然外在的物欲容易使人性"陷溺"，但气禀是可以变化的，而且这种至善的人性永远不会湮灭，只要人们不断地修身养德，不断祛除"物诱"，人性的光芒就会重现，人自然就可以成为圣人，因此他才认为"以尧舜为不可及者，是自诬其性者也"。其二，从时代场域来看，南宋时期，国家深陷于内忧外患之中，时代呼唤有志之士挺身而出"治国平天下"，但现实是君主心术不正，苟且偷生，亲小人而远君子；读书人为谋取利禄而蝇营狗苟，根本无心关注时局。张栻对此忧心忡忡，他一直主张"格君心之非"，致君尧舜，希望统治者以身作则，"亲君子，远小人"，成为力挽狂澜的一代贤君。对一般士人，张栻坚决反对为一己之私而读书业儒，希望他们志存高远，一心向圣，成为有助于国家社稷的圣明臣民。其三，从张栻个人经历来看，他自幼就异于常人，身怀远大抱负，二十七岁曾作《希颜录》自励，希冀将来成为颜回那样的圣贤。后来他在修身养性的过程中声称多次体会到圣人的境界，他告诉朱熹，自己眼前经常出现"光灿灿地"景象，说明其内心确已通达洒然。既然自己体会到做圣人的境界，所谓"己欲立而立人，己欲达而达人"，他鼓舞大家都去做圣人也就不难理解了。

在中国古代教育发展史上，绝大多数的教育家都把培养目标分为几个层次，大致可以归为理想人格（如圣贤、圣人）与现实人格（如君子、贤人等），理想人格一般是遥不可及的，现实人格才是人们应积极达到的。理想人格体现了教育家们的高明之处，他们用其作为"诱饵"，让莘莘学子"垂涎三尺"，一直艰难地追求下去，但始终如海市蜃楼般无法企及。但在张栻的教育思想里，理想人格却被现实化，圣人不再遥远，就存在现实中，存在你我之间，只要个人努力争取，不自暴自弃，人人都可以成为圣贤，人人都能承担起拯救国家民族危亡的重任。张栻的这种惊世骇俗之论无异于一针强心剂，给礼崩乐坏、人心飘荡的南宋社会带来了几丝希望，有利于凝聚人心，激发出民众的民族自尊心和奋起抵御外辱的勇气。

五　"明万事"的教育内容说

"明万事"是张栻教育内容论的特色之处，其核心是对儒家经典的研习。张栻的教育思想与其他理学家有很大的共同之处，即都以伦理为本位，把道德教育放在首位，用儒家的伦理道德规训生徒。由于儒家伦理道德是以儒家经典的形式呈现的，因此张栻在教育活动中极为注重儒家经典的传授与解读。他在《桂阳军学记》中说：

> 嗟乎，学之不可不讲也久矣！今去圣虽远，而微言著于简编，理义存乎人心者，不可泯也。善学者求诸此而已。虽然，圣贤之书，未易读也。盖自异端之说行，而士迷其本真，文采之习盛，而士趋于蹇浅，又况平日群居之所从事，不过为觅举谋利计耳。如是而读圣贤之书，不亦难乎！故学者当以立志为先，不为异端诛，不为文采眩，不为利禄泪，而后庶几可以言读书矣。圣贤之书，大要教人使不迷失其本心者也。①

为宣扬先贤"微言"，使"理义"深入人心，张栻强调学者要多读圣贤之书。但是圣贤之书并不是轻易就可以体悟的，学者只有在立志为先、摒弃异端、静心沉潜、不为利禄所诱的前提下才可能真正贯通，并在纷繁复杂的社会里"不迷失其本心"。

张栻主张读儒家经典，但他坚决反对自汉唐以来虚浮空疏的学风，阅读经典一定要理解和品味蕴含其中的义理，不能仅仅停留在辞赋文采、章句训诂上，并以此来作为获取功名利禄的工具。同时，他指出研习儒家经典要学以备用、学以致用，要用儒家经典解决社会生活中的实际问题，这才是儒家经典的真谛所在。张栻虽然也把儒家经典作为重要的教学内容，但是侧重点却不同，较之以往单纯强调"学"，南轩强调学用结合，而目的在"用"，即"以圣贤语言见之行

---

① 张栻：《南轩先生文集》卷9《桂阳军学记》，华东师范大学出版社 2010 年标点本，第 163 页。

事，因行事复求之圣贤语言"。在学习过程中，张栻要求学者要平心静气，脚踏实地，反复涵咏玩味，以达到"读书明理"的效果："理义固需玩索，然求之过当，反害于心。涵泳栽培，日以深厚，则玩索处自然有力也。"[①] 他在《答潘端叔》中强调：

> 细观书辞，有务实近本意味，良惬所望。致知力行，要需自近，步步踏实地，乃有所进。不然，贪慕高远，终恐无益。近来士子亦往往有喜闻正学者，但多徇名遗实，反觉害事。间有肯作工夫者，又或不奈苦辛长远，若非走作，即成间断，亦何益也，吾友勉之！《论语》不可一日不玩味，《伊川易传》亦宜细读。某近年来读此二书，亦觉有深味耳。[②]

张栻在肯定潘端叔学有所成的同时，告诫他读书为学要致知力行，踏踏实实，循序渐进，不可好高骛远，徇名遗实。张栻还根据自己读《论语》《伊川易传》等儒家经传的切身体会，认为这些经典之作不可一日不玩味，越涵泳其间，越获益匪浅，其中的充实与愉悦只有自己亲身经历才能明白。

为了帮助学生更好地理解圣贤之书，张栻同吕祖谦、朱熹等理学大家一样，非常重视学校和书院教材的编撰，他在给学者吴晦叔的信中说：

> 向来元晦所编多去诸先生之说，某意以为诸先生之说虽有不同，然自各有意思，在学者玩味如何，故尽载程子、张子、吕氏、杨氏之说，其他诸家有可取则存之，如元晦之说多在所取也。此外尚或有鄙意，即亦附之于末。《系辞说》亦已裒集。程子精微之论多见于《遗书》中，如《论孟精义》编类得好，极

---

① 张栻：《南轩先生文集》卷9《桂阳军学记》，华东师范大学出版社2010年标点本，第383页。

② 同上书，第420页。

宜习读。①

由史料可知，张栻与朱熹都十分偏爱于编写教材，但为纠正朱熹随意删改前贤著作的毛病，张栻博采众长，将二程、张载、吕祖谦、朱熹等理学家以及自己对儒家经典解读的可取之处一一刊行于世，以方便学者习读。他还精心整理二程《遗书》，撷取有关孟子的言论，编成甚为得意的《论孟精义》，供城南和岳麓书院的四方学者和门人弟子研读。事实上，在十多年的教学生涯中，张栻编写了大量教材供州（府）、县学以及各地书院使用，鉴于他在教育领域的威望和影响，加之校雠精良，他编写的教材往往十分畅销甚至脱销，一时间洛阳纸贵，在这方面张栻为南宋教育事业作出了重要贡献，前述与吕祖谦为严州州学共同编撰的《阃范》即是典型例证。又如乾道六年（1170 年），张栻为严陵学宫刻印了周敦颐的《通书》，他认为此书"推明动静之一源，以见生化之不穷，天命流行之体无乎不在"，是学习圣学的理想教材，因此将"友人朱熹元晦的《太极图》列于篇首，而题之曰《太极通书》，刻于严陵学宫，以示多士"。② 而他与朱熹反复讨论辩难，其间几易其稿，最终成书于乾道九年（1173 年）的《论语解》、《孟子说》两本教材，更是众多书院教材中的扛鼎之作。

将儒家经典列为学者重点研习的内容，是中国古代教育家几乎不变的传统。从上述可知，张栻并没有超出时代局限。但难能可贵的是，张栻并没有以此为限，他在提出读圣贤之书的同时，还提出了"明万事"的主张，将天下万事均列为学习对象，这也是张栻教育思想的重要特色。张栻从天地宇宙出发，首先要求学者要体味万物之理，万物之理又存在万物之中，因此研习"天下万事"自在情理之中："万事具万理，万理在万物，而其妙著于人心。一物不体则一理

① 张栻：《南轩先生文集》卷28《答吴晦叔·一二》，华东师范大学出版社2010年标点本，第435—436 页。

② 同上书，第497 页。

息，一理息则一事废。一理之息，万理之紊也；一事之废，万事之堕也。"① 在此基础上，张栻进一步指出：

> 凡天下之事皆人之所当为。君臣、父子、兄弟、夫妇、朋友之际，人事之大者也，以至于视听言动、周旋食息，至纤至悉，何莫非事者？一事之不贯，则天性以之陷溺也。然则讲学其可不汲汲乎！学所以明万事而奉天职也。②

张栻认为只有"明万事"才能"奉天职"，"万事"首先以儒家伦理道德为主，也即"君臣、父子、兄弟、夫妇、朋友之际"，这是万事之中的重中之重。在人伦之外，日用之间"至纤至悉"之事也需学者不断地关注、思考，因为"一事之不贯"，人的天性就有"陷溺"的可能。从张栻的解释可以看出，其要求学者所明的万事，既包括道德伦常以及修身、齐家、治国、平天下的大事，还包括周旋食息、视听言动等方面的日用常行，内容十分丰富。

值得注意的是，张栻虽然和其他理学家一样，不主张学者深研文史知识，以免出现异论纷纷、人心浮动的后果，但他并不完全排斥"文艺之事"，认为这些知识也是学者应必备的，只是要适可而止，不可陷溺太深。他在对《论语》中的"行有余力则以学文"一句进行解释时说："非谓俟行此数事有余力而后学文也，言当以是数者为本，以其余力学文也。若先以学文为心，则非笃实为己者也。文谓文艺之事。"③ 张栻认为不仅要学习与道德践履有关的内容，还要学习一般的文化知识和技艺，以提升文化和生活品位。在《论作诗》中，张栻指出创作诗歌的技巧："作诗不可直说破，须如诗人婉而成章，《楚辞》最得诗人之意"。他在给吴晦叔的信中说："季随处人便辱

---

① 张栻：《南轩先生文集》卷28《答吴晦叔·一二》，华东师范大学出版社2010年标点本，第196页。

② 同上书，第158页。

③ 《张栻全集》，长春出版社1999年标点本，第70页。

书，甚慰。醇叟遂而，使人感伤。挽章甚佳，近来诗律良进也。某亦作两首，早晚寄去。"① 张栻一边夸赞吴晦叔在诗赋方面的进步，一边表示也要作两首挽诗寄给故去的朋友，说明他对诗词不仅喜爱，而且造诣颇深，这一点从他一生留下的五百余首诗歌即可证明。关于对史学知识的肯定，张栻在《答胡季履》一文中有明确态度：

> 承论观史工夫，要当究其治乱兴坏之所以然，察其人之是非邪正，至于几微节目，与夫疑似取舍之间，尤当三复也。若以博闻见助，文辞抑末矣。此间士子辈观《通鉴》，尝令先将逐代大节目会聚始末而观之，颇有意味。如高祖入关、灭项、诛功臣之类，皆作一门备其源流，此亦编得有次第，方欲取前辈议论之精者入于其间也。②

张栻认为史学是理解治乱兴坏、是非邪正的重要工具，因此他十分重视学者的"观史工夫"，在教学中，他要求每个生徒都要精读《通鉴》等经典史籍，并给出行之有效的研读方法。在《答胡季随》中，张栻则从德育的高度论述掌握史学的重要性：

> 论及日阅致堂《史论》，甚善。秦汉以来，学道不明，士之见于事业者固多可憾，然其间岂无嘉言善行与一事之得者乎？要当以致远自期，而于人则一善之不废，是乃扩弘恕之方，而为聚德之要也，正惟勉之。③

张栻从弘扬圣门之道出发，告诉胡季随读史可以察纳以往贤良的"嘉言善行"，这是学者进德修业的重要途径，希望胡季随继续研习

---

① 张栻：《南轩先生文集》卷28《答吴晦叔·七》，华东师范大学出版社2010年标点本，第433页。
② 同上书，第386页。
③ 同上书，第388页。

《史论》等史籍。此外，张栻还多次称赞好友朱熹编撰史书的举动，如在《答朱元晦·一》中，他充分肯定了朱熹编写的《通鉴纲目》："《通鉴纲目》想见次第，甚有益于学者也。"① 在仔细阅读此书后，他又认真提出一些针对性修改意见，以使学者在阅读中获益更多："编《通鉴纲目》极善，以鄙见，每件事更采旧史尤佳，恐《通鉴》亦有所阙遗耳。"② 在《南轩文集》中，第十六、十七卷对前代尤其是汉晋的治乱兴衰进行了专门剖析，由此也可窥见张栻对史学的重视。

此外，张栻还主张学者应具有一定的科学知识。他认为"万物有自然之理"，由于天下万物皆有其理，并体现在一个普遍的理，即天理，因此对于张栻来说，包括自然现象在内的每一事物都是值得研究的。如针对世人普遍妄信鬼神的迷信倾向，张栻用具有唯物倾向的"气"论解释，以正视听。他指出："鬼神之说，合而言之，来而不测谓之神，往而不返谓之鬼；分而言之，天地、山川、风雷之属，凡气之可接者皆曰神，祖考祠飨于庙曰鬼。就人物而言，聚而生为神，散而死为鬼；又就一身而言之，魄气为神，体魄为鬼。凡六经所称，盖不越是数端。"③ 他在《论鬼神》中用一具体事例来阐述自己的鬼神观：

> 向在淮上，宿一小寺中，夜闻小鸡声以数万计，起视之，见弥空灯明满地。问之寺僧，云此旧战场也，遇天气阴晦则有此。夫气不散则因阴阳蒸薄而有声，气自为声，于人何预！鬼神之说，须自穷究，真是无疑方得。不然，他人说得分明，亦不济事。④

---

① 张栻：《南轩先生文集》卷28《答吴晦叔·七》，华东师范大学出版社2010年标点本，第340页。
② 同上书，第336页。
③ 张栻：《南轩先生文集》卷33《题周奭所编鬼神说后》，华东师范大学出版社2010年标点本，第502页。
④ 曾枣庄、刘琳：《全宋文》（第255册），上海辞书出版社2006年版，第348页。

张栻以亲历的一件小事为例，指出鬼神之说纯属无稽之谈，一些自然异常现象主要是由气之聚散造成的，只要弄清楚这些现象背后的原因，就会释然明白。他对身边朋友和门人弟子多相信生死鬼神之说很是担心，又在《答萧仲秉》中强调说：

> 生死鬼神之事，须是胸中见得洒落，世间所说不得放过，有无是非一一教分明方得。若有丝毫疑未断，未必不被异端动摇引去。觉得诸友多于此处疑者，正好玩味横渠之说。昨见文集有数处极精切，盖横渠皆是身经历做工夫，剖决至到，故于学者疑滞处尤为有力耳。①

由于担心被鬼神等异端邪说"动摇引去"，张栻建议萧仲秉等身边诸友多揣摩前贤张载对鬼神"剖决至到"的精辟论述，以求得胸中洒脱，消解心中疑滞之处。

又如在医学方面，张栻也经常鼓励学者进行研究，他本人的医学造诣就相当深厚。两宋时期，与生命息息相关的医术也得到前所未有的重视，官僚士大夫中的一批远见卓识之士，在"民吾同胞，物吾与也"的仁爱思想以及"明达体用"的经世致用理念指引下，开始正视医学以及从医者的社会意义，并主动习医，以身示范："前辈名士往往能医，非惟卫生，亦可及物。近时士大夫家藏方或集验方，流布甚广，皆仁人之用心。"② 如仁宗朝翰林院学士之中多良医，"翰苑互相淬磨，究明经书，医者甚众，如曹应之、胡院谏皆良医也"③。范仲淹曾立下"不为良相，便为良医"④ 的人生志向就极具代表性。在这样的时代氛围里，张栻主张学者留意医术就不难理解了。他在知静江时，曾作《谕俗文》教化静江百姓，其中重要的一条就涉及医学

① 张栻：《南轩先生文集》卷26《答萧仲秉》，华东师范大学出版社2010年标点本，第399页。

② 费衮：《梁溪漫志》，上海古籍出版社1985年标点本，第94页。

③ 刘斧：《青琐高议》，上海古籍出版社1983年标点本，第114页。

④ 吴曾：《能改斋漫录》，上海古籍出版社1979年标点本，第381页。

问题：

> 访闻愚民无知，病不服药，妄听师巫淫祀谄祷，因循至死，反谓祈祷未至，曾不之悔，甚至卧病在床，至亲不视，极害义理。契勘疾病生于寒暑卫冒，饮食失时，自合问医用药治疗。亲戚之间，当兴孝慈之心，相与照管，其邻里人等亦合时来存问。至于师巫之说，皆无是理，只是撰造恐动，使人离析亲党，破损钱物，枉坏性命。①

张栻正确指出，人出现疾病没有什么神秘的，只是"生于寒暑卫冒，饮食失时"罢了，应及时寻医问药。他劝诫当地百姓不要相信"师巫之说"，否则不仅会出现伤财害命的后果，还会造成亲朋邻里之间漠然离析，严重妨害义理的深入人心。在与吕祖谦的一次书信往来中，他以自己的亲身经历，来说明医术的重要性：

> 某前月半间积寒成疾，势极危，诸事亦已处置，顺听之耳。一夕气复，诸症尽退，盖复热剂灼艾之力，今幸已复常。病中念平日颇恃差壮，嗜欲少，故饮食起居多不戒生冷，不避风寒，此亦是自轻。观《乡党》中圣人卫生之严，岂是自私？盖理合如是耳。②

在这一次几乎夺取其性命的疾病中，张栻对症下药，运用所掌握的医学知识最终化险为夷。此后，他深刻反省了自己在饮食起居方面的不检点之处，将个人卫生上升到天理的高度，可见他对医疗疾病知识的重视。

---

① 张栻：《南轩先生文集》卷15《谕俗文》，华东师范大学出版社2010年标点本，第252页。

② 张栻：《南轩先生文集》卷25《寄吕伯恭·四》，华东师范大学出版社2010年标点本，第380页。

张栻倡导研习医术主要源于其"济民"的教育宗旨。因为医术的主要功能是"利泽生民"，具备一定的医疗知识，"上以疗君亲之疾，下以救贫民之厄，中以保身长年"，即可以延年益寿、孝亲、保民，因此，"在下而能及小大生民者，舍夫良医，则未之有也"①。因此他希望社会多培养一些良医，以济生保民：

> 凡人受病，必有受病之处，虽风雨、寒暑、燥湿之不同，而气行无间隙不在焉。惟其日引月长，浸而不已，故良医之治病，必先望其颜色，切其脉理，而究其脏腑之变，以会其微，而投之砭剂，如郢人之运斤，甘蝇飞卫之射发，无不如意。不幸而秦、扁、和、缓之不遇，而至于病矣，则将何救？②

良医能根据病理，通过望、闻、问、切等手段而对症下药，就像郢人运斤成风一样游刃有余。但不幸的是，社会像秦、扁、和、缓那样的名医太少了，以至于生民之病痛无法解除。他用自己三次手臂骨折而未得到根治的遭遇，进一步说明医术的重要性："如某盖三折肱而未得之良医也，方汲汲然自治之不暇，而何以起人之废哉？"

张栻对良医的呼唤主要在于对现实中庸医害人的痛恨。宋代不仅巫卜盛行，庸医也是社会的一大公害，连京城都遍布骗财害命的庸医，如范仲淹曾在折奏中忧心忡忡地提醒宋仁宗："今京师生人百万，医者千数，率多道听，不经师授，其误伤人命者日日有之。"③ 汴京城里误人性命的庸医竟如此之多，民间基层社会的医疗水平更令人担忧。因此，医者普遍的医术浅陋与缺乏医德就成为困扰宋代的严重社会问题。张栻对此深有体会，如上述他的手臂折断三次却没有医者能帮他接上，更令他愤怒的是，亲密讲友胡广仲因为庸医的误诊而英年

---

① 吴曾：《能改斋漫录》卷13，上海古籍出版社1979年标点本，第381页。

② 张栻：《南轩先生文集》卷25《答谢梦得》，华东师范大学出版社2010年标点本，第390页。

③ 《范仲淹全集》，四川大学出版社2002年标点本，第642页。

早逝，这也成为其心头永久的伤痕：

> 忽得舍弟信，报广仲下世，伤叹泪落，不能以已。不谓盛年
> 一疾，遂至于此！……此病只缘湘阴医者下甘，遂撅了根本，岂
> 有广仲之弱，反谓肾气有余，又从而泄之耶？如此庸医，公然妄
> 投剂，理当痛惩之。①

张栻对医者不根据病情随意投剂，造成好友丧命的后果痛恨不已，他根据自身的医学知识判断这是一起严重的医疗事件，因此强烈建议用法律手段来严惩这位谋财害命的"湘阴医者"。

南宋由于战乱频仍，国势虚弱，国家急需军事、财政等方面的实用人才，因此，张栻提出了要注重事功、兵事方面的学习。他认为"夫所谓兵与财者，有天下者之所急也。腐儒之论则曰儒者不知兵，儒者不言财"，真正有担当的儒士是不避讳兵财之事的。在与吴晦叔探讨管仲相齐时，张栻对管仲以商兴齐给予充分肯定，他指出："夫子（孔子）但称其（管仲）救世之功，问其仁而独称其事功，则其于仁也亦可知矣。"② 张栻将管仲的"事功"与孔子的"仁"相提并论，表明他对经济之学的重视。在城南和岳麓书院的课程中，军事知识也是重要的学习内容之一。张栻曾亲自为唐人杜牧作注的《孙子》作跋，并"刻而传之"，要求门人弟子认真研读："盖君子于天下之事无所不当究，况于兵者！世之兴废，生民之大本存焉，其可忽而不讲哉！"张栻在这篇《跋》中把"兵事"看作是社稷存亡、生民福祉的根本。把军事之学上升到治国安邦的高度，响应了时代的需要和呼声。张栻之所以对兵事如此关注，是和他治国平天下的宏伟志向以及家世的熏染密切相关的。张栻的先祖中涌现出许多军事人才，其父张

---

① 张栻：《南轩先生文集》卷28《与吴晦叔·六》，华东师范大学出版社2010年标点本，第432页。

② 张栻：《南轩先生文集》卷19《答吴晦叔·九》，华东师范大学出版社2010年标点本，第310页。

浚更是南宋初期威震宇内的中兴名将，张栻自幼侍从父亲左右，辗转沙场，以恢复中原为己任，并深刻体悟到"兵事"对拯救国家民族危亡的重大意义。他在《跋孙子》的结尾满怀忧患地提醒世人，在强虏环伺之时，一定要枕戈待旦、警钟长鸣："嗟乎！夷虏盗据神州，有年于兹，国家仇耻未雪，圣上宵衣旰食，未尝忘北顾，凡在臣子所当仰体圣意，思所以效忠图称者。然则于是书又岂可以忽而不讲哉？"① 言语间书生从戎报国之志尽显。

张栻从"传道济民"根本教育宗旨出发，在要求学者研读儒家经典的同时，还应"明万事"，即以天下万事万物为学习对象，之所以如此，一是将儒家道德落到实处，二是培养士子待人接物的实际能力。"明万事"意味着其教学内容十分强调"践履"，即要求学者走出书斋，以一种开放务实的态度来增益学问，在实践中完善德业，其所谓"俯仰周旋皆实理，未应只向寓中看"就生动说明了这一点。张栻在教学中曾向弟子直言不讳地指出："圣门实学，贵于践履，隐微之际，无非真实。"因此可以说，实践品格是张栻教学内容的显著特色。在践履思想的指导下，张栻的教学内容已远远突破政治、伦理范畴，将与民众息息相关的日用之事、洒扫应对，以及文艺、自然科学、医学、经济之学、军事等诸多方面的学问一一容纳，其教育内容的丰富性体现出其在教育领域的远见卓识。这种开放务实、重视躬行的教育内容论也成为其教育思想的重要特色之一，并泽被后世，余韵悠远。

六　兼容并蓄的教学方法

如何围绕教育宗旨、教育目的和教育内容展开教学活动，总结教学方法，进而获得较为理想的教学效果，成为古今中外教育家不断深入探讨的焦点问题。教学方法与不同学派以及学术主张密不可分。张栻及其所代表的湖湘学派在学术思想上具有兼收并蓄的特点，在各学

① 张栻：《南轩先生文集》卷19《答吴晦叔·九》，华东师范大学出版社2010年标点本，第506页。

派分庭抗礼、互相对立排斥的情况下，湖湘学派凸显出平和、宽厚的兼容并包气象，因此其教学方法也明显凸显这一特点。对于当时教育家偏执一词、各守一隅的做法，张栻在教学方法上则强调对立统一，求同存异。具体来说，在传道济民崇高教育理想的指引下，为使学者明人伦、人人学做圣贤，张栻将儒家经典以及天下万事皆纳为学者研习的对象，显示出其"见处高而践履又实"教育特色。张栻摒弃当时士子因读书应举而"将先觉言语耳剽口诵，用为进取之资"的浮躁学风，反对仅热衷于"诵说"科举程文而不深入探究儒家义理的单一教学方式，站在道德修养和为政治国的高度，采取了诸多行之有效的教学方法，正如他在为《希颜录》作跋时所言：

> 然则后之学者贪慕高远，不循其本者，终何所得乎？故予愿与同志之士以颜子为准的，致知力行，趋实务本，不忽于卑近，不遗于细微，持之缜密，而养以悠久，庶乎有以自进于圣人之门墙。①

这段话相当重要，可以说是张栻一生为学之道的精要总结。他告诫学者要放弃贪慕高远的浮躁学风，以颜回等圣贤为榜样，沉心静气，致知力行，趋实务本，循循有序，注意积累，博约相须，并持之以恒，才能真正迈进圣人之门墙。张栻总结出的教育方法不仅为学者读书治学指明了正确方向，还为当时的教育事业注入一股清新之风。

（一）学思相益

张栻发挥先贤孔子"学而不思则罔、思而不学则殆"的教育理念，进而提出学思并进的治学方法。他指出，做学问应"讲论问辩，深思熟虑，必使其是非浅深了然于胸次，此乃致知之要，入德之方"。② 把讲学和思考有机结合其来，不仅是治学之要，还是道德修

---

① 张栻：《南轩先生文集》卷33《跋希颜录》，华东师范大学出版社2010年标点本，第500页。

② 同上书，第310页。

养的重要方法，学者对此一定要有清醒认识。"学"是指对儒家经典和日用常行的领悟，它偏重于教学内容的外在、直观把握；"思"则是对学习内容的深刻理解，它偏重于教学内容的内在领悟和思考，"思者，研究其理之所以然也"。关于学与思之间的辩证关系，张栻曾作过精彩论述：

> 学者，学乎其事也，自洒扫应对进退之往，无非学也。然徒学而不能思，则无所发明，罔然而已。思者，研究其理之所以然也。然徒思而不务学，则无可据之地，危殆不安矣，二者不可不两进也。①

治学之要在于恰当处理好学与思之间的辩证关系，不能有所偏颇，如果仅盲目诵读而不深入思考，就不能理解经义的真正内涵，陷入茫无头绪的境地。思考固然重要，"学贵于思，思而后有得"，但如果仅重视思考而忽视了研读工夫，那么思考也就成为没有根据的空想，也会陷入危殆不安的境地。

在理解学与思辩证关系的基础上，张栻进而提出"学思并进"的主张，"学而思则德益崇，思而学则业益广。盖其所学，乃其思之所形；而其所思，即其学之所存也。用功若此，内外进矣"②。学习是思考的外在表现，思考是学习的内在结果。通过学习，思考有所依据；通过思考，学习就会有所提高。只有这样用功，使内外相辅相成，思考和学习才能取得事半功倍的效果。任何学习都是经过深思熟虑后所得到的结果，而思考本身就是把所学知识加以深化的一个过程。由此可见，学习和思考是密不可分，相互推进的。

关于学与思二者之间的关系，张栻又用另一组概念作了反复阐述，即"下学"和"上达"。"下学"就是致知力行，所谓"致知力行皆是下学"，"上达"就是思，二者紧密联系，不可分割："舍实理

---

① 《张栻全集》，长春出版社 1999 年标点本，第 78 页。
② 同上。

而驾虚说，忽下学而骤言上达，扫去形而下者而自以为在形气之表，此病恐不细。正所谓欲辟释氏而不知正堕其中者也"，对当时学者只顾"上达"而忽视"下学"的做法进行了严厉的指责。他认为"下学而不加上达之功，此尤有病，上达不可言加功"，而"上达"就在"下学"之中，"圣人教人以下学之事，下学工夫浸密，则所为上达者愈深，非下学之处又别为上达之功也"①。因此，"下学"和"上达"也是密切联系相互促进的。

难能可贵的是，张栻强调学思并进，还要求学者应具备独立的思考能力，不要轻易盲从权威。他并不完全主张把圣贤之言奉为圭臬，也从不盲目排斥凡人之语，即便是圣人之言，也可能有存疑之处；而凡人之语中，也可能有可取之处，"所谓'观书当虚心平气以徐观义理之所在，如其可取，虽庸人之言有所不废，如其可疑，虽或传以圣贤之言，亦须更加审择'，斯言诚是"②。张栻这种敢于存疑圣言经典的惊人言论，向传统的教学模式提出了严峻的挑战，具有超越时代的意义，也为当时的教育界注入了一股清新自由之风。

（二）致知力行

在中国古代教育家的教育实践中，知行问题始终占据着重要地位，这并不是教育家们的嗜好，而是其道德教育中不容回避的重要问题。在张栻博大精深的理学思想体系里，知行关系不仅是一个哲学认识论的问题，还是一个重要的教育方法问题。他说："圣人之教人，固不越乎致知力行之大端，……行之力则知愈进，知之深则行愈达。"③张栻充分肯定了致知力行在教育活动中的重要性，认为是先圣留给后世的重要教育方法。所谓"知"，就是在教学中向学者传授的知识，也即是前述其所确立的以天下万事和儒家经典为主的教学内容，"莫非致知也。日用之间，事之所遇，物之所触，思之所起，以

---

①　张栻：《南轩先生文集》卷26《答周允升》，华东师范大学出版社2010年标点本，第395页。

②　黄宗羲：《宋元学案》，中华书局1982年标点本，第1626页。

③　张栻：《南轩先生文集》卷26《答陆子寿》，华东师范大学出版社2010年标点本，第405页

至于读书考古，苟知所用力，则莫非吾格物之妙也"。所谓"行"是知的具体实施，是对传统伦理道德的践履，是知的实行。张栻在教学活动始终坚持知、行二者的统一，一方面重视践履，提出"学贵力行"；另一方面也重视致知，否定"只务践履"的片面做法。

北宋时期，二程首先提出知是人本身所固有的，并进而指出："故人力行，先须要知。非特行难，知亦难也。《书》曰：'知之非艰，行之惟艰'，此固是也，然知之亦自艰。譬如人欲往京师，必知出那门，行那路，然后可往。……自古非无美材能力行者，然鲜能明道，以此见知之亦难矣。"① 二程这种知先行后、知行合一的倾向对张栻影响至深。张栻继承和发扬二程余绪，在"知者，吾所固有也"的道德先验论基础上，明确提出"知先行后"的观点。他指出："知之而行，则譬如皎日当空，脚踏实地，步步相应；未知而行者，如暗中摸索，虽或中，而不中者亦多矣。"在同周必大讨论时，张栻又说：

> 或谓人患不知道，知则无不能行。此语诚未完。知有粗精，行有深浅。然知常在先，固有知之而不能行者矣，未有不知而能行者也。《语》所谓"知及之，仁不能守之"，是知而不能行者也。……然有所谓知之至者，则其行自不能已，然须致知力行工夫至到，而后及此。……若学者想象臆度，或一知半解为知道，而曰知之则无不能行，是妄而已。②

在这里，张栻对以往知之在先的情况有所补充和修正，知常在行先，无知则无法践行，而真正的知是躬行实践后而得来的。在此基础上，张栻进一步提出了"知有粗精"的观点，他说：

> 只一个"知"字，用处不同，盖有轻重也。如云"知有是

---

① 程颐、程颢：《二程集》，中华书局1981年标点本，第187页。
② 张栻：《南轩先生文集》卷19《寄周子充尚书》，华东师范大学出版社2010年标点本，第299页。

事”则用得轻，“匹夫匹妇可以与知”之类是也；如说“知底事”则用得重，“知至至之”之知是也。在未识大体者且当据所与知者为之，则渐有进步处。工夫若到，则知至。知至矣，当至之，知终矣，当终之，则工夫愈有所施而无穷矣。①

张栻在此提出了知的轻重（粗精）之分："知有是事"，是对某一具体事物的表面现象的认识，只知其然，故"用得轻"；"知底事"，是对事物内在的"理"的认识，知其所以然也，故"用得重"。"知有是事"是等同于《中庸》里所谓"匹夫匹妇可以与知"的具体知识，属于人类认识的感性阶段。而"知底事"则相当于《周易》中"知至至之"的道德真知，已上升为理性认识的阶段。因此，那些"知至至之"的深刻认识，是"此非躬行实践则莫由至"的。

既然知有粗精、轻重之分，那么，如何才能完成知由粗到精，行由始至终的过程？张栻进而提出了"知行互发"的概念来进一步解释，如有学者就吕祖谦"近日士人只务闻见不务践履，须是去践履上做工夫"来征求张栻的意见，他答曰"此言虽好，只是少精神，须是致知力行互相发明始得。若不致知，将人欲做天理，亦不可知"。强调知行互相发明是张栻知行观的重要特点，他在教学活动中曾反复强调这一点：

　　　　致知力行，互相发也。盖致知以达其行，而力行以精其知。工深力久，天理可得而明，气质可得而化也。②
　　　　知之进，则行愈有所施；行之力，则知愈有所进，以至于圣人。人伦之至，其等级固远，其曲折固多，然亦必由是而循循可至焉耳。盖致知力行，此两者工夫互相发也。③

———————————

①　张栻：《南轩先生文集》卷19《答吴晦叔·四》，华东师范大学出版社2010年标点本，第307页。
②　同上书，第250页。
③　同上书，第299页。

致知是为了付诸实行，力行是为了深化认识，如此循环往复，工深力久，便可使认识深化，最终体认心中本有之天理或良知，从而克服气质之偏。对知来讲，初始可能处于粗浅阶段，但在践行之中，初始的知将在新的实践经验的启发下不断深化，逐渐达到由粗至精的地步；对行来说，初始或许没有正确的知的指引而盲目"瞑行"，但随着知的发展，行也会不断推进，一旦知达到"知至"的程度，"则其行自不能已"，这种知指导下的行就进入良性发展轨道，完全是顺理而行了。因此在认识天理的过程中要不断付诸实行，知行互发并进，二者不可偏废。张栻认为这是学者变化气质、穷究天理乃至达到圣人境界的必由之路，由此可见张栻对知行互发的重视。

当然，张栻先知后行的知行观显然违背了人类的认识规律，因为人类的认识最初来源实践，只有在实践的基础上才能获得真知，即由行到知。他和朱熹等理学家一样，用这种精心构筑的道德先验论来合理化、神圣化儒家伦理道德。但是，从教育的视角来看，张栻的知行观自有其积极意义。因为教育的过程是一个特殊的认识过程，这个过程并不总是遵循人类的认识规律，它有自身的一些特殊规律。先学习书本知识和间接经验，在此基础上进一步行动，这是教育活动的主要方式，这种方式正好契合了"先知后行"的理念。而且，在知行的辩证关系中，张栻更强调"行为重"，即所谓"善学者以身履为贵，圣人之观人，亦考其实"，善学之人必定"贵行"，圣人也是如此。他曾与朱熹探讨曰：

> 范伯崇云："知之行之，此二者，学者始终之事，阙一不可。然非知之艰，行之惟艰也。"知而不行，岂特今日之患，虽圣门之徒未免病此。……世之人徒务知之，而不以行为事，虽终身汲汲，犹失人也。①

---

① 张栻：《南轩先生文集》卷30《答朱元晦》，华东师范大学出版社2010年标点本，第449页。

世人只知道研习所谓的知，却不把所知落实在行之上，是儒家学者从圣人孔子之后一直存在的弊病，因此追寻一辈子知识，却仍不能成为一个人格完善的人。因此在知、行之间，行比知更为重要，所谓"非知之艰，行之惟艰"，其深意正基于此。

张栻知先行后、知有粗精、行有始终、知行互发、以行为重的知行观具有浓郁的个人特色，充分体现了自北宋以来重知轻行，到南宋知行并举的过渡特点，是中国知行思想发展史上的重要一环。因此，胡宏对高弟张栻在知行问题上的贡献评价甚高："行贵精进，言贵简约，钦夫之言真有益！便可于此痛加工夫。"① 好友吕祖谦也由衷赞叹："张荆州之教人也，必使人体察良心，以圣贤语言见之行事，因行事而复求之圣贤语言。"② 张栻重致用而戒空言，重视躬行践履的真知灼见，对于纠正当时学者循名忘实、"汲汲求所谓知，而于躬行则忽焉"的浮华学风，形成湖湘学派经世致用的特色发挥了重要作用。

（三）博约相须

自孔子提出博与约这组对立的范畴之后，历代教育家都围绕博、约来阐发自己的教育观点。在读书和教学方法上是重博还是重约，在宋代教育领域一直争论不断。如朱熹就强调博而忽视约，他要求学生博览群书；陆九渊则从"发明本心"的角度，强调约而忽视博。两学派在淳熙二年（1175 年）的鹅湖之会上，就博约问题展开激烈的争辩，最后谁都未能说服对方，结果双方不欢而散。张栻虽未直接参加这一盛会，但他力排众议，主张博学与简约应有机结合起来，单独强调任何一方都有失偏颇。博即博学，即要求学者要博览群书、博通万事；约即简约，即明确方向、抓住学问的关键点："约之为言要也，而有检束之意；自学者而言所贵乎趋夫要也。"张栻不赞成泛观博览，同时也反对好高骛远。他说："专于考索，则有遗本溺心之患；而骛

---

① 黄宗羲：《宋元学案》，中华书局 1982 年标点本，第 1382 页。

② 同上书，第 1634 页。

于高远，则有躐等凭虚之忧，二者皆其弊也。"① 泛观博览的学习方法使学者抓不住重点，而学无旨归；好高骛远则容易使人不务实际而流于空谈。因此学习要博学与简约相结合，"博与约实相须，非博无以致其约，而非约无以居其博"。博学是简约的基础和前提，简约是博学的深化和提升，二者密切联系、辩证统一。因此张栻对偏废任何一方的学习方法都提出了委婉的批评："如笺注、训诂，学者虽不可使之溺乎此，又不可使之忽乎此，要当昭示以用工之实，而无忽乎细微之间。"② 学者为学首先要脚踏实地地狠下功夫，训练牢固而宽厚的学术功底，这是进德修业不可或缺的一环；但也不可陷溺于此，一定要在此基础上确立目标，明了治学之要，才能在学问上取得事半功倍的效果。

在博约相须基础之上，张栻又提出博而后约的观点。他深刻地指出：

> 博与约实相须，非博无以致其约，而非约无以居其博。故约我以礼，必先博以文。盖天下之事众矣，非一二而穷之，则无以极其理之著。然所谓穷理者，贵乎能有诸己者而已。在己习之偏、意之私亦不一矣，非反而自克，则无以会其理之归。博文而约礼，圣人之所以教人与学者之所当从事焉者，亦无越乎此矣。③

他认为无论从事教学还是从事学习，在博与约的关系上，应该做到既要居其博又要守其约。首先要以"博文"为主，学习天下之事，阅读各种文献典籍；由于要学的东西很多，而人的时间、精力有限，故而要由博返约，即所谓"趋乎要"，他认为这才是一种正确的学习方法：

---

① 张栻：《南轩先生文集》卷26《答陆子寿》，华东师范大学出版社2010年标点本，第405页。

② 同上。

③ 张栻：《南轩先生文集》卷12《约斋记》，华东师范大学出版社2010年标点本，第205页。

　　所谕读书欲自博而趋约，此固前人规篆，其序固当尔。但旁
观博取之时，须常存趋约之意，庶不至溺心。又博与杂相似而不
同，不可不察也。有所发明，毋惜示教。①

　　先博后约是不可逾越的规律和秩序，只有遵循这一规律，学者在
学习中才不至于"溺心"。张栻还提醒学者，博不等于杂，如果将二
者等同，不仅会误入歧途，还会妨碍由博返约，对读书求学极为
有害。

　　张栻还从手段、目的方面来阐述博约之间的关系。他指出，在教
学活动中，教与学都必须遵循博约相须的原则，不能只博不约，也不
能只约不博。张栻认为博约双方缺一不可，但博是手段，约是目的，
没有博便不能达到约，没有约则博而无归，他说：

　　天下之理常存乎至约，而约为难言也，为难识也。虽然，求
约有道，其惟博学而详说欤。博非杂也，详非泛也。稽之前古，
考之当今，以至于礼仪三百、威仪三千，朝夕从事而学焉，所谓
博也。极天下之理讲论问辨而不置焉，所谓详也。博学详说，则
心广义精，而所谓约者可得于言意之表矣。故君子之博学而详
说，是将以反之于已而说约也。学不博、说不详，而曰我知约
者，是特陋而已矣。故约者，道之所存也。守不约则本不立，言
不约则义不明。而约不可徒得也，非功深力到则未由至也。若博
学详说而志不在于求约者，则是外驰其心，务广而夸多耳，非所
谓学也。昔者子贡盖博且详而以求约者，及其一朝有感而言曰：
"夫子之文章可得而闻也，夫子之言性与天道不可得而闻也。"则
反约矣。孟子此章，盖欲学者知夫求约之道，在乎博学而详说之
也，又将使学者知夫博学、详说所以求约而不至于失于杂与泛之

────────────

　　① 张栻：《南轩先生文集》卷12《约斋记》，华东师范大学出版社2010年标点本，第
286页。

病也。①

这是张栻关于博与约关系的一段精彩论述。首先他把约同理、道相提并论，提高约在博约关系中的地位。他认为，"天下之理常存乎至约"，"约者，道之所存"。由于张栻教育的目的是明人伦，而人伦就是圣人之道，也即天理，所以博约双方，约是教育追求的终极目的。

其次，张栻在肯定约是目的、是本的基础上，提出"求约有道，其惟博学而详说欤"，要求得约必须博，以博为求约的必要手段。以求约为目的博学详说，博不是杂，详也不是泛，但"若博学详说而志不在于求约者"，其博与详便是杂与泛了，而"非所谓学也"。博学详说必须是为了求约，离开了约的博是张栻所反对的。反之，如果只求约而不以博学详说为基础，那"是特陋而已"。张栻在以求约为目的的前提下，主张广泛学习，"稽之前古，考之当今"，"朝夕从事而学焉"，掌握广博的知识，从一点一滴积累起来，然后由博返约，在积累的基础上融会贯通，使所学的知识条理化、系统化，从中得到精深的学问，并掌握理与道，从而完成整个学习的过程。

张栻认为，博约双方的关系，从目的与手段来讲，约是目的，博是手段，博学是为了求约。从先后顺序来讲，则博在先，约在后，博而后约。由于从博到约是一个知识积累的过程，所以张栻反对急于求成，超越秩序。这又把博约与循序渐进联系起来。他说："学必博而后可归于约，多学而识之，固学者所当从事也。若遽欲躐等，以进夫一贯之妙，而于所谓博以文者曾有所未习焉，是为终于穷大失居而已。"② 从时间上，先博后约；从目的上，在博学的同时，就要带着求约的目的。和同时代教育家相比，张栻较为恰当地处理了博约双方的辩证关系。

---

① 《张栻全集》，长春出版社1999年标点本，第376页。
② 同上书，第197页。

（四）循循有序

循循有序这种教学方法一直在我国古代的教育教学中占有重要地位。《大学》曰："大学之道，在明明德，在亲民，在止于至善。知止而后定，定而后能静，静而后能安，安而后能虑，虑而后能得。物有本末，事有终始，知所先后，则近道矣。"又曰："古之欲明明德于天下者，先治其国；欲治其国者，先齐其家；欲齐其家者，先修其身；欲修其身者，先正其心；欲正其心者，先诚其意；欲诚其意者，先致其知，致知在格物。"① 在儒家经典里，教导学者进德修业均要循序而为。张栻在教学方法上非常强调循序渐进，他在《答项秀才》中说："为学之方，循循有序，要须着实趋约，自卑近始。"② 把循循有序视为寻师问道的重要方法。在《答周允升》一文中，张栻又强调：

　　盖圣门实学，循循有序，有始有卒者，其惟圣人乎！非若异端惊夸笼罩，自谓一超径诣，而卒为穷大，而无所据也。近世一种学者之弊，渺茫臆度，更无讲学之功，其意见则类异端一超径诣之说，非惟自误，亦自误人，不可不察也。五峰所谓此事是终身事，天地日月长久，断之以勇猛精进，持之以渐渍熏陶，故能有常而日新，诚至言哉！③

研习圣门实学一定要脚踏实地，依照次序和规律展开，想在短期内勇猛精进，只能臆造出异端之说，误人误己。张栻牢记老师胡宏的教导，不仅自己把讲学视为终身事，还要求门生遵循这一为学之方，通过天长日久的"渐渍熏陶"，逐渐积累学问，最终一定会学有所成。

---

① 李学勤主编：《礼记正义》卷60《大学》，北京大学出版社1999年版，第1592页。
② 张栻：《南轩先生文集》卷26《答项秀才》，华东师范大学出版社2010年标点本，第398页。
③ 同上书，第394页。

从循循有序的观点出发，张栻主张把教育分为小学和大学两个阶段。即对生徒首先应进行"小学"教育，通过"洒扫应对"等具体日常行为的不断强化，使其夯实基础的文化知识，养成符合儒家伦常的道德行为，在此基础上再进一步学习《大学》所指引的如何"格物致知"、"诚意正心"以及"穷理尽性"等学问，学问在日积月累中就会在良性轨道上走向精深。他在《邵州复旧学记》中指出：

> 先王所以建学造士之本意，盖将使士者讲乎仁义礼智之义，以明乎君臣、父子、兄弟、夫妇、朋友之伦，以之修身、齐家、治国、平天下，其事盖甚大矣，而为之则有其序，教之则有其方。故必先使之从事于小学，习乎六艺之节，讲乎为弟、为子之职，而躬乎洒扫应对尽退之事，周旋乎俎豆羽仑之间，优游于弦歌诵读之际，有以固其肌肤之会、筋骸之束，齐其耳目，一其心志，所谓大学之道格物致知者，由是可以进焉。①

教育必须遵循"为之则有其序，教之则有其方"的规律，不越次序，循序渐进，学业就可以不断进步。这既是张轼对学者的要求和希冀，也是自己多年教育实践的精要总结。

关于教育要以小学、大学之次序逐渐深入，在张栻的有关论著里被反复强调，如在《答江文叔》中，张栻说："是以古人之教，有小学，有大学。自洒扫应对而上，使之循循而进，而所谓格物致知者，可以由是而施焉。故格物者，乃大学之始也。因下问及之，并幸详焉，有以见教。"② 在给学生胡季随的信中，他又说："自所谓循序者，自洒扫应对进退而往，皆序也。由近以及远，自粗以至精，学之方也。如适千里者，虽步步踏实，亦须循次而进。今欲阔步一蹴而至，有是理哉？自欺自误而已。"③ 从上述论述可知，张栻所要求学

---

① 张栻：《南轩先生文集》卷9《邵州复旧学记》，第159页。
② 同上书，第400页。
③ 同上书，第486页。

者的"循序"而为，既包括日常习业上的自粗及精，还包括道德修养上的由近及远，张栻在教学中既注重文化知识的渐次传递，又重视道德修养的不断提升，是对以往小学、大学之说的丰富和修正。

既然为学是一个渐进有序的过程，学者就要脚踏实地，杜绝贪高慕远的想念。张栻把贪高慕远称为"学者之病"，对学问极为有害。为何如此，他作了进一步解释："学者之病固非一端，以予观于近世，其大者有二焉：贪高慕远，则不能循序而有进；负己自是，则不能降心以从善。是二者，抑学者之所甚病也。"① 贪高慕远、自负自满是学者为学的两大弊端，只有认真克服这些毛病，才能在学业上有所进益。学者在习业中出现急躁情绪时，他常常戒之以"勿急于求成，自是循序渐进"，并反复告诫他们好高骛远的危害："学者多忽遗乎所谓卑与迩者，而渺茫臆度夫所谓高与远者，是以本根不立，而卒无所进。"②

张栻的同乡张子困有两幼子，均有秀美之质，但其父却揠苗助长，带领孩子参加省试，尽管在考试中获得好评，张栻仍劝诫曰：

　　……两儿缠过膝，秀色隐眉宇。昨日试省中，旁观正如堵。诵书声琅琅，亦复记训诂。呼前与酬答，进止良应矩。我为三咨磋，每见必摩拊。祝君须爱惜，事业贵有序。美质在陶冶，如器无苦窳。道远方愁予，速成戒自古。可使利欲风，居然熏肺腑？良心人所同，爱敬发端绪。岷江本一勺，东流贯吴楚。但当养其源，日进自莫御。君归闭门思，予言或可取。③

张栻对这两位具有良材美质的少年学子十分喜爱，但对其父揠苗助长、过早让他们沾染功名利禄之举很是不满，他认为为学之道贵在"有序"，决不能抱有"速成"的侥幸心理，应当陶冶其"美质"、

---

① 张栻：《南轩先生文集》卷9《邵州复旧学记》，第586页。
② 同上书，第415页。
③ 同上书，第29页。

"养其源"，待夯实基础后学业自然会不断精进。

（五）讲授与问难结合

张栻一改以往教育家以诵读为主的填鸭式教学法，在教学过程中注意启发学生思考，以此激发学生的潜能，课堂上既有系统地讲授阐释，又有目的地提问解惑。他尤其注重师生之间的讨论辩难，使得沉闷的课堂变得生动活泼，课堂也成为生徒主动索取知识的殿堂。在这一过程中，自由讨论、互相辩难的学风也逐渐形成，这一学风也成为南宋时期书院大师普遍采用的教育手段，张栻则是其中重要的倡导者和先行者。在《南轩文集》里，从卷二十九至三十二均为师生答问场景，主要是张栻与弟子讨论德性学问的教育场景记录，一般先由学生提问，老师随后作答，或师生共同就某一问题进行深入探讨。这种教学方法一方面有助于教师在教学过程中兼顾学术研究，一方面又照顾到生徒的兴趣和独立思考能力，为他们将来自主研习学问奠定坚实基础。更为重要的是，这种教学方法蕴含了师生之间的平等精神，教师充分听取和尊重学生意见，打破了以往师生之间在教与学问题上的服从与被服从的支配关系，使学生真正成为自己的主人、学习的主体。

张栻这种答问式的自由探讨学风在其文集中俯拾皆是，此处以张栻与高弟彭龟年的一段精彩答问为例：

> 彭龟年问："君子时中。"朱（朱熹）编修云："以其有君子之德，而又能随时以取中也。"龟年窃谓君子精义故能时中，谓之时中者，以其全得此理，故无时而不中，非是就时上取中也。今日"以其有君子之德而又能随时以取中"，心切疑焉。

针对彭龟年的疑问，张栻随即以自己的心得为弟子解惑：

> 随时以取中，非元晦语，乃先觉之意，此意甚精。盖中字若统体看，是浑然一理也；若散在事物上看，事事物物各有正理存焉，君子处之，权其所宜，悉得其理，乃"随时以取中"也。然

元晦云"以其有君子之德，又能随时以取中"，语却有病，不若云"所贵于君子之中庸者，以君子能谁是以取中也"。①

彭龟年对朱熹解释"君子时中"提出疑义，并阐述了自己对这一问题的看法。张栻首先指出彭龟年对此问题的理解有不当之处，告诉他这句话不是朱熹首先提出的，然后他也指出朱熹对"君子时中"解释的偏颇之处，最后他以"理一分殊"的命题来论述"中"的含义，以一种新的观点解释了"君子时中"的意义。这种师生之间的对话，本身就是一种学术的探讨和创新，在切磋辩难的过程中，师徒二人碰撞出智慧的火花，进而提出新颖独到的见解，在一定程度上促进了学术研究的不断深入。

张栻另一高弟游九言曾就"出入"二字提出质疑，他说：

> 孟子固已明言其出入为心矣，而伊川谓心无出入，不知逐日之间有出入者是果何物？又有一处，谓在人为性，主于身为心。谓在人为性，不可言出入；既曰主于身为心，凡能主之则在内，不能主之则外驰，是亦出入之意。不知心之与性相去如何？思虑之于心，相去又如何？

张栻非常赞许弟子的问题，并深受启发，他思虑后以二程"心本无出入"的话为依据，来说明理在于心，而欲不可谓心的道理，最终以令人信服的结论为游九言释疑：

> 心本无出入，言心体本如此。谓心有出入者，不识心者也。孟子之言，特因操舍而言出入也。盖操之则在此，谓之入可也；舍则亡矣，谓之出可也。而心体则实无出入也。此须深自体认，

---

① 张栻：《南轩先生文集》卷31《答彭子寿》，华东师范大学出版社2010年标点本，第471页。

未可以语言尽之耳。①

　　在游九言提出这一问题后的一段时间里，张栻一直在深入思考这一问题，随后又在信中进一步阐述自己的观点：

　　　　出入二字更须仔细理会。程子曰，"心本无出入"，以操舍而言。又曰："心则无出入矣，逐物是欲。"盖操之便在此，舍之则不见，因操舍故有出入之云耳。若论人之逐物，盖因其舍亡，故诱于物而欲随之。欲虽萌于心，然其逐物而出，则是欲耳，不可谓心也。至于是心之存物来顺应，理在于此，又岂得谓之出乎？幸深思之。②

　　欲望虽萌发于心，但已不能称之为心，因为欲望在追逐身外之物之时已从心中剥离，性质也完全变化，即二程所言有操无舍是也。张栻在教学中能放下身段，就某一问题屡次与学生深入探讨，显示出其宽厚的学术胸襟与平等的学术精神，在探讨过程中，师生均如沐春风，充分享受学术探索过程带来的充实与愉悦，真正实现了孔子所谓"教学相长"的教育理想。

　　不过，这种探讨问难式学习对教师要求甚高，因此张栻也从自身做起，对教师提出了更高的要求，他认为教师应不断地"学明行修"，以真知为标准，不能以自己的学术观点为囿，让学生无条件屈从，更不能以一种欲人师己、好为人师的浮躁态度进行教学，若此就会形成骄傲自满的不良习气，这是最不可取的，"盖天下之患莫大于自足，自足则画矣"，为人师者应"本之六经以发其蕴，泛观千载以极其变，即事即物，身亲格之，超然会乎大宗"，③ 用自己高深的学

---

　　① 张栻：《南轩先生文集》卷31《答彭子寿》，华东师范大学出版社2010年标点本，第485页。

　　② 同上书，第486页。

　　③ 同上书，第247页。

养来诱导学者，用讲学来争鸣激荡，在与四方学者的交相共济中增益学问，并在教与学的答问、论辩中，建立起平等、友好的师生关系。

值得注意的是，张栻在师生交流切磋之中不仅注重"言传"，更强调"身教"在教育过程中的作用，"君子之善治其身，非为教人也，身修而教在其中"，把教人寓于身教之中，教师的职责不仅是传授知识，而是要在道德修养上给学生树立榜样。重视身教，也是张栻教育思想的特点之一。

七　小结

张栻的教育思想从不人云亦云，对前贤来说，他在继承中有发展；对同一时代的教育家来讲，他在兼容并蓄中又有诸多创新。具体体现在：一是以培养圣人为主的教育目标。由性善论出发通过教育来恢复人本来的善性，几乎是宋代所有理学家的教育理想，这一点张栻也不例外。但张栻与传统教育家的切入角度截然不同，他特别强调人的主观能动性，强调人作为万物之灵，应积极进取，"夫人者，统役万物者也，而顾乃物役，其可乎哉？……居天下之广居，行天下之大道，致君泽民"，并由此提出"心主性情"这一惊世骇俗之论，认为教育的目标要明善，并止于至善，即把人的善性完全恢复，进而达到圣人的境界，这是同时代其他理学大师所望尘莫及的。如朱熹就认为圣人难做，圣贤仅是少数人的专利，一般人达到"君子"的程度就难能可贵了。但张栻则不然，指出"善学者志必在乎圣人"，而且"人皆可以为尧舜，非其力不胜也，特不为耳"。张栻宣称，只要努力向善，人人皆可以成为圣人，因此他把教育的培养目标定位在圣贤的层面上，这就最大限度地提高了教育的作用和层次，这也是张栻教育思想的一大特色。二是教学内容的丰富性。张栻认为，"凡天下之事，皆人之所当为，君臣、父子、兄弟、夫妇、朋友之际，人事之大者也"，教育内容虽以伦理之事为本，但"天下之事"均要认真关注，"学所以明万事而奉天职也"，"明万事"既然是"天职"，人就不应该闭门书斋，而是在践履中完善德业，"俯仰周旋皆实理，未应只向寓中看"。张栻这种既重视道德修养又主张践履躬行、开放务实的教育内容，具有非常积极的现实意义，并泽被深远。三是德育思想。在道德修养方面，张栻从培养圣人的目标出发，将义利之辨视为迈进圣门的关键一步："学莫先于义利之辨"，并援天理人欲于义利之辨中，这一治学思路提纲挈领，高瞻远瞩，显示出其深邃的学术洞察力和卓越的学术创造力。四是教学方法。在具体的修养方法上，张栻反对好高骛远，告诫学者进德修业要循序渐进，脚踏实地，避免空谈，并提出知行互发、博约相须、循循有序、自由辩难等习业方法。其丰富深邃的教育思想以及"先立乎大"、"见处高而践履又实"的高远教育境界，使其在学派林立、大师辈出的南宋时期脱颖而出，并烛照后世。

第二章

留意斯文：张栻的书院教育活动

张栻一生挚友、著名文学家杨万里，在《寄题万安萧和卿云冈书院》诗中生动叙述了张栻与朱熹两位书院大师在岳麓、白鹿洞书院训诲诸生以及对其他书院教育活动的引领作用：

> 君不见南轩先生（张栻）以道鸣，岳麓书院陶诸生。
> 君不见晦庵先生（朱熹）妙经学，庐山书院榜白鹿。
> 吾乡萧君八叶孙，云岗筑斋高入云。
> 芝兰玉树争绩文，江湖鹄袍争骏奔。
> 愿师朱张两先生，驷马高盖塞里门。①

杨万里劝欲创办云冈书院的乡人萧和卿，应以岳麓书院、白鹿洞书院为仿效对象，以张栻、朱熹等书院大师为榜样，聘请地方名士硕儒主之，使四方学者（即江湖鹄袍）前来寻师问道，甚至让那些乘坐"驷马高盖"的当朝权贵也折节前来受教。从这首诗里可以看出南宋时期书院教育的蓬勃兴盛，以及张栻在宋代书院教育发展过程中的重要地位。在论及张栻教育活动之前，有必要对宋代书院教育的发展脉络作一简要论述。

---

① 傅璇琮：《全宋诗》（第 42 册），北京大学出版社 1991 年版，第 26657 页。

第一节　时代场域：书院教育的兴起

书院"肇于唐，盛于宋"，① 它是在系统地整合、改造传统官学和私学的基础上，建构的兼收官学与私学某些优良成分的新型文化教育组织形式。书院的选址一般都远离尘嚣，藏之名山，掖之秀川，所谓"四面山水，清邃环合，无市井之喧，有泉石之胜"。② 主持者大多是享誉士林的博学鸿儒，选址与主持者的相得益彰，使书院成为四方学者寻师问道的理想之处。叶适曾对自己主持过的石洞书院的治学环境大加赞誉：

> 石之高翔俯踞，而竹坚木瘦皆衣被于其上，水之飞湍瀑流，而蕉红蒲绿皆浸灌于其下。潭涧之洼衍，阿岭之嵌突，以亭以宇，可钓可奕，巧智所欲集，皆不谋而先成。③

学者在如此幽静雅致的环境里讲论探讨，很容易心无旁骛地沉浸其中，并在潜移默化中涵养出不凡的德性气质。

书院集学术研讨、文化教育、祭祀先贤与刻书藏书于一身，在中国延续有一千二百余年，为中国传统文化的继承、教育事业的发展作出了卓越贡献。书院在不同历史时期各具特色，唐代以来，书院初为文人士大夫归隐山林、逃避现实、颐养天年之处，后来围绕着书，开展读书、藏书、刻书和校书等活动，逐步延伸出教书育人的新功能，最终形成进行文化积累、创造与传播的文化教育组织。书院的主持者也逐渐实现了从"遁世"到"入世"的历史性跨越，其教育与社会功能得到极大地伸展和强化。

到了宋代，书院早已摆脱唐朝藏书、修书的单一功能，正式发展

---

① 李修生：《全元文》（第 15 册），江苏古籍出版社 1999 年版，第 303 页。

② 朱熹：《朱子全集》（第 25 册），上海古籍出版社 2002 年标点本，第 4583 页。

③ 《叶适集》卷 9《石洞书院记》，中华书局 1961 年标点本，第 154 页。

为聚众讲学的专门教育场所，尽管在三次兴学期间出现过一段低潮，书院总体上呈现蓬勃兴盛之势，成为"介乎官学和私学之间、民办官助并受政府控制的教育组织机构"，[①] 在官府和民间两种力量的交互作用下，宋代书院不断发展壮大，从官学的附庸一跃而成为独立于官学之外的新兴教育机构，并与官学和私学形成三足鼎立之势：

> 庆历中，诏诸路州郡皆立学，设官教授，则所谓书院者常合而为一。今岳麓、白鹿复营之，各自养士，其所廪给礼貌乃过于郡庠。近者巴州亦创置，是为一邦而两学矣。大学、辟雍并置，尚且不可，是于义为不然也。[②]

洪迈是南宋中前期的著名学者，在他所处的时代里，全国已多处出现官学与书院并立、争锋的局面，而且书院"所廪给礼貌乃过于郡庠"，生徒待遇、教育质量均远胜地方官学，尽管洪迈站在"一道德"的立场上，抱怨这种现象"于义为不然"，但书院在此时的勃兴却是不争的事实。有学者统计，两宋可考的书院多达 764 所，[③] 加上那些星罗棋布的民间书院，简直数不胜数，难怪宋人有"书院遍天下，星罗鳞次"的感叹。

关于宋代书院的兴起，马端临在《文献通考》里考证："是时（宋初）未有州县之学，先有乡党之学。盖州县之学，有司奉诏旨所建也，故或作或辍，不免具文；乡党之学，贤士大夫留意斯文者所建也，故前规后随，皆务兴起。后来所至，书院尤多，而其田土之赐，教养之规，往往过于州县学，盖皆欲仿四书院云。"[④] 马端临指出，宋代书院是在"乡党之学"的基础上逐渐兴起的，但书院与官学、私学的显著区别在于，书院在一定程度上摒弃了二者"科举嚣张、富

---

① 杨布生、彭定国：《中国书院与传统文化》，湖南教育出版社 1992 年版，第 3 页。

② 洪迈：《容斋随笔》卷 5，中华书局 2005 年标点本，第 477 页。

③ 顾宏义：《教育政策与宋代两浙教育》，湖北教育出版社 2003 年版，第 146 页。

④ 马端临：《文献通考》卷 46《学校七》，中华书局 1986 年标点本，第 429 页。

贵熏心"的利禄之意，重点以"留意斯文"、讲求圣贤之道为旨趣。马端临的观察可谓切中肯綮，也被诸多书院大师的言论所证实。如石介称恩师孙复所创的泰山书院，"聚先圣之书满屋，与群弟子居之"，说明泰山书院从建立起就以研习先圣经典为务。张栻也指出岳麓书院的创办宗旨为"论尧舜之道，本于孝悌"，因此，"盖欲成就人才，以传斯道而济斯民也"。① 吕祖谦在丽泽书院约规中明确规定前来受教的学者应"以讲求经旨、明理躬行为本"。黄宗羲在《宋元学案》中记载："文靖（杨时）曰：'学而不闻道（圣贤之学），犹不学也。'若庸（注：朱熹高弟程若庸）亦曰：'创书院而不讲明此道，与无书院等尔。'"② 当今宋代教育研究者也深刻意识到这一点。如苗春德、赵国权指出："书院作为一种有别于官学和私学的教育组织形式，肩负着一项特殊的历史使命，即传承统治者所推崇的儒家文化，北宋后则主要传承新儒学即理学，这也是创办者办书院的宗旨与学术追求。"③ 台湾学者陈雯怡也称："书院原也仅是一种私人教学的场所，在其发展过程中，有时是简单的私学，有时又是官立的机构；有时得到皇帝的支持，有时又变成政府禁毁的对象；有时是知识分子退隐的'山林'，有时又成为知识分子批判抗议的基地。尽管在现实中有众多截然不同的表现，但书院在理念上却一直被视为'私学理想'的象征，书院兼具教学与研究之功能、讲明义理之精神以及开放自由之学风的理想形象，使其成为知识分子寄托'道'的场域，……书院之名不始于宋代，但赋予书院上述理想性格的发展，却是在宋代奠定的。也可以说，真正的'书院'意象，是在宋代形成的。"④ 宋代书院以阐发先圣之学为要旨，其关注道德人格、排斥诸子之学、抗衡释道之学、纠正科举之弊的特征，以及自由开放的学风，逐渐成为儒

① 张栻：《南轩先生文集》卷4《潭州重修岳麓书院记》，华东师范大学出版社2010年标点本，第173页。

② 黄宗羲：《宋元学案》，中华书局1982年标点本，第2817页。

③ 苗春德，赵国权：《南宋教育史》，上海古籍出版社2008年版，第203页。

④ 陈雯怡：《从官学到书院：从制度与理念的互动看宋代教育的演变》，台北联经出版公司2004年版，第3页。

家文化的重要传承载体与中国古代"私学理想"的寄托之地。但应该明白，书院上述理想性格的形成并不是一蹴而就的，而是自宋初到南宋中前期，在诸多因素的交织之中长期形成的。如元代大儒吴澄在回忆岳麓书院在宋代的情形时说：

> 盖惟五代乱离之余，学政不修，而湖南退远之郡，儒风未振，故俾学者于是焉而读书。乾道之重兴也，盖惟州县庠序之教沉迷俗学，而科举利诱之习蛊惑士心，故俾学者于是焉而讲道。①

吴澄的这段话简洁清晰地勾勒出了宋代书院的阶段性任务。他指出，宋初因"学政不修"，为使学者有更多读书业儒的机会，岳麓书院才应运而兴。而刘珙在南宋乾道年间重修岳麓书院，邀请张栻前来主持的目的，是为了纠正学者沉迷俗学、醉心举业的不良倾向，并以讲道的方式来端正"士心"。从这一宋代最具代表性书院的沧桑沉浮可以看出，书院从宋初纯粹的士子习业之地到专为学者研习儒学的场所，其间确实经历了一个不算很短的艰难蜕变过程。

还必须指出，从北宋后期开始，儒生士大夫已生活在一个民族与文化信仰出现危机的时代。尽管儒学在 11 世纪中叶前后的数十年内一度复兴，但儒士们试图恢复经典所昭示的社会政治理想的乐观主义却动摇了。无论是改革派还是保守派，他们的政治蓝图最终都未能在内忧外患面前力挽狂澜；与此同时，宋廷加强了对学术自由的控制，企图通过思想的一致来达到民族的共同目标，结果，思想控制与派系斗争加速了国家的衰亡，北宋最终沦丧在金人铁蹄之下。宋室南渡后，国力尽管在满目疮痍中逐渐恢复，但南宋已失去了北部中国以及在 11 世纪建立起来的民族信念与文化自信。在劫后余生的文化重建中，"许多学者转向注重道德修养和教育，以期从在 11 世纪的文化复兴运动中重新发现的儒家价值观中找出自信的基础，学者也在这一过

---

① 李修生：《全元文》（第 15 册），凤凰出版社 2004 年版，第 138 页。

程中形成了宽容精神。"① 因此，宋代尤其是南宋时期，儒生士大夫开始重新审视书院的道德教育功能，挖掘其固有的优势与本色，将其视为研究学术、推行儒家教化的理想场所，尤其是那些心陋科举、以匡时济民为己任的民间教育精英和理学追随者，更是将书院视为磨砺"德行道艺"、修身、齐家、治国、平天下的操练之地，他们无论散居民间，还是"为太守、为监司"，"必须建书院，立诸贤之祠，或刊注四书，衍辑语录"。② 在这里交流情感、切磋学问，声气相求，追逐一种精神上的自得。正如朱熹在《白鹿洞书院揭示》中云：

> 熹窃观古昔圣贤所以教人为学之意，莫非使之讲明义理，以修其身，然后推以及人，非徒欲其务记览，为词章，以钓声名，取利禄而已也。今人之为学者，则既反是矣。然圣贤所以教人之法，具存于经，有志之士，固当熟读深思而问辨之。

朱熹明确提出了书院的办学宗旨在于使学者讲明义理，修身养性，而这一切"具存于经"，只有让学者熟读精思圣贤之书的奥义，才能使其摒弃利禄之心，专心研读学问。朱熹不仅仅是为书院生徒制定学规，自己也身体力行，经常以经义"与诸生质疑问难，诲诱不倦"，并深得其乐。他在《白鹿洞讲会次卜文韵》诗中回忆自己在白鹿洞讲学的情形时说："青云白石聊同趣，霁月光风更别传。珍重个中无限乐，诸郎莫苦羡腾骞。"③ 又在《次卜掌书落成白鹿佳句》中曰："深源定自闲中得，妙用元从乐处生。莫问无穷庵外事，此心聊与此山盟。"④ 从两首诗里洋溢出的欢愉气息来看，朱熹显然从书院教育活动中获益匪浅，其发自内心的充实与满足感也是宋代无数身处书院的儒士所感同身受的。

---

① 田浩：《功利主义儒家：陈亮对朱熹的挑战》，江苏人民出版社 2012 年版，导言第 3 页。

② 周密：《癸辛杂识续集》，中华书局 1988 年标点本，第 169 页。

③ 朱熹：《朱子全集》（第 20 册），上海古籍出版社 2002 年标点本，第 474 页。

④ 同上书，第 473 页。

　　在众多博学鸿儒和理学大家的引领与传递下，书院教育的层次得到不断提升，影响也迅速扩大，最终超越私学与官学，成为南宋教育领域一股举足轻重的力量，并吸引着众多的民间硕儒来书院授徒讲学，他们"讲论经典，商略古今，率至夜半"，"一日不讲学，则惕然以为忧"，将书院视为修身养性、潜心传道与寻求文化自信之圣地。四方学者也纷纷云集于此，他们或以某位名师为中心，在书院形成一个活跃的学术团体；或千里负笈寻师，以涵养德性、穷经问道为终极目标。书院里学术空气自由，学术氛围活跃，学者们互相辩难、探讨，书院大师之间学术交流频繁，师生之间关系融洽。宋代书院的上述教育特征，对宋代教育发展、儒学复兴、学术繁荣乃至理学的最终形成，均产生了极为深刻的影响。时代造就精英，精英推动时代。正是在上述背景下，张栻以"传道济民"为崇高教育理想，以城南书院、岳麓书院为主要学术阵地，推动和发展了宋代理学，奠定并光大了湖湘学派，在长期教书育人的同时，也将自己磨砺成一代教育宗师。

第二节　设坛讲学

　　宋代学术发达，两宋文化在继两汉经学、魏晋玄学、隋唐佛学之后，有了一个创造性的发展，即理学的产生与兴起。自宋初三先生之后，各理学学术流派相继出现，主要派别有周敦颐的濂学、二程的洛学和张载的关学。到了南宋时期，理学进一步发展壮大，流派纷呈。自南宋初杨时、胡宏传濂洛一派学说以来，到南宋中期，理学派别林立，私学的触角伸向街巷里弄、穷乡僻壤。书院遍地建置，官学四海林立，大师们利用私学、官学、书院为阵地设学授徒，扩大学术影响，一时之间诵弦之声不绝，讲学之风弥漫，著书立说盛行，理学蔚然成为时代学术之潮流。这一时期，批评理学，注重事功，重视经世致用的学派也与之相颉颃，其中有北宋的李觏，南宋的陈亮、叶适等人。加上王安石的荆公新学，苏轼、苏辙等人的蜀学与之周旋。流派纷呈的盛况缔造了继先秦百家争鸣之后的又一文化高峰。张栻正是在这种学术背景下，长期活跃于教育领域，创办城南书院，主持岳麓书院，传播理学思想，培养了众多学术传人和经世之材，并确立了湖湘学派在宋代众多理学流派之中的重要地位。

元代著名理学家吴澄，曾将"讲道"和"读书"概括为两宋时期岳麓书院的两大特征。他说："开宝之肇创也，盖惟五代乱离之余，学正不修，而湖南僻远之郡，儒风未振，故俾学者于是焉而读书。乾道之重兴也，盖惟州县庠序之教沉迷俗学，而科举利诱之习蛊惑士心，故俾学者于是焉而讲道。"① 吴澄虽未直接提及张栻，但从"乾道（1165—1173 年）之重兴"透露出的信息来看，此时张栻正在主持岳麓书院，书院"讲道"的优良风气毫无疑问是他首先确立的。这种对抗俗学与科举利诱之习的"讲道"，逐渐发展为南宋时期书院的一项重要使命。正是南宋的理学家们，以其儒家学者特有的社会责任感，承担着"讲道""传道"的历史使命，掀起了书院复兴运动，并以讲道而化科举为建设书院的目标和理想，使发展中的书院制度深深留下了理学家的时代烙印，张栻则是其中的卓越引领者，他在《赠乐仲恕》中郑重抒发了自己从教书院的远大抱负："胸中有意穷千古，笔下成章映九秋。尘世利名无着意，圣门事业要精求。"② 为精求圣门事业，穷搜千古典籍之奥义，张栻早已看淡尘世利名，全心全意投身于讲学传道的教育活动中。据《湖南通志》载，"南轩讲学于岳麓、城南两书院间，士子振振向往以千数，时称潭州为邹鲁"，张栻在书院从事教育活动期间，四方数以千计的学者千里迢迢负笈寻师，使"僻远之郡"的湖南潭州变成"郁郁乎文哉"的"邹鲁"之地，成为全国闻名的一方学术重镇，可见张栻的书院教育之功。还值得注意的是，张栻往来于城南、岳麓，汲汲于讲学，还有唤醒人心、恢复故土的深意。张栻秉承父志，一生不忘复仇大义，但面对国人的麻木不仁，士大夫的恬不知耻，朝廷的妥协退让，张栻内心的悲愤可

---

① 陈谷嘉、邓洪波：《中国书院史资料》，浙江教育出版社 1998 年版，第 321 页。

② 张栻：《南轩先生文集》卷 4《赠乐仲恕》，华东师范大学出版社 2010 年标点本，第 63 页。

想而知，"某幸安湘滨，不敢废学。……嗟乎！靖康之变，亘古所无。夷狄腥膻中原四十余年矣，三纲不明，九法尽废，今为何时耶？士大夫宴安江左，而恬莫知其为大变也。此无他，由不讲学之故耳。"① 他希望用讲学这一方式匡正朝纲，用儒家的人伦纲常维系人心，并激起国人抗金复疆的信心。

一　城南书院以道鸣

张栻从学胡宏于碧泉书院，跟随胡宏求学期间，胡宏常谆谆告诫张栻："为学是终身事，天地日月长久，断之以勇猛精进，持之以渐渍熏陶，升高自下，涉遐自迩，故能有常而日新。"② 张栻在胡宏的训诲下明白了为学的漫长艰辛，始终将讲学传道放在首位，在老师猝然离世之后不到一年便返回长沙，在长沙附近城南妙高峰下创建城南书院，在此设坛讲学，开启了其长达二十年的教育生涯。关于张栻创办城南书院的情况，《城南书院志》中有载：

> 南轩先生为宋名儒，父紫岩于绍兴三十一年以观文殿大学士知潭州，先生随侍，遂家焉。乃即妙高峰之阳，筑城南书院，以待来学者。中建丽泽堂、书楼、蒙轩、月榭、卷云亭，后为高阜，湘江横前，岳麓圭峰，金牛岭、谷山、桔洲，一览俱下。而木茂泉清，花香鸟韵，城南佳胜，此其最焉。右多美竹，名琮琤谷，引锡潭水，浚湖名纳湖，中有采莲舟，听雨舫，号以十景，南轩、晦庵皆有题咏。时当夜读，蛙声聒耳，投砚禁之，其声顿息，因以禁蛙名池，考格古论曰："城南书院"四大字，紫岩（张浚）得意之笔，年久荒废，势家僧徒冒而有之，建高峰寺于阜上。③

---

① 张栻：《南轩先生文集》卷4《赠乐仲恕》，华东师范大学出版社2010年标点本，第294页。

② 黄宗羲：《宋元学案》，中华书局1982年标点本，第1380页。

③ 余正焕：《城南书院志》卷2，清道光五年（1825年）刻本，第27页。

从记载可知，城南书院环境幽静，景色宜人，是读书为学的理想之处。《南轩集》中录有《城南杂咏二十首》和《题城南书院三十四咏》，这些诗作一方面对城南书院优美的治学环境作了生动叙述，另一方面也再现了张栻父子苦心经营书院和培养学术传人的教学活动场景。如他在《同严庆胄游城南书院兼赠别》一诗欣然写道：

> 炎暑盛三伏，驾言得清游。城南才里许，便有山林幽。
> 崇莲炫平堤，修竹缘高邱。方兹闵雨农，亦有清泉流。
> 举网鲜可食，汲井瓜自浮。丝桐发妙音，更觉风飔飔。
> 喜无举世累，度有讲学忧。速子闲暇日，微言要穷搜。
> 譬彼治田者，敏勉在勿休。但勤彪袤功，勿作刈获谋。
> 虽云千里别，岂无置书邮。祝子时嗣音，慰我日三秋。①

这首诗以某年盛夏为背景，将城南书院的优美环境淋漓尽致地刻画出来，画面之美令人神往。张栻在这里每日讲学不辍，纠正学者长期沉溺于举业的弊端。闲暇时研读经典，思索义理，穷搜先圣之微言大义。

张栻对城南书院的创办颇为自得，从创办伊始，除短暂的政务活动外，他曾长期埋首于此钻研学问、教书育人，时间长达五年之久。在《答陈平甫》里，张栻对这一段美好时光作了深情回忆：

> 辛巳之岁，方获拜于文定公书堂。先生顾其愚而诲之，所以长善救失，盖有在言语之外者。然仅得一再见耳，而先生没。自而以来，仆亦困于忧患，幸存视息于先庐，绅绎旧闻，反之吾身，浸识义理之所存。湘中二三学者时过讲论，又有同志之友自远而至，有可乐者。如是有五载，而上命为州，不得辞。②

---

① 张栻：《南轩先生文集》卷2，华东师范大学出版社2010年标点本，第31—32页。
② 同上书，第395页。

在这封信柬里，张栻首先表达了无缘于蜀中讲友的遗憾，鉴于恩师胡宏、父亲张浚先后逝世，自己在学问上"困于忧患"，无所寄托，于是立志创办一所书院作为学术阵地，向门人弟子传授圣门之学，与四方"同志之友"辩难切磋，直到朝廷命其知抚州、严州之后才不得不中断这一过程。在回复朱熹的一封信中，张栻再次描述了自己在城南书院的日常教育活动情况："某幸粗安，日往城南水竹间翻阅简编，或遂与一二士留宿，颇多野趣，不觉伏暑之度。唯是岁月易徂，每怀学不足之耳。"① 张栻视城南书院为自己的精神家园，视讲学为生命，唯恐"学不足"，每日都会到书院"水竹间"幽静处阅读经籍，训诲士子，生活恬淡而充实。

张栻在城南书院向学者主要传授"义理之学"，这在上述"浸识义理之所存"一句中有深刻体现。张栻认为，义理之学不仅是学者为学之要，还是国家元气、民族精神之所在，尤其在金虏犯我中原之际，更应讲明义理，以正视听，以明是非。正如他在《跋许右丞许吏部奏议》中所言：

> 观二公先后立于朝，当事会之际，皆力言和议之非，呜呼善哉！自虏入中国，专以和之一字误我大机，非惟利害不明，实乃义理先失。义理之所在，乃国家之元气，谋国者不可以不知也。②

许右丞、许吏部是指许翰、许忻两兄弟，许翰曾向朝廷力荐种师道和李纲主持抗金大计，许忻曾激烈反对张通古出和金国，二人的建议均未被朝廷采纳。张栻以许氏昆仲的言行为例，深刻指出义理得失是国家存亡的关键因素。将义理之学上升到治国御辱的高度，可见张栻对其是多么重视。又如南宋嘉定八年（1215 年）太常博士孔炜说

---

① 张栻：《南轩先生文集》卷 2，华东师范大学出版社 2010 年标点本，第 324 页。
② 同上书，第 507 页。

张栻"钟美萃灵，英特迈往，亲承忠孝之传，讲切义理之学"①；权考功郎官杨汝明复议："公以尧舜君民之心，振一世沉溺，以孔孟性理之学，起一世膏肓。"② 都指出张栻在书院教学中以"讲切义理之学"为主。他在《三月七日城南书院偶成》中说："敢云昔贤志，亦复咏而归。寄言山中友，和我和平诗。"③ 承继二程、胡安国、胡宏以及其父张浚等"昔贤"之志，弘扬和传播他们精心构筑的千年"道统"，是张栻创办城南书院的重要动机。因此这一时期，他主要是继承和弘扬家学与胡宏之湖湘学，借鉴先贤之学术思想，属于自己的"义理之学"体系正在逐步形成之中。

张栻所指的义理之学，是指自宋代以来研究儒家经书义理、探究宇宙和心性的本源以及万物之理的道德形而上学，亦即北宋至明清时期的理学。之所以谓之"义理之学"，一方面是相对于汉代以来的章句之学和考据学；另一方面，由于其侧重于讨论理气、心性等核心问题，故又称性命义理之学。这种自宋儒以来探究道德形而上之道的学问，在哲学史上，贡献了不少富有特色的哲学范畴和命题。如张载的太虚、气化、参两、见闻之知与德性之知等，程朱的天理、理一分殊、性即理、格物致知与即物穷理、天理与人欲等，张栻的居敬穷理、存养省察、知行互发，陆王的心即理、吾心即是宇宙、致良知和知行合一等等。正是这些哲学范畴和命题，建构了较之先秦、两汉时期更为精深和完善的理学思想体系，并对后世影响深远，张栻在义理之学的发展过程中起到了重要的推动作用。在《题城南书院三十四咏》中，张栻曾感慨："秋风飒飒林塘晚，万绿丛中数点红。若识荣枯是真实，不知何物更谈空。"④ 这也印证了他在城南书院的讲学活动中一直以"义理"为先，并重视践履之行。

---

① 李心传：《道命录》卷8《南轩先生张宣公谥议》，文海出版社有限公司1981年标点本，第302页。

② 同上书，第307页。

③ 张栻：《南轩先生文集》卷3《三月七日城南书院偶成》，华东师范大学出版社2010年标点本，第38页。

④ 同上书，第103页。

除亲自讲学外，张栻同样注意师生之间的质疑问难、相互切磋，并深得其乐。如他在给朱熹的信中说：

> 乔拱在此，如此等士人甚难得。潘友端年方十七，而立志殊不凡，皆肯用力。潘今暂归省，俟其来，皆令拜书去求教。李伯谏、林择之兄弟各有报书，陈、韩在此时相见，亦肯回头，但颇草草耳。某近因与乔、潘考究《论语》论仁处，亦有少说，续便录呈。①

针对众弟子的不同特点，张栻因材施教，取得了良好的教学效果。更难能可贵的是，他还与学生乔拱以及年仅十七的潘友端平等探讨关于《论语》中"仁"的问题，并把讨论心得很自信地呈递给朱熹品评，说明师生在如此良好的学术氛围里都获益匪浅。

尽管张栻一直期盼各地著名学者前来书院交流学术，训诲门生，但他并不是允许每位来访者都在此设坛讲论。因为张栻认为讲学是一件极为严肃的事情，所谓"讲学不可不精也，毫厘之差，则其弊不可胜言者"②。因此，为防止徒有虚名者贻误后生，张栻对要求前来讲论的学者一直持谨慎态度。他在与吕祖谦的信中就表达了自己这种宁缺毋滥的遴选标准："今学者慕高远而忽卑近之病为多。此间有肯来讲论者，今殊不敢泛告，想渠辈听某以前说话，觉得有滋味，今却钝闷，若信得及，却可与讲习也。"③ 只有那些经过考察确实"信得及"的学者才被允许前来讲学，这也保证了城南书院的教学水平一直维持在一定的水准之上。在挑选门人弟子方面，张栻要求也同样很高，只接受那些他认真考察后认为有"天资之美"、能继承其学术衣钵的生徒，这一点从上述对众弟子的品评中即可窥见。在教学过程中，他对

① 张栻：《南轩先生文集》卷3《三月七日城南书院偶成》，华东师范大学出版社2010年标点本，第344页。

② 同上书，第405页。

③ 同上书，第377页。

学生要求也颇为严格：

> 左右天资之美，闲处正宜进步，工夫不可悠悠，且需察自家偏处，自声气容色上细细检查。向在长沙，见或者多疑左右以为简忽，此虽是爱憎不同，要之致得人如此看，亦是自家未尽涵养变化，异日愿有观焉。某日接事物，恐惧之不暇，甚思城南从容之味也。①

这段话深刻体现了张栻在城南书院时的教育思想，他在教学中要求学者首先涵养德性，然后省察自身，痛下功夫，不可"简忽"冒进，而应循序渐进、从容淡定地不断积累学问。

由于城南书院是张栻教学生涯的起点，因此他对这一教育场所倾注了毕生心血，尽管之后曾被刘珙敦请为岳麓书院山长，以及受命赴任严州、静江等地，但他一有闲暇，就会立即返回城南书院从事指导生徒。如他在一封书信中告知朱熹曰：

> 某饮食起居皆幸已复旧，向来且欲完养，此数日方出报答。城南亦五十日余不到，昨一往焉，绿荫已满，湖水平漫，亦复不恶。方于竹间结小茅斋，为夏日计，雨潦稍定，即挟策其间也。尝令画图，俗工竟未能可人意，俟滕日自往平章之，方得寄往耳。伯恭近专人来讲论详细，如此朋友，真不易得。……游诚之资质确实有志世故，心寔爱之，但正宜为学，不然，恐未免为才使。今归，必首去求见，某以乍出，人事颇多，姑遣此纸。②

张栻在信中向朱熹讲述了自己因病而五十多日未能前往城南书院的遗憾，身体刚刚从病痛中恢复，他就迫不及待地"挟策"前往研

---

① 张栻：《南轩先生文集》卷28《与曾节夫抚干·四》，华东师范大学出版社 2010 年标点本，第 437 页。

② 同上书，第 337 页。

习学问。他还借此描述了城南书院的旖旎风光，原打算让某一画工描摹此刻风景寄给朱熹欣赏，但因该画工技艺拙劣而作罢，此举生动说明了他对城南书院的偏爱和自得。他还提到此间另一书院大师吕祖谦前来城南书院交流讲学的情形，对得意门生游诚之也训诲有加，督促其积极为学。

即使在受命出守期间，张栻有时也利用政务宽松之时抓紧回书院充实学问。如在《答朱元晦·一十》中，他告诉朱熹曰：

> 某十三日被命出守，次日早出北阙，来吴兴，省广德家兄，翌早可去此。自此前途小憩，残暑即由大江归长沙故居。……荷吾君知遇，迄无所补报。学力不充，无以信于上下，归当温绎旧学，益思勉励，它皆无足言。①

隆兴元年（1163 年），张栻"以荫补官，辟宣抚司都督府书写机宜文字，除直密阁"，因父亲的缘由得以活跃在中央政治舞台。由于表现出色，他"间以军事入奏"，向宋孝宗进言抗金之策略，并深受孝宗赏识，"孝宗异其言，于是遂定君臣之契"。这就是隐藏在该信束之后的时代背景。当时张栻初涉政坛，跃跃欲试，他十分感激宋孝宗的知遇之恩，因此将为学视为头等大事，想借书院讲学来不断提升自己的学问和为政境界，以"格君心之非"。其"得君行道"、建功立业的热情溢于言表。由此可见，张栻从研习学问伊始，就把自己的理学思想和社会政治理想紧密地结合在一起。在他看来，德治是一个国家繁荣稳定的必由之路，君主的德治意识则对国家的命运起着至关重要的作用。因而张栻认为君主自身，首先要具备圣贤人格，作为人臣则要以正君心为主要职责，通过规正君主的行为来保证德治的实行与完善。此外，他还提出了一系列治国的方略，基本可以概括为修内攘外。修内主要是希望君主以理治国，亲君子、远小人，攘外则是坚

---

① 张栻：《南轩先生文集》卷 28《与曾节夫抚干·四》，华东师范大学出版社 2010 年标点本，第 346 页。

决抗金反对投降。因此，此次出守之前，他就打算好在是年"残暑"之时回城南书院"温绎旧学"，提升学问境界，待机遇出现后用来劝谏、影响宋孝宗。这样的事例在张栻的文集中多有出现，如他在《孟子说·序》中写道："岁在戊子（乾道四年，即1168年），栻与二三学者讲诵于长沙之私塾（城南书院）。"① 说明张栻在城南书院创建第八年时仍在此讲学不辍。

除上述之外，张栻在与朱熹等好友的信束中，多次提到其在外任期间思归城南的迫切心情。如在《答朱元晦·二二》中，他又说："此间归长沙，一水便甚，只数日陆行，到清湘登舟，春夏间不十日可泊城南书院堤下矣。学中见刻《易传》，湖广间难得此本耳。《近思录》中可惜不载得说举业处，幸写示，尚可添入。"② 张栻此次用了十天时间返回城南书院，回去后立即着手讲学事宜，对书院里刊印的教材也十分关注，并提出了自己的修改意见。而在《答朱元晦·二六》中，他在与朱熹探讨高弟游诚之的学业之后，情不自禁地说："某若祠请得遂，径归城南，温绎旧书，幸甚！……是间学校庙宇已成，颇为雄壮。书阁讲堂次第而立，斋厨亦然。大抵类长沙学。"③ 张栻在为官之地设立的官学基本是模仿城南书院的建筑布局精心修建的，说明其对城南书院的眷恋程度，而一句"径归城南"更生动反映了其归心似箭的迫切心情。

值得注意的是，上述史料中，张栻认为《近思录》等书院教材有不妥之处，即"不载得说举业处"，因此又特意将举业内容添加其中，说明张栻在教育活动中对生徒的举业还是相当重视的。有学者指出，在举业问题上，"南宋书院所忧虑的是为举业而举业的不良学风，并不排斥诸生温习举业。有的书院还鼓励生徒走举业之路，以实现就

---

① 《张栻全集》，长春出版社1999年标点本，第239页。
② 张栻：《南轩先生文集》卷23《答朱元晦·二二》，华东师范大学出版社2010年标点本，第360页。
③ 同上书，第364页。

业层次上的'学而优则仕。'"① 这一点在张栻的《乞广取士状》得到进一步印证："国家设科以罗多士，虽曰考之以文辞，而真才实能往往由此而得。"② 尽管科举取士有诸多顽疾，但大批真才实能之士从中脱颖而出也是不争的事实，张栻对此毫不否认。在《答李贤良》中，张栻再度强调曰：

> 国家稽古建科，得人为盛，中虽废于邪臣，卒莫掩于公议，逮兹举首，乃得昌言，将必有闻风而起者，幸甚幸甚！虽然，盛名之下难居，而问学之方无穷，责人者易为言，而克己者难为功，任重道远，惟益勉之，以副蕲望。某归来旧庐已三阅月，无事可以读书，玩味存察，不敢惰驰，惟孤陋少友是惧。③

这番话集中反映了张栻在书院教育中对举业的态度，他盛赞科举考试"得人为盛"，并能引领时人"闻风而起"，积极投身于读书业儒活动中。如他的高足游九言曾举江西漕司进士第一，即是明证。但是，举业成功绝非意味着学问的终结，而是另一个新的起点，因为"问学之方无穷"且"任重道远"，因此他在告诫学者之余，还以身作则，在此次回城南书院的三个月里，钻研典籍，增益学问，丝毫不敢懈怠。

总之，作为传播学说的重要阵地和教育理想的开启之处，城南书院不仅为张栻学术思想的形成奠定了坚实基础，还逐渐扩大了湖湘学派的学术影响。优雅安静的治学环境、名士硕儒的往来切磋、材质秀美之士的不断涌现以及"得君行道"的神圣使命感，都是张栻对城南书院恋恋不舍的重要因素，可以说，对城南书院的眷恋是张栻一生都无法割舍的情结。

---

① 赵国权：《南宋时期书院的教学活动探微》，《北京联合大学学报》（人文社会科学版）2013 年第 10 期。

② 曾枣庄、刘琳：《全宋文》（第 255 册），上海辞书出版社 2006 年版，第 25 页。

③ 张栻：《南轩先生文集》卷 27《答李贤良》，华东师范大学出版社 2010 年标点本，第 408 页。

二　岳麓书院陶诸生

执教岳麓书院是张栻教育思想和学术思想的成熟时期。在此期间，张栻因在讲学过程中还积极活跃于政坛，这种实际政务的经历让他对讲学的作用有了更为深入的思考，为国为民的责任感和使命感更为增强，因此，他在这里不仅正式形成了自己独具特色的"传道济民"教育理念，还将讲学传道上升到国家兴衰、民族存亡的高度。如他被聘为岳麓主教之后，在给刘珙的一封感谢信中说道：

> 某幸安湘滨，不敢废学，无足记念。自惟不敏，窃守朴学，顾世道衰微，邪说并作，肯信此者少。独枢密发慨然之志，而下取及一得之愚，久而益眷眷焉。每念无以裨补万分，退用愧悚。来教自以为报人主之心有加无已，……嗟乎！靖康之变，亘古所无。夷狄腥膻中原四十余年矣，三纲不明，九法尽废，今为何时耶？士大夫宴安江左，而恬莫知其为大变也。此无它，由不讲学之故也。①

张栻之所以"不敢废学"，主要原因有三点：一是孔孟之道衰微，异端邪说并起，必须讲明圣学，以正视听；二是金人入侵中原四十多年，缙绅士大夫却恬不知耻，每日歌舞升平，丝毫不念民族复仇大义，因此需用讲学来转变社会风气，端正人心士心；三是朝廷"三纲不明，九法尽废"，为重振朝纲，激励君主励精图治，协助朝廷维系国体，也应将讲学放在首位。

岳麓书院不同于城南书院，它是宋代"天下四书院"之一，自宋初开始就享誉宇内。张栻将岳麓书院视为心目中理想的学术阵地，如果说城南书院是其教育理想的操练地，岳麓书院则为其带来了极高的声望和学术地位。正如侯外庐所言："张栻主岳麓教事，从学者众，

---

① 张栻：《南轩先生文集》卷19《寄刘共甫枢密》，华东师范大学出版社2010年标点本，第294页。

因而奠定了湖湘学派的规模。"① 自此以后，以岳麓书院为阵营的湖湘学者团结在张栻周围，并不断汇聚成宋代的一个重要学术流派，即湖湘学派。

岳麓书院坐落在湖南长沙岳麓山下，北宋初朱洞知潭州，于开宝九年（976 年）始创岳麓书院，此时书院不过讲堂五间，斋舍 52 间。咸平四年（1001 年），潭州太守李允又进一步扩建，书院不仅设立了规模宏大的藏书楼，还设有学田，已初具规模。北宋大中祥符（1008—1017 年）年间，岳麓书院进入了北宋的鼎盛时期。大中祥符八年（公元 1015 年），宋真宗亲自召见山长周式，对周式兴学颇为嘉许，即兴撰写"岳麓书院"匾额赐给书院，至今书院所存明代"岳麓书院"刻石，便是当年宋真宗的手迹。在周式的苦心经营下，岳麓书院的从学人数和院舍规模都较以前有很大发展，遂成为天下四大书院之一。天圣八年（1030 年），漕臣黄总奏请朝廷赐山长孙胄为官，以表彰其建学成就。庆历兴学以后，由于官学的迅速发展，官学教育一度成为宋代教育的主旋律，书院作为官学的替代品，与官学相较，在各方面均有所不及，并受到官方在政策、经费方面的限制与冷落，因此大多荒废或与官学合并。岳麓书院作为宋初四大书院之一，兴学期间也被并入官学，成为潭州士子应举肄业之所，"潭士以居学肄业为重。州学生月试积分高等，升湘西、岳麓书院生，又积分高等，升岳麓精舍生，潭人号为'三学生'。兵兴时，三学生聚居州学，犹不废业。"② 两宋之际，由于战争的破坏，岳麓书院在很长一段时期处于沉寂状态。到了南宋，随着理学思想的发展，理学家四处建立或修复书院，并居于其中著书立说，一方面推动了理学的发展，另一方面也刺激了书院的蓬勃兴盛，岳麓书院也在这种背景下迎来了重新发展的良机。

乾道元年（1165 年），刘珙（1122—1178 年）任湖南安抚使，知潭州，他以崇儒重道为己任，十分重视当地的教育事业，遂开始筹

---

① 杨慎初等：《岳麓书院史略》，岳麓书社 1986 年版，第 33 页。

② 《宋史》卷 450《尹谷传》，中华书局 1977 年标点本，第 13257 页。

集资金修复岳麓书院。不过，岳麓书院在重建过程中并不顺利，此间既有地方官员的不作为，也有民间豪横的阻挠，张栻在答问朱熹的信中提到：

> 岳麓书院迩来渐成次第。向来邵怀英作事不著实，大抵皆向倾坏，幸得共父再来，令下手葺也。书院相对按山，颇有形势，屡为有力者睥睨作阴宅。昨披棘往看，四山环绕，大江横前，景趣在道乡碧虚之间，方建亭其上，以"风兮"名之。安得杖履来共登临也？它几以道义自重。①

张栻指出，刘珙的前任邵怀英是一个对教育事业毫无热心的庸吏，他在任时任由岳麓书院"倾坏"而置之不理；同时由于书院所在地被认为风水甚佳，于是当地许多"有力者"，即豪横之徒或地方大族均想将此地据为己有，以建造"阴宅"。刘珙了解情况后，利用太守身份厉行禁止，才控制住一时的混乱局面，使书院修葺工作得以顺利进行。因此，张栻在信中表达了对刘珙此举的钦佩之情，着重向朱熹说明了此事，并邀请朱熹闲暇之时前来游赏。

在刘珙的亲自过问下，岳麓书院修复工作终于在乾道二年（1166年）完成。刘珙在前一年曾与张栻合作，共同镇压了潭州的盗贼暴乱，因此早就了解到张栻正讲学于衡山附近的城南书院，并且对张栻的精湛学识、崇高品格和卓越才能敬佩有加。他曾两次向朝廷举荐张栻，认为他"学行才能，皆臣所不逮，而栻穷探圣微，晓畅军物"、"学行醇正，可以拾遗补阙，愿亟召用之"，② 在这种渊源下，刘珙极力聘请张栻来主教岳麓书院。事实上，在张栻之前，其恩师胡宏也有恢复岳麓书院之志，据史载，秦桧当国之时，胡宏之长兄胡寅（1099—1157 年）曾书请兴复书院，重赐院额。胡寅宣和年间中进士

---

① 张栻：《南轩先生文集》卷21《答朱元晦秘书·二七》，华东师范大学出版社 2010 年标点本，第 335 页。

② 《宋史》卷386《刘珙传》，中华书局 1977 年标点本，第 11853 页。

甲科，曾从学于杨时，是湖湘学派的重要成员。胡氏昆仲因权相秦桧当政而隐归衡山，决定以曾名闻天下的岳麓书院为学术阵地，设学授徒，著书立说，但惜乎其请求并未得到秦桧的积极回应。张栻此次被聘主持岳麓书院，一定程度上替老师完成了未竟的夙愿。据《湖南通志》记载："南宋乾道初，帅臣刘珙重建（岳麓书院）为四斋，定养士额二十人，以张栻主教事"。经刘珙对书院原址的修葺一新，岳麓书院迅速进入到一个新的历史时期，出现了前所未有的兴盛局面。

　　张栻和刘珙既是僚友，又私交甚笃。张栻欣然接受刘珙的聘请，不仅在于对岳麓书院良好治学环境的偏爱，还出于对刘珙本人的敬重。刘珙是张浚部下大将刘子羽的长子，因此刘珙和张栻堪称世交。他于绍兴十二年（1142 年）登进士乙科，曾先后被任命为中大夫、同知枢密院事、参知政事等要职，可谓职高权重。刘珙一生精明果敢、刚正不阿，力主抗金复疆。宋、金南北对峙，金兵犯边，朝廷出师的诏檄一度都出自刘珙手笔，言辞激烈，令人扼腕泣下。尽管二人互相慕名且为世交，但史料记载张栻与刘珙首次会面是在乾道元年（1165 年），"始，公出幕府，即罹外艰，屏居旧庐，不交人事，会盗起郴、桂间，声摇数路。湖南帅守刘公珙雅善公，时从访问筹策，卒用以破贼。"① 张栻利用自己跟随父亲积累起来的军事经验为刘珙出谋划策，协助刘珙大破郴、桂间声势浩大的一路悍贼，张栻的军事才能和学问品格给刘珙留下了深刻印象，因此刘珙一还朝，立刻向宋孝宗力荐张栻："还朝，为上极言公学行非常人比，上亦记公议论本末。"②《宋史》的记载更为详细："（刘珙）进言曰：'汪应辰、陈良翰、张栻学行才能，皆臣所不逮，而栻穷探圣微，晓畅军物，曩幸破贼，栻谋为多，愿亟召用。'上可其奏。"③ 在孝宗面前，刘珙谦称张栻不仅学行才能远胜自己，而且文武全才，希望朝廷予以重用。刘珙为政最大的优点在于对教育的重视，这一点与张栻不谋而合。刘珙深

① 张栻：《南轩先生文集》（附录），华东师范大学出版社 2010 年标点本，第 647 页。
② 同上。
③ 《宋史》卷 386《刘珙传》，中华书局 1977 年标点本，第 11851 页。

刻认识到教育在化民俗、正人心、定伦常方面的重要作用，即所谓
"圣王之道所以明理正心，为万事之纲"，因此，他认为"广开言路，
讲明圣学，教本节用"才是为政之本。张栻在给朱熹的信柬里，也难
掩对刘珙的敬重，二者可谓意气相投，肝胆相照："（与）共父相处
二年，心事尽可说，见识但觉日胜一日，亦不易得，作别殊使人关情
也。"① 尤其是刘珙兴学重教的一贯主张更是令张栻心折。张栻在
《潭州重修岳麓书院记》中说道：

> 自绍兴辛亥（1131 年）更兵革灰烬，十一仅存，间有留意，
> 则不过袭陋仍弊，而又重以撤废，鞠为荒榛，过者叹息。乾道改
> 元，建安刘侯下车，既剔蠹夷奸，民俗安静，则葺学校，访儒
> 雅，思有以振起之。湘人士合词以书院请，侯悚然曰："是故章
> 圣皇加惠一方，劝励长养以风天下者，亦可废乎？"乃命郡教授
> 婺源邵颖董事。鸠废材，用余力，未半岁而成，为屋五十楹，大
> 抵悉还旧规。肖阙里先圣像于殿中，列绘七十子，而加藏书阁于
> 堂之北。既成，某从多士往观焉，爱其山川之胜，栋宇之安，徘
> 徊不忍去，以为会友讲习，莫此地宜也。②

对刘珙的敬重，对岳麓书院"山川之胜"的不舍，以及在刘珙
"葺学校，访儒雅"热情的感染下，张栻"徘徊不忍去"，欣然应允
刘珙的邀请前来主教岳麓书院。

从乾道二年（1166 年）开始，张栻除主持城南书院外，还长期
执教于岳麓书院。乾道五年（1169 年），张栻知严州，曾一度离开书
院两年之余，但在任期间，他一直关注、留意岳麓书院的发展情况，
叮嘱书院学者要讲学不辍。乾道七年（1171 年），张栻回到长沙，继
续主持岳麓书院的教学工作。乾道八年（1172 年），刘珙复知潭州，

---

① 张栻：《南轩先生文集》卷 20《答朱元晦秘书·一四》，华东师范大学出版社 2010
年标点本，第 326 页。

② 同上书，第 173 页。

再次修整和扩充了岳麓书院的规模，张栻仍继续执教于此，这种状况一直持续到淳熙二年（1175年）张栻赴任静江府为止。他在答朱熹的信中也提到这一时期的情况："某幸粗安，不敢废学，惟相望之远，每思讲益，……刘枢（刘珙）再帅，此间人情颇乐之。"① 信中说潭州境内"人情颇乐之"，生动反映出该地政通人和、教化推行良好的状况。

关于张栻主教岳麓书院的盛况，其好友、理学大师朱熹曾回忆道："潭州故有岳麓书院，公（刘珙）一新之，养士数十人，属张栻时往游焉，与论《大学》次第，以开学者于公私义利之间，闻者风动。"② 张栻以《大学》等儒家经典作为教学的基本教材，并为岳麓书院撰写了《孟子说》作为教学讲义，他在其序中说："学者潜心孔孟，必求门而入，愚以为莫先于明义利辨"。张栻教学内容虽仍是儒家经典，但重点却与传统不一样，他的目的要辨明利义，把儒家经典所讲述的义理运用到实践中去，解决社会生活中的实际问题。张栻这种以"义利之辨"为讲学要旨，以《大学》中"格物、致知、正心、诚意、修身、齐家、治国、平天下"十七字箴言为讲学内容，注重讨论、辩难的教学形式，注重将学问和社会实践有机结合的教育特质，使学者耳目一新，吸引了全国各地大批学者前来寻师问道。张栻在《五士游岳麓图》中对自己在岳麓书院的教育活动作了生动描述：

> 闭门六月汗如雨，出门襁褓纷尘土。
> 文书堆案曲肱卧，梦逐征鸿过前浦。
> …………
> 高低梵释著幽居，深隐仙家开閟宇。
> 忽看宫墙高十丈，学宫峨峨起邹鲁。
> 斯文政倚讲磨切，石室重新岂无补。

---

① 张栻：《南轩先生文集》卷20《答朱元晦秘书·二一》，华东师范大学出版社2010年标点本，第330页。

② 朱熹：《朱子全集》（第24册），上海古籍出版社2002年标点本，第4126页。

……

逮来人物颇还旧，岂止十年此生聚。

泉流涓涓日循除，华表何时鹤来语。

炎气知不到山林，茗碗蒲团对香缕。

鼎来杖屦皆胜引，季也亦复仙步武。

洛阳年少空白头，三间大夫浪自苦。

一笑便觉真理存，高谈岂畏丞卿怒。

不图画僧圣得知，貌与儿童作夸诩。

请君为我添草堂，风雨萧萧守环堵。①

　　从诗中可以看出，在六月的酷暑中，张栻仍埋首于书籍堆积如山的书案前研读，他对刘珙重新修葺岳麓书院大加褒扬，认为这是一件全国性的教育大事件，使岳麓书院一跃成为各地学者向往的"邹鲁"之地。学者们往来频繁，讲磨斯文，关注时政，谈笑间不知不觉就领悟了世间万物的真理，也不必理会那些高居庙堂"丞卿"们的脸色。在《同游岳麓分韵得洗字》一诗里，张栻记述了与慕名前来的学者一同切磋的场景："高谈下夕阳，邂逅玄钥启。中流发豪歌，月色在波底。"②谈学论理至夕阳西下而不倦，月色里在江边同讲友放声高歌吟诵，诗中的场景怎不让人神往！

　　自张栻接受执教岳麓书院的重任后，基于为当地培养贤材、弘扬学说以及扩大湖湘学派的影响等考虑，他在刘珙的力邀下郑重撰写了《潭州重修岳麓书院记》。这是一篇带有纲领性的重要教育历史文献，它奠定了岳麓书院的办学方针和指导思想，对南宋时期的书院教育，以及元、明、清历代书院的发展都产生了深刻影响。在这篇书院记里，张栻提出了影响深远的"传道济民"书院教育宗旨，他总结自己数十年来的学术心得以及在城南书院的教学经验，告诫前来游学的四方

---

　　① 张栻：《南轩先生文集》卷1《五士游岳麓图》，华东师范大学出版社2010年标点本，第6页。

　　② 同上书，第11页。

学子曰："侯（指刘珙）之为是举也，岂特使子群居佚谈，但为决科利禄计乎？抑岂使子习为言语文词之工而已乎？盖欲成就人才，以传斯道而济斯民也。"① 张栻坚决反对那种"为决科利禄计"而读书业儒的动机，认为为学不仅是肤浅地研习一些"言语文词之工而已"，还要认真辨理欲、明义利、体察求仁、传道济民，将埋头读书学习与治国平天下的经世致用联系起来，以培养出真正的可用之材。在书院教学方法上，张栻提出致知力行、知行互发、循序渐进、博约相须、学思并进等观点；在道德修养方面，张栻以明义利之辨为根本前提，并提出了"居敬穷理"、"存养省察"等重要方法；在教学方式上，张栻一般采用灵活的自由辩论形式，以集思广益，营造自由活跃的学术气氛。《南轩集》二十九卷至三十二卷记录的是张与其弟子讨论理学问题时的问答。例如在《南轩集》卷三十《答陈平甫》一文中，陈平甫问："不可息者，非仁之谓欤？"张栻答曰："仁故不息，只以不息说仁，未尽。程子曰：'仁道难名，惟公近之'。不可便以公为仁，须于此深体之。"这是由学生提问，教师作答的记载；也有先由学生阐发自己的见解，再由师生共同探讨的。这一教学方式大大活跃了书院学生的思想，正是这种和而不同的治学精神，才使得岳麓书院培养了一大批崇尚个性发挥、有独立见解的人才。由于上述相关内容在前文已作探讨，故此处不再赘述。

"传道济民"教育宗旨的确定，加之教学方法、教学内容、教学方式等方面的焕然一新，使张栻在岳麓书院的十余年执教生涯里，吸引并培养了一大批德行卓然、学以致用的优秀人才。《宋元学案》中介绍南轩门人及再传弟子，颇有成就者就达数十人之多，其中有"开禧北伐"的功臣吴猎、赵方；官至吏部侍郎的"忠鲠之臣"彭龟年；组织抗金、"锐志当世"的游九言、游九功昆仲；善于理财、整顿"交子"（宋代纸币）卓有成效的陈琦；"光于世学"的理学家张忠恕等等，他们被称为"岳麓巨子"，真正践履了张栻"传道济民"的崇

---

① 张栻：《南轩先生文集》卷10《潭州重修岳麓书院记》，华东师范大学出版社2010年标点本，第173页。

高教育思想，湖湘学生群体在宋代学术、政治、经济领域里的成就使湖湘学派更加流光溢彩。

张栻在岳麓书院史上之所以占有重要地位，还有一个重要原因，就是他首创了对后世书院教育影响深远的"会讲"制度。即与朱熹、吕祖谦等众多学术大师在岳麓书院进行的、以切磋辩难为主要形式的学术交流活动，其中最著名的一次是张栻与朱熹之间展开的"朱张会讲"。张栻在主教岳麓书院期间，于乾道三年（1167 年）隆重接待了著名理学家朱熹的专程来访。朱熹与张栻在岳麓书院"会友讲学"，分别阐发闽学、湖湘学的学术观点，两人围绕着"已发未发"、察识与涵养的"中和之辩"，以及对"仁"的不同看法等理学的重大理论问题，在书院展开了激烈辩论，两人曾"南山对床语"，三日三夜不眠。这一事件极大地促进了以张栻为代表的湖湘学和以朱熹为代表的闽学的发展，也使两种学术思潮和流派迅速上升到更高一层的境界。这次张栻与朱熹以"中和之辩"和"仁"的讨论为主要内容的"潭州嘉会"历时两月有余，听者甚众，盛况空前，开创岳麓书院自由讲学、互相辩难的风气，在我国书院以及理学发展史上均具有划时代意义。它的出现比历史上著名的朱熹、陆九渊关于治学方法论争的"鹅湖之会"还要早八年。朱熹离开岳麓书院回到福建后，又通过书信往来继续与张栻展开学术论争。通过反复的辩难切磋，两人在批评、扬弃和汲取各自观点的基础上，均丰富和发展了自身的学术思想，从而使得宋代理学思潮中的两大流派——闽学和湖湘学，乃至整个理学的思想体系和思维内涵更趋完善，朱熹能够成为宋代理学的集大成者和中国思想史上的标志性人物，实与张栻的学术往来密不可分。同时，张栻与朱熹在岳麓书院的反复辩难切磋，对南宋学术和教育领域产生了深刻影响，它不仅表明了张栻的岳麓之教具有融合各家之长的特点，还从一个侧面映照出宋代书院讲学和学术交往的整体时代概貌。

张栻不仅继承和发展了二程、胡宏的理学思想，而且深受其父张浚思想的影响。在张栻的思想中，包含有不少诸如爱国主义、经世致用和重视躬行践履等成分，这些方面凸显出张栻岳麓之教的特点。张栻在长期的教学生涯中，以岳麓书院为基地，教学授徒，著书立说，与四方学友自由讲学，相互辩难，不仅使自己的学术体系更加完备精深，还培养了大批经世致用之材，对南宋的政治、文化、教育和理学都产生了深远影响。张栻主教的岳麓书院成为宋代理学的重要流派——湖湘学派的学术中心。湖湘学派由胡安国、胡宏父子开其风气，而张栻则是集大成者。留心经济之学，重躬行践履，以及不偏一说，集众家之长是湖湘学派长期形成的突出特点。在张栻学说和岳麓湖湘学风的熏陶下，湖湘后学在南宋末年的抗元、蒙战斗中也表现出崇高的气节和牺牲精神，"南轩先生岳麓之教，身后不衰，宋之亡也，岳麓精舍诸生，乘城共守。及破，死者无算，异其莫可考见"。①

在张栻主教岳麓书院的十多年里，岳麓书院处于重要的历史转型时期，其形成与官学截然不同的清新教风、学风以及"传道济民"的济世精神，成为南宋书院蓬勃发展的先声和一面旗帜，对南宋书院精神品格的塑造具有开拓性意义。学者朱汉民对这一转型作了精彩总结："如果说胡宏父子主要是靠重建一种新型的书院来研究、传播理学，那么，张栻则主要改造了这所闻名一时的书院，使它由一所传习经学的学校转变为一所传习理学的学校；由一所单一化教学方法的学校转变为一所多样化教学方法的学校；由一所仅仅具有教学功能的学校转变为一所具有教学和学术研究双重功能的学校；由一所官学代替者的学校转变为一个真正独立于官学之外的闻名全国的学术基地。"②

总之，张栻创建城南书院、主讲岳麓书院，前后延续十余年之久，湖湘之学在这一时期也达到鼎盛，成为当时最为著名的理学派别之一。张栻的讲学活动，吸引了全国大批士子慕名前来寻师问道，很多学者甚至"以不得卒业于湖湘为恨"，使岳麓书院成为闻名全国的理学基地之一，它与朱熹的白鹿洞书院、陆九渊的象山精舍、吕祖谦的丽泽书院"并起齐名，四家之徒遍天下"。正如元代大儒吴澄在《岳麓书院重修记》中所赞：

---

① 黄宗羲：《宋元学案》，中华书局 1982 年标点本，第 1647 页。

② 朱汉民：《湖湘学派史论》，湖南大学出版社 2004 年版，第 185 页。

乾道之重兴也，盖惟州县庠序之教沉迷俗学，而科举利诱之习蛊惑士心，故俾学者于是焉而讲道。是其所愿望于来学之人，虽深浅之不侔，然皆不为无意也，考于二记可见矣。呜呼！孟子以来，圣学无传。……当张子（张栻）无恙时，朱子（朱熹）自闽来潭，留止两月，相与讲论，阐明千古之秘，骤游岳麓，同跻岳顶而后去。自此之后，岳麓之为书院，非前之岳麓矣，地以人而重也。①

吴澄认为，张栻在乾道年间重兴之岳麓书院"非前之岳麓"，主要原因在于"地以人而重也"，即张栻为反拨当时学者受科举利诱而沉迷俗学的不良学风，而在此郑重地展开承续道统、弘扬圣学的教育活动，以及由此而产生的社会影响。在吴澄看来，张栻几乎以一己之力影响和改变了岳麓书院甚至举国学者的浮躁风气，这种评价可谓对张栻书院教育功绩的高度概括和赞誉。

第三节　刊藏典籍

张栻一生视书籍为生命，刊藏典籍也成为其教育活动的重要组成部分。他在为二程《遗书》作跋时，深刻论述了自己的藏书思想和动机：

二先生《遗书》，近岁既刊于建宁，又刊于曲江、于严陵，今又刊于长沙。长沙为后刊，故是正为尤密。始先生绪言传于世，学者每恨不克睹其备，私相传写，人自为本。及是书之出，裒辑之精，亦庶几尽矣，此诚学者之至幸。然而传之之广，得之之易，则又惧夫有玩习之患，或以备闻见，或以资谈论，或以助文辞，或以立标榜，则亦反趋于薄矣，先生所以望于后之人之意为逾甚也。学者得是书，要当以笃信为本，谓圣贤之道由是可以

---

①　李修生：《全元文》（第 15 册），凤凰出版社 2004 年版；第 138 页。

学而至，味而求之，存而体之，涵泳敦笃，斯须勿舍，以终其身
而后已，是则先生所望于后之人之意也。①

二程在张栻精心构筑的儒家道统中占有十分重要的地位，传播和
弘扬二程学术思想也是张栻一生孜孜以求的目标，因此，张栻对二程
重要学术著作《遗书》的整理和出版十分热心，并将其视为学者通
向圣贤之道的重要读本。由于宋代图书出版业的发达，不同版本的
《遗书》（包括手抄本）纷纷流传于世，难免泥沙俱下，张栻对此甚
为担忧。为保证读者能真正阅读到二程的正宗之作，他先后对该书修
订、重版四次才基本满意。同时，张栻严肃告诫学者，图书善本流传
四方是当今"学者之至幸"，但图书出版后最终能否产生影响，还需
要看学者是否认真研读。如果收藏该书仅仅是为了"备闻见"、"资
谈论"、"助文辞"、"立标榜"，难免陷于浅薄；真正的学者应秉承
"志在于学而不求安"的藏书理念，在笃信圣贤之道的基础之上，反
复"涵泳敦笃"，最终才能理解圣贤之深意。

从张栻的图书刊藏理念，我们可以深刻感知宋代藏书观念的变
化，即两宋时期，传统的"秘而不宣"的藏书观念逐渐被宋人摒弃，
"藏以致用"的理念逐渐深入人心，这不仅因为图书出版事业兴盛而
导致的书籍易得，使人们心态更为平常，还因为宋代文化教育处在中
国古代的鼎盛时期，这期间儒学复兴，学派林立，学术气氛活跃，师
友间切磋、交流既必要又相当频繁，利用藏书交流思想、切磋学问逐
渐成为一时风尚，相应的，孤芳自赏、闭门自守的传统已不合时宜。
而这种思想转变的根本前提是宋代图书出版业的空前发达。

由于造纸术、雕版印刷术等传播方式的进步、"右文"政策的影
响、科举兴盛及政府大力兴学等原因，宋代成为中国古代图书出版和
收藏事业空前发展的时期，作为人类传播文化、交流思想的重要载体
的图书已逐渐从圣坛走向民间。正如苏轼所叹："近岁市人转相摹刻

---

① 张栻：《南轩先生文集》卷 33《跋遗书》，华东师范大学出版社 2010 年标点本，第
498 页。

诸子百家之书，日传万纸，学者之于书，多且易致如此。"① 书籍在宋代的刻印与流传空前加快，宋人收藏图书的热情超过以往任何朝代，"无论是以馆阁为中心的中央政府藏书，还是各路府州县的地方政府藏书，以及方兴未艾的书院藏书和寺观藏书，都出现了前所未有的繁荣景象。至于私家藏书，其风气之普及，藏书家人数与藏书数量之多，藏书内容之丰富，校勘之精当，都是前代所无法比拟的。"② 据范凤书在《中国私家藏书史》中统计，宋代私人藏书家达 700 余人，是西周至五代千余年之间藏书家总和的近三倍，其中藏书万卷以上者达 200 多人，由此可见宋代私人藏书活动的兴盛。宋代文人士大夫出于读书业儒、钻研学问等方面的需求，对书籍的热爱尤胜其他阶层，并成为宋代图书收藏活动中最为活跃的群体。更重要的是，他们不仅仅热衷于收藏图书，还把藏书与研究学问充分结合起来，把对书籍的校雠、研读视为提升学养、完善人格、传承文化的一种重要途径，这同前代藏书者出于炫耀、附庸风雅、知识占有等动机而藏书的情况大相径庭，体现了鲜明的时代特征。

张栻出身于书香门第，受家传尤其是父亲张浚的影响，又生活在上述时代场域里，因此对书籍的刊印和传播有着异乎寻常的热爱，堪称宋代藏书家的典范。据《鹤林玉露》记载：

> 张魏公贬零陵，有书数笈自随，谗者谓其中皆与蜀士往来谋据西蜀之书。高宗命遣人尽录以来，临轩发视，乃皆书册；虽有尺牍，率皆忧国爱君之语。此外唯葛布衾类，多垢敝。上恻然曰："张浚一贫如此哉！"乃遣使驰赐金三百两。③

张浚被贬零陵，除一些必备的衣物行李外，随身携带的全是家藏

---

① 《苏轼文集》卷 11《李氏山房藏书记》，中华书局 1986 年标点本，第 359 页。

② 傅璇琮：《中国藏书通史》，宁波出版社 2001 年版，第 286 页。

③ 罗大经：《鹤林玉露》，《宋元笔记小说大观》，上海古籍出版社 2002 年标点本，第 5160 页。

书册。父亲对书籍的珍视和热爱对幼年时期的张栻产生了极大的影响。为正确引导学者，弘扬学说，传道授业，扩大湖湘学派的影响，张栻在校雠、整理、收藏和刊印图书方面不遗余力，刊藏图书也成为其教育活动的重要组成部分。如城南书院初创之时，张栻欲邀请朱熹为书院的藏书楼"苍然观"题词，并提出了在城南书院藏书数百卷的宏愿：

> 书僧只是一到城南经营，即为刘枢闭在湘。春作图账，到今未出两纸，只是想象模写，得其大都，其间有欠阙及未似处，今且送往，它时别作得重寄也。书楼山斋方治材未立，南阜未有屋，成即谓之苍然观耳。书楼欲藏数百卷书，及列诸先生像，此二字亦求兄写，当不惜也。①

张栻从学者治学与文化传播的角度，对某书僧到城南书院经营图书的活动十分认同，针对刘珙扣押、驱逐书僧一事，他提出了委婉批评，因为他认为鬻书是一件功德善事，是不能与其他商业盈利活动相提并论的，应在规范市场的前提下允许书商合法经营。从这一点我们就可以看出张栻对图书收藏活动的偏爱。另外，张栻对书院藏书事宜十分重视，不惜重金修建被其称为"苍然观"的藏书楼，还特意邀请朱熹为书楼题词，可谓虔诚之至。

一　整理善本，嘉惠后学

在两宋图书出版事业兴盛的时代背景下，书籍迅速流传和普及到社会的每个角落。如陈傅良有"浙间人家家有《春秋传》"② 之说，叶适有"今吴、越、闽、蜀，家能著书，人知挟册"③ 之语，都生动

---

① 张栻：《南轩先生文集》卷21《答朱元晦秘书·二四》，华东师范大学出版社 2010 年标点本，第 333 页。

② 《陈傅良文集》卷 41《跋胡文定公帖》，浙江大学出版社 1999 年标点本，第 529 页。

③ 《叶适集》卷 9《汉阳军新修学记》，中华书局 1961 年标点本，第 140 页。

说明了宋代书籍的普及程度。但在图书大量刊印与快速流传过程中，有两种不良现象逐渐浮现：一是书籍易得导致部分藏书者对其不再珍惜；二是图书质量参差不齐，许多劣质版本书籍充斥图书市场。藏书家叶梦得说：

> 唐以前，凡书籍皆写本，未有摹印之法，人以藏书为贵。人不多有，而藏者精于雠对，故往往皆有善本。学者以传录之艰，故其诵读亦精详。五代时，冯道始奏请官镂六经版印行。国朝淳化中，复以《史记》、《前》、《后汉》付有司摹印，自是书籍刊镂者益多，士大夫不复以藏书为意。学者易于得书，其诵读亦因灭裂，然版本初不是正，不无讹误。①

叶梦得深刻指出，五代之前，由于书籍均为抄本且难以获取，人们往往视其为瑰宝，珍藏并精心雠对、反复诵读。而宋以后因"书籍刊镂者益多"，士大夫则"不复以藏书为意"，诵读研习传统也逐渐断裂。大批"不无讹误"书籍的广泛散播，导致以讹传讹、谬种流传，不仅误人、误己、误学术，还会贻误子孙。南宋学者王明清观察到：

> 近年所至郡府多刊文籍，且易得本传录，仕宦稍显者，家必有书数千卷，然多失于雠校也。吴明可帅会稽，百废具举，独不传书。明清尝启其故，云："此事当官极易办，但仆既簿书期会，宾客应接，无暇自校。子弟又方令为程文，不欲以此散其功。委之他人，孰肯尽心？漫盈箱箧，以误后人，不如已也。"②

地方政府刊印所依版本多为市面流行的"易得本"，士大夫忙于应酬、拜谒上司，以寻求升迁机会，读书人为科举程文所累，根本无

---

① 叶梦得：《石林燕语》卷8，中华书局1984年标点本，第116页。
② 王明清：《挥麈录》卷1，中华书局1961年标点本，第10页。

暇顾及图书校对工作，官方书籍也因此"多失于雠校"。民间书坊中图书质量更可想见，尤其是四川和福建两地所摹印的图书质量最为堪忧："蜀与福建，多以柔木刻之，取其易成而速售，故不能工，福建本几遍天下，正以其易成故也。"① 书籍"不工"还在其次，书坊工匠擅改内容的危害更甚："近时闽中书肆刊书，往往擅加改易，其类甚多，不能悉纪，……谬乱书传，贻误后学，皆由此也。"② 因此，劣质图书的大量传播已成为相当严重的社会问题，这也是会稽郡守吴明可不愿设置官府藏书机构的主要原因。只顾收藏而"无暇自校"情况的普遍存在，结果只能"以误后人"。岂止是"误后人"！在某种情况下，劣质图书甚至会误国误民："近岁，淮西路曹司下诸州开圣惠方。而舒州刊匠以左食钱不以时得，不胜忿躁，凡用药物故意令误，不如本方。"③ 舒州刊匠因不能及时得到报酬而擅改药方，其刊印的医书为民众生命安全留下了无穷隐患。

面对劣质图书的社会危害，一批文人士大夫的文化责任感与使命感被极大激发，他们在收藏图书的同时，还以校雠、整理善本为务，他们秉承"校书如扫尘，随扫随有"的理念，将"家藏书皆校三五遍"，④ 为勘正典籍、捍卫和传播文化作出了卓越贡献，张栻就是其中的杰出代表。为"有益于后学"，避免学者误入歧途，张栻始终将图书校雠工作放在重要位置，如他在《答朱元晦秘书·二三》中提到：

> 胡明仲《论语详说》虽未能的当，然其间辩说，似亦有益于学者也。有欲板行者，于兄意如何？《章句或问》书中所引周氏说为谁，某未见此书也。再三思《或问》所条析，诚恐前辈说中

① 叶梦得：《石林燕语》卷8，中华书局1984年标点本，第116页。
② 张淏：《云谷杂记》卷4，中华书局1958年标点本，第69页。
③ 王明清：《投辖录》，《宋元笔记小说大观》，上海古籍出版社2002年标点本，第3887页。
④ 朱弁：《曲洧旧闻》卷4，中华书局2002年标点本，第59页。

偏处有误后学，不可不辨。①

　　胡明仲即胡寅，是张栻老师胡宏的长兄，湖湘学派的重要成员。张栻认为胡寅的《论语详说》虽"有益于学者"，但论述似还欠一些火候，需要进一步完善，因此他在是否刊行问题上向朱熹征求意见。他对前贤所著《章句或问》中的某些章节也心存疑惑，因此亦不肯轻易出版，怕"有误后学"。由此可见张栻在图书校雠和善本整理方面的严肃态度。

　　《知言》一书是张栻老师胡宏一生呕血之作，是其论学之语、随笔札记屡经改订而后而成的。张栻称其为"言约义精，为道学之要枢，制治之蓍龟也"；吕祖谦认为其胜于《正蒙》，"明白正大，足以阐正学而辟异端"；朱熹亦尝称其思索精到处殊不可及，固不能一二瑕疵尽废其书。但《知言》是胡宏为守其家传之学而作，有因循之嫌。其所谓性无善恶、心以成性、天理人欲同体异用、同行异情等说法，逐渐引起了诸如朱熹、吕祖谦等理学家的质疑，朱子力诋其非，甚至作《知言疑义》与张栻展开激烈论辩。长沙之会后，张栻在学术理论上渐渐靠近朱熹一边，并转而与朱熹、吕祖谦一道共同质疑胡宏《知言》。朱熹因"己丑中和之悟"，开始质疑《知言》，并与"湖南诸公"商榷，湖南学者皆以朱熹非，独张栻渐以为然。鉴于此，张栻亦不敢尽以其师说为然。但张栻为了弘扬恩师学术，已早早将《知言》一书刊行于世，因此无法再修正和解决其理论体系中的一些固有缺陷，吸收朱熹等人的中肯意见，对此他颇有悔意："《知言》自去年来看多有所疑，来示亦多所同者，而其间开益鄙见处甚多，亦有来示未及者，见一一写行，俟后便方得上呈，更烦一往复，庶几粗定。甚恨当时刊得太早耳。"② 在这封书信中，张栻肯定了朱熹对《知言》所提出的一些建议，认为对自己和其他学者均具有

---

　　① 张栻：《南轩先生文集》卷21《答朱元晦秘书·二三》，华东师范大学出版社2010年标点本，第332页。
　　② 同上书，第343页。

"开益"作用。在与朱熹观点达成一致的同时，张栻对《知言》"刊得太早"耿耿于怀，自责不已，认为这一草率行为不仅对恩师名声有损，还可能误导学者，这件事可以说是他一生的心病。

《中庸》是张栻最为关注的儒家经典之一，在"潭州嘉会"时，张栻曾与朱熹"论《中庸》之义，三日夜而不能合"。他们就《中庸》中的"未发"、"已发"的"中和"问题展开为期三天的激烈辩论，可见两位理学大家对这一儒家经典的重视。在张栻看来，"《中庸》之书盖以明乎天德，极体用之妙，措之天下而与天地并行者也"，如果天德不明，"则万理丧其归，万物紊其经，万变错其统，万物失其性，而天地之化或几乎息矣"。因此，《中庸》是关乎"明天德"的重要学问，学者必须认真"求其神之妙用"。但真正的《中庸》善本因学者久不传习而几乎湮没，张栻对此忧心忡忡，决心搜集世上为数不多的版本，互相发现，然后整合出一本具有代表性的版本，供学者研习：

> 《中庸》之学不传久矣，而传于本朝之程氏之门人。虽其所造有浅深，要其本归于正者鲜矣。栻之所藏，有侯氏、杨氏、游氏之书近又得兼山郭氏所述于其侄孙见义，观其言有曰："道无乎不在也，神无乎不为也。"知无乎不在，我则不废天下之事，而求其道之大原；知无乎不为，我则不废天下之物，而求其神之妙用。学者试以是思之。①

张栻认为真正"归于正者"的《中庸》原版几乎不存在，因此他把收藏的"程氏之门人"、侯氏、杨氏、游氏、郭氏等五六种版本放在一起认真对照，他尤其欣赏兼山郭氏所注解的版本，并以该版本为基础作进一步完善。

为嘉惠后学而刊藏图书的事例在张栻文集里比比皆是，如二程的重要著作《河南程氏粹言》，最初由二程高弟杨时整理问世，但在流

---

① 曾枣庄、刘琳：《全宋文》（第255册），上海辞书出版社2006年版，第270页。

传过程中以讹传讹，出现了"卷次不分，编类不别"的严重情况。张栻设法得到此书后，"因离为十篇，篇标以目，欲其统而要"，作了大量的修改、校雠工作。他自述作这项工作的目的有二：一是捍卫二程尊严，"虑后世有以议夫子也"；二是将二程"日月其明、泰山其高、江海其大"之道显扬于世，为后学者提供纯正的程氏学问。①又如张栻为景仰、效仿颜回，在 27 岁时作《希颜录》以自励。乾道元年（1165 年），他在重新回眸之际，深感该书有诸多不完善之处，遂决定重新修订：

> 某已卯之岁，尝裒集颜子言行为《希颜录》上下篇，今十有四年矣。回视旧编，去其伦次多所未善，而往往为朋友所传写。于是复加考究，定著为一卷，又附录一卷。……与学者之所当从事乎颜子者，深切著明，而无隐于来世者也。②

为了不误导学者，并让研究颜回的后学者学有所依，张栻在十四年后作了这次修订。对此次修订张栻可谓煞费苦心，他精心选取《论语》、《易》、《中庸》、《孟子》中有关颜回的言行，同时还吸收周敦颐、二程、张载及其门人的言论，最终删定而成。

由于张栻一直将图书刊印视为一项利己、利人甚至利国的伟大事业，因此他对当时图书出版业中出现的许多不良倾向深恶痛绝，并鞭挞、纠正之，教育世人要学会敬畏学术，珍惜手中藏书。如针对一些学者舍弃发展学术的宗旨，为谋生度日而将儒家经典刻印成一些价格低廉、迎合读者的"小书版"图书来追求利润的现象，张栻十分忧虑不安，他在同朱熹探讨时，从孔孟道统和"理"的高度提出质疑：

> 比闻刊小书版以自助，得来论乃敢信。想是用度大段逼迫，

---

① 曾枣庄、刘琳：《全宋文》（第 255 册），上海辞书出版社 2006 年版，第 269 页。

② 张栻：《南轩先生文集》卷 33《跋希颜录》，华东师范大学出版社 2010 年标点本，第 500 页。

某初闻之，觉亦无妨，已而思之，则恐有未安者，来问之及，不敢以隐。今日此道孤立，信向者鲜，若刊此等文字，取其赢以自助，切恐见闻者别作思维，愈无灵验矣。虽是自家心安，不恤它说，要是于事理终有未顺耳。为贫之故，宁别作小生事不妨。此事某心殊未稳，不识如何。①

张栻指出，解决贫困的方法有很多种，读书人不能为"自助"而随意刻印版本低劣的儒家典籍，这种不自重、不严肃的做法十分妨道、害事理，不利于理学的传播，尤其在"道孤立，信向者鲜"的关键时刻，学者一定要谨慎为之，以确保能正确引导世人。

《论语说》、《癸巳孟子解》是张栻的两部代表作品，集中体现了他的学术思想，因此他对其一生修改不辍。如他某次与同门师兄吴晦叔通信时说："某今夏以来，时时再看《语》、《孟说》，又多欲改处。缘医者见戒，未欲多作文字，近日方下笔改正《语说》，次当及《孟子》。恐因见其间未安处，不惜一一疏示，相助开发也。"② 在病中仍不忘修改，并请求其他学者提出修改意见，由此可见他对自己这两部心血之作的重视。然而，在他尚未修改完善之际，却有民间书坊为攫取利益而捷足先登，不经允许就将其初稿付梓发行，张栻对此极为愤怒：

某近闻建宁书坊何人将《癸巳孟子解》刻版，极惶恐。非惟见今删改不停，恐误学者，兼亦甚不便，日夜不遑，已移文漕司及府中日下毁版，且作书抵郑、傅二公矣，更望兄力主张，移书苦言之，且论书坊，不胜幸甚！此价回，欲知已毁之报，甚望之。③

---

① 张栻：《南轩先生文集》卷33《跋希颜录》，华东师范大学出版社2010年标点本，第336页。

② 张栻：《南轩先生文集》卷28《与吴晦叔·五》，华东师范大学出版社2010年标点本，第432页。

③ 同上书，第366页。

　　建宁书坊的不良行为让张栻寝食难安，惶恐不已。为了不造成更大的消极影响，张栻一边请求漕司尽快毁版，以绝源头，一方面托朱熹等人与书坊交涉，尽快停止刊印该版图书。

　　朱熹在刊印图书时，为突出自己的学术思想和主张，往往过于发挥己意，并有随意增删别人学说的毛病，张栻对此很不满意。尽管面对的是终身挚友，但从图书出版和收藏的社会意义以及维护朋友声誉等角度出发，张栻在不同场合对朱熹提出了批评，有时甚至十分严厉。如在《与吴晦叔·二》里，张栻向吴晦叔抱怨说：

> 　　日与诸人理会《诗》，方到唐风。向来元晦所编多去诸先生之说，某意以为诸先生之说虽有不同，然各自有意思，在学者玩味如何，故载于程子、张子、吕氏、杨氏之说，其他诸家有可取则存之，如元晦之说多在所取也。此外尚或有鄙意，即亦附之于末。①

　　张栻以《诗经》为例，指出朱熹在校编书籍时，将二程、张载、吕大临、杨时等前贤对经典的注解统统删去，导致学者孤陋寡闻，只能从朱熹本人的注解出发理解经典。他认为前贤自有其可取之处，最好都附在经典之后，供学者涵泳玩味，择善而从。张栻自己在编写《诗经》之时说到做到，将上述先贤甚至朱熹的意见都附于文后，显示出其在此方面高于朱熹的胸襟和境界。

　　即使学术和政见与己不合者，只要其作品编排精当、有益学者，张栻也会乐于收藏之，并向学者积极推荐。如站在正统理学家的立场上，张栻对王安石的学问人品以及变法改革措施一直抨击有加。在《与颜主簿》中论二程与王氏之学时，张栻严厉指出："王氏之说皆出于私意之凿，而其高谈性命，特窃取释氏之近似者而已。夫窃取释老之似，而济之于私意之凿，故其横流，蠹坏士心，以乱国事，学者

---

　　① 张栻：《南轩先生文集》卷28《与吴晦叔·五》，华东师范大学出版社2010年标点本，第430页。

当讲论明辨而不屑焉可也。"① 张栻将王氏之学视为窃取佛道之学，并加以穿凿附会而成的异端学说，是国家祸乱、士心大坏的根源。由此可以看出张栻对王氏之学怀有极深的成见。但这一切并未妨碍他对王安石书法、绘画等其他才能的欣赏：

> 予喜藏金陵王丞相字画，辛卯岁过霅川，有持此轴来售而得之。丞相于天下事多穿凿于己意，顾于字画独能行其所无事如此。此又其晚年所书，尤觉精到，予所藏他帖皆不及也。②

这里记载了乾道七年（1171 年），张栻路过霅川（今浙江湖州）时碰巧购藏了一幅王安石字画精品的事情。张栻在字里行间难掩对王安石字画水准的欣赏，认为其所有字画收藏品中，王安石所作最为精当，并以收藏其字画为乐。值得注意的是，张栻在此改称王安石为丞相，这一细节也生动说明他对王安石在某些方面的肯定。张栻这种兼容并蓄、择善而从的收藏风格和理念再次显示出其清风霁月般的胸襟，同时也为传统文化的多样性保存和传承作出了重要贡献。

二　发展学术，润泽四方

除整理善本、刻印书籍以嘉惠学者外，张栻刊藏图书的另一重要目的是为了从事学术研究和教育活动。宋代藏书家普遍注重藏用结合，充分释放书籍的文化教育功能，南宋著名藏书家卫湜提出藏书应"志在于学而不求安"，③ 就真实表达出了宋代学者收藏图书的这一重要意图。张栻在《答李季修》一文中就集中表达了自己研习学问的刊藏目的：

---

① 张栻：《南轩先生文集》卷28《与吴晦叔·五》，华东师范大学出版社2010年标点本，第304页。

② 张栻：《南轩先生文集》卷35《跋王介甫帖》，华东师范大学出版社2010年标点本，第519页。

③ 《叶适集》卷11《栎斋藏书记》，中华书局1961年标点本，第199页。

　　　　垂示《浩气集传》，足见留意，亦一再观矣。大抵论学之难，如此等要切处，须涵泳体认，持之以久，方能通达。汪玉山《二程语录》尝因探讨一事，即为刊正数处，此论亦未然。盖在己若见未到，看先生说话未出，却便据己见刊正，岂不为害？要须平心易气，深潜默体，于其疑则与师友讲论问辩焉可也。《诸葛忠武传》录呈，有当删正及当增益者，不惜示及。家亦有集，但殊不类诸葛公语，当非本书。①

　　张栻在此赞誉学友李季修所编撰的《浩气集传》堪称佳作，是经过长期"涵泳体认"而成的，这种论学精神是学者"通达"学问的重要前提。他同时批评了另一学友汪玉山在刊印自己编撰的《二程语录》时，表面上谦逊地与其他学者探讨，实际上刚愎自用的态度，认为刊印图书的目的在于"与师友讲论问辩"，进而增益学问。最后他将自己所著的《诸葛忠武传》录呈给李季修，真诚希望李季修多提宝贵意见，这种著述、刊藏图书为交流和发展学术的理念在该信柬里有明晰的表达。

　　以书籍为媒介，张栻与众多学友展开了深入的学术交流。如乾道七年（1171年），受左相虞允文排挤，张栻除知袁州（今属江西宜春）。是年冬，他退归长沙，专心主教岳麓、城南两书院，并潜心著书立说，最终完成并刊行《洙泗言仁序》、《主一箴》两篇重要作品，供书院学者研习使用。朱熹看过《主一箴》后喜不自胜，对其中的"持敬"理论甚为服膺，随后二人就居敬、穷理等问题展开持续讨论，朱熹还根据《主一箴》作《敬斋箴》，进一步形成了自己的持敬理论。

　　另外，张栻刊印图书还有传道授徒、扩大学术影响的初衷。如乾道四年（1168年），张栻作《讲义发题》于城南书院，以此作为书院的教材，其后又被编入《孟子说》为序。乾道六年（1170年），朱熹

---

　　①　张栻：《南轩先生文集》卷27《答李季修·二》，华东师范大学出版社2010年标点本，第410页。

将周敦颐的《太极图》与《通书》合为一篇，题为《太极通书》，并将其刻于严州学宫以教学者，他在《通书后跋》里简要叙述了此事："濂溪先生《通书》，友人朱熹元晦以《太极图》列于篇首，而题之曰《太极通书》，某刻于严陵学宫，以示多士。"① 张栻认为《通书》是《易传》的总纲领，因此他要求学者要潜心领会，"阐微极幽"，不然则"莫能识其旨归也"。乾道七年（1171 年），张栻为城南、岳麓两书院的生徒刻印了《易传》、《近思录》两部儒学经典："学中见刻《易传》，湖广间难得此本耳。《近思录》中可惜不载得说举业处，幸示写，尚可添入。"② 张栻为学生普遍使用书院刊刻的校雠精良、十分难得的《易传》版本感到欣慰，并督促他们认真研读。在知静江期间，张栻还在桂林学宫刻印了好友石子重所编的《中庸解集》两卷，他认为该书编排精当，足以指引学者更好地领悟《中庸》之精髓：

> 子重之编此书，尝从吾友朱熹元晦讲订，分章去取，皆有条次，元晦且尝为之序矣。桂林学宫旧亦刻《中庸解》，而其间杂乱以他，惧其反误学者，于是漫去旧版，而更刻此书。窃惟《中庸》一篇，圣贤之渊源也，体用隐显，成己成物备矣。……学者于此亦知所用其力哉！有以用其力，则于是书反复绌绎，将日新而无穷。③

桂林学宫过去也曾刊印过《中庸解》，但由于旧版过于杂乱粗糙，容易对学者产生误导，张栻遂决定刊刻石子重校雠精良的新版本，以飨读者，并要求静江州学里的士子们通过《中庸解》的导读，进一步认识到被视为"圣贤之渊源"的《中庸》的重要性，他坚信只要

---

① 张栻：《南轩先生文集》卷33《通书后跋》，华东师范大学出版社 2010 年标点本，第 497 页。

② 同上书，第 357 页。

③ 同上书，第 496 页。

士子"反复绅绎"，学业将会"日新而无穷"。

还值得注意的是，张栻深刻意识到图书的社会教化意义，他以卓越的智慧和深邃的目光，站在正人心、化风俗的高度，利用刊藏图书之机展开社会教化活动，充分释放书籍的教育功能。这一点是他与其他同时代藏书家的最大不同之处，具有超越时代的重要意义。乾道五年（1169 年），张栻知严州，吕祖谦恰在此任严州教授，两人志同道合，相与论学。吕祖谦从经传中辑录关于人伦之道之内容，编为《阃范》一书，请张栻为之作序，在全州发行：

> 东莱吕祖谦伯恭父为严陵教官，与其友取《易》、《春秋》、《书》、《诗》、《礼传》、《鲁论》、《孟子》，圣贤所以发明人伦之道见于父子兄弟夫妇之际者，悉笔之于编。又泛考子史诸书，上下二千余载间，凡可以示训者皆辑之。……间日携所编以示某而讲订焉。未几而成，名以《阃范》，某谓此书行于世，家当藏之，而人当学之也。家庭阃闱之内，乡里族党之间，随其见之深浅、味之长短，笃敬力行，皆足以有补。①

吕祖谦从七部经传以及众多子史之书中精心编辑，张栻则具体"讲订"，《阃范》一书可谓是吕、张二人通力合作的结晶。张栻之所以高度赞誉并认真修订此书，是因为他认为该书足以训诲世人明晓人伦之道，进而促进家庭阃闱、乡里族党之间的和谐稳定。因此他建议应及时将《阃范》刊行于世，家当藏之，人当学之，以利于儒家伦理道德教化的普遍推行和重心下移。

淳熙二年（1175 年），张栻赴知静江府（今属广西）、经略安抚广南西路任，甫一到来，他就立刻着手调查当地的风土人情。为匡正那些有悖于朝廷法令和儒家伦理纲常的"不美"风俗，他亲自编写《谕俗文》，并于是年三月张榜公布，大量刊行，令乡民学习遵守。

---

① 张栻：《南轩先生文集》卷 33《通书后跋》，华东师范大学出版社 2010 年标点本，第 226 页。

兹摘录部分如下：

　　……

　　二、访闻愚民无知，丧葬之礼不遵法度，装迎之际务为华饰。……不知丧葬之礼，务在主于哀敬。随家力量，使亡者以时归土，便是孝顺，岂在侈靡？无益亡者，有害风俗。

　　三、访闻婚姻之际，亦复僭度，以财相徇。……婚姻结好，岂为财物？其侈靡等事，一时之间徒足以欺眩乡间无知之人，而在身在家，所损不细。若有不悛，当治其尤甚者，以正风俗。

　　四、访闻愚民无知，病不服药，妄听师巫淫祀谄祷，因循至死，反谓祈祷未至，曾不之悔。甚至卧病在床，至亲不视，极害义理。契勘疾病生于寒暑冲冒，饮食失时，自合问医用药治疗。……至于师巫之说，皆无是理，只是撰造恐动，使人离析亲党，破损钱物，枉坏性命。上件诳惑百姓之人，本府已出榜禁止捉押，决定依谕条重作施行。

　　……

　　右上件事情，并仰乡民反复思念，递相告谕。父老长上教饬子弟，共行遵依，以善风俗。或致犯法，后悔难追。各仰知悉。①

　　以上条文，既有反对封建迷信，妄听巫师邪说、贻误寻医问药时机而造成钱物损失、枉坏性命等内容；又有批评丧葬之礼盲目侈靡攀比、务为华饰之风，提倡哀敬孝顺、简易朴实的风俗；还有反对买卖婚姻，禁止拐骗、贩卖妇女的规定。《谕俗文》倡导的上述移风易俗之方，在当地产生了相当积极的社会教化效果。张栻最后告诫当地乡民，上述规定一定要反复琢磨领会，乡里道高望重的长老应带头遵守，给后生子弟作榜样，以善风俗。屡犯不改者一定给予严惩。张栻以《谕俗文》为基础，以政策法令为保障手段，态度严明地推行社

①　张栻：《南轩先生文集》卷15《谕俗文》，华东师范大学出版社2010年标点本，第252页。

会教化，深刻体现了其"德刑并重"的为政理念。

淳熙三年（1176年）六月，张栻又在桂林学宫刊印了自己编撰的《昏丧祭礼》五卷本。张栻十分看重这部集司马光、张载、程颐三大儒宗对昏（婚）、丧、祭礼的主张和要求的读本，认为此书一出，对美化社会风俗具有无可替代的作用：

> 右文正司马公、横渠张先生、伊川程先生《昏丧祭礼》，合为五卷。窃惟道莫重乎人伦，教莫先乎礼，礼行则彝伦叙而人道立。……夫冠昏丧祭，人事之始终也。冠礼之废久矣，未能遽复也，今姑即昏丧祭三礼而论之，幸而有如三公之说，其可不尽心乎！……抑常谓礼之兴废，学士大夫之责也，有能即是书探考而深思，深思而力行，宗族相亲，朋友相辅，安知风俗之美，不由是而作信乎？妄意可助圣时善俗之一端，于是刻于桂林郡之学宫云。①

张栻明确指出，刊行该书是为了"助圣时善俗之一端"，因为"冠昏丧祭"乃是"人事之始终也"，只要学者认真研读并带头推行，就可以达到"宗族相亲，朋友相辅"的良好效果。他甚至断言，《昏丧祭礼》的出版将是儒家人伦礼仪重塑和兴起的重要契机，由此可见其教化社会的良苦用心。

第四节　江湖鹄袍争骏奔：引领书院游学热潮

中国传统游学②活动是古代学者一种远道寻师受学的重要教育活

---

① 张栻：《南轩先生文集》卷15《谕俗文》，华东师范大学出版社2010年标点本，第499页。

② 据《现代汉语词典》（商务印书馆1983年版，第1396页）解释，游学是指"离开本乡到外地或外国求学"；而《辞源》（商务印书馆1980年版，第1837页）认为游学有两种含义，一是"周游讲学"，二是"到外地求学"。本文着重探讨"到外地求学"这一含义。在宋代，游学作为一种有效的民间教育形式，已成为官方教育的重要补充。

动，"在春秋战国就开始兴盛，此后各代都不同程度地存在游学的现象。北宋在部分时期对游学是明令禁止的，但远未杜绝游学现象，南宋时期，游学又大量出现"①。游学活动在宋代的发展大致分为三个阶段，从立国到庆历兴学之前的近百年里，由于官学教育的缺失，广大士子学无所依，只能通过游学等方式来寻师问道，增长学识，游学活动在这一时期也比较兴盛；庆历兴学后的一段时间内，官方出于兴学等方面的考虑，曾对为干禄仕进而蜂拥至官学的游学投机者给予限制，但官学游学活动不仅屡禁不止，民间游学现象更未断绝；北宋末期特别是南宋时期，官学教育逐渐式微，功利性也越来越凸显，"在许多官学当中，品位低微的教谕之官却教不出什么东西来。学生们则像寄生虫一样享受着膳宿、廪禄以及诸如半官员地位、免除赋税劳役等特权，对学术毫不关心。这些学校活该受到谴责。"② 官学的衰落使游士开始把目光投向各地书院。宋代尤其南宋时期，在张栻、朱熹、陆九渊、吕祖谦等一批理学大师的引领下，书院重新蓬勃发展，成为研究学术、推行道德教育的重要基地。一批教育精英和道学之士因教育理想无法施展、学术志趣与时不合等因素，相继揖别各类官方教育场所，奔赴新的学术阵地——书院，一度冷清的书院教育也在两宋之际重新振兴，并成为这些教育家新的教育与学术理想的操练之地：

> 崇宁以后，舍法加密，虽里闾句读童子之师，不关白州学者皆有禁。诏令诚甚美，然由是文具胜，而利禄之意多，老师宿儒尽向之（书院）。③

书院的重新兴起并大量接受游学者，使一度沉寂的游学活动又重

---

① 申万里：《元代游学初探》，《中国史研究》，2006 年第 2 期。

② ［美］刘子健：《中国转向内在：两宋之际的文化转向》，赵冬梅译，江苏人民出版社 2012 年版，第 136 页。

③ 《陈傅良先生文集》卷 39《潭州重修岳麓书院记》，浙江大学出版社 1999 年标点本，第 499 页。

新兴盛起来。

以书院为主要指向、以名士硕儒为求学目标的游学活动，一直是两宋尤其是南宋较为突出的一个文化教育现象，而张栻则是南宋游学活动重新兴起的重要引领者和推动者。正像杨万里在《寄题万安萧和卿云冈书院》所赞："君不见南轩先生（张栻）以道鸣，岳麓书院陶诸生。君不见晦庵先生（朱熹）妙经学，庐山书院榜白鹿。……愿师朱张两先生，驷马高盖塞里门。"[①] 从杨万里的诗中可以推测，张栻和朱熹是掀起南宋游学热潮的肇始者，两位理学宗师以自身卓越的学识，使天下学者向往影从，纷纷千里负笈而来，杨万里在盛赞二公之时，呼吁天下书院都要以他们为榜样，广邀名师，切磋争鸣，吸引四方学者前来寻师问道，进而在全社会形成读书向学的良好风气。

一般来说，南宋由著名学者兴建或主持的书院由于教学质量、学术水平较高，并且拥有一定的学田作为收入来源，可以在物质上支持游学，因此备受游士瞩目。此类书院在名师硕儒与游学之士的共同推动下不断发展壮大，往往成为一地学术、教育之中心，对一方教育水平的发展与提高起到重要的引领作用。张栻所主持的城南、岳麓书院即是这类书院的典型代表。绍兴三十一年（1161年），张栻与父亲张浚在长沙妙高峰下创办了城南书院。可以想见，张浚作为位高权重的一时风云人物（是年张浚已被朝廷重新起用为观文殿大学士、任判潭州、建康府，次年恢复相位），让当地政府为城南书院拨出若干学田是轻而易举的。张氏父子创办城南书院的初衷是讲明义理、"以待来学者"，即以开放的姿态，广纳四方游学之士。城南书院采用个别钻研、相互问答、集众讲解相结合的教学方法，以研习儒家经籍为主，间或议论时政，对湖南学术思想的发展有重要的影响，最终成为"昔贤过化之地，兰芷升庭，杞梓入室，则又湘中子弟争来讲学之区也"。在张栻的苦心经营下，湖南境内的士子云集于此，以在此受教肄业为荣。高峰时期，城南书院容纳游学者数以千计，远超当地州县官学的在校人数。正像清代学者杨锡绂在《城南书院志》里所赞：

---

① 傅璇琮：《全宋诗》（第42册），北京大学出版社1991年版，第26657页。

　　朱子与张南轩先生倡导东南，大辟讲舍，一时从游之士，请业问难至于千余人，弦诵之声洋溢衡峰湘水，洵理学中天之会已。其后虽兴废不常，而学士大夫谈名胜之遗迹，溯先贤之教思，莫不流连慨慕，想见当年正学昌明，人士蒸蔚，或恨其生之晚，或恨其地之隔，亦可见先贤之泽流被无穷，而书院之造就人材其有补于学校非小也。①

　　城南书院不仅吸引前来"请业问难"的上千名游士，还以此为契机带动了整个湖南的教育事业，学者以不到此处就学而遗憾，书院亦造就了大批有用之才，湖南出现了"正学昌明，人士蒸蔚"的良好文教局面，张栻所引领的书院游学活动可谓功莫大焉。

　　乾道元年（1165 年），李金起义被镇压之后，湖南安抚使刘珙重修潭州岳麓书院，张栻受刘珙之聘，出任岳麓书院主教，"故前帅枢密忠肃刘公特因旧基复创新馆，延请故左司侍讲张公先生往来其间，使四方来学之士得以传道授业解惑焉"。② 他在此与来学者"论《大学》次第，以开学者于公私义利之间"，并因此而名声大震，四方学者"闻者风动"。次年，张栻作《潭州重修岳麓书院记》，确定岳麓书院培养人才的基本大纲——传道济民，这篇记文的问世，对南宋书院教育的发展产生了深远影响。张栻在此苦心经营数年，使曾经辉煌一时的岳麓书院再次闻名遐迩，全国前来游学者达数千人，初步奠定了湖湘学派之规模。乾道三年（1167 年），岳麓书院、湖湘学派以及理学发展史上出现了一次划时代的事件，即张栻和朱熹的岳麓之会，两位造诣至巅峰境界的理学大师的会晤，引起了举国学者的瞩目，二人在岳麓书院相聚两月有余，其间一边辩论一边公开讲学，因此吸引了大批游学者蜂拥而来，"学徒千余，舆马之众至饮池水立竭，一时有潇湘洙泗之目焉"。游士带来的马匹竟然将书院周围的池水饮干，可以遥想当年学者之众、声势之盛！此次"潭州嘉会"在中国教育

①　余正焕：《城南书院志》卷 2，清道光五年（1825 年）刻本。
②　朱熹：《朱子全书》（第 25 册），上海古籍出版社 2002 年标点本，第 4629 页。

史、中国思想文化史上具有重要的意义，开启了当时不同理学派别、不同书院之间相互进行学术讨论的序幕，此后相继出现"鹅湖之会"、"白鹿洞之会"等大型会讲活动，极大地促进了南宋理学思想的传播和发展。

张栻创办城南书院，主教岳麓书院，传道授业，著书立说，并与慕名而来的四方学者互相争鸣学术。在这种自由奔放的学术氛围里，张栻与游学者的学术水平均得到极大提升。如被称为淳熙四先生之一的舒璘，青年时期曾从家乡奉化千里迢迢前来向张栻问道，并学有所成。虽然游学生活十分艰辛，但舒璘在给家人的书信中却难掩收获的喜悦："敝床疏席，总是佳趣；栉风沐雨，反为美境。"① 又如来自金华的项秀才，因材质奇佳，深得张栻器重，张栻勉励其曰："承来金华，从容师友间，当有进益。为学之方，循循有序，要需着实趋约，自卑近始，度正字亦必常及此，在勉之而已。"② 从张栻的言语之间可以推测，项秀才在此获得了学问上的长足进步。临江军清江人彭龟年，"七岁而孤，事母尽孝。性颖异，读书能解大义。及长，得程氏《易》读之，至忘寝食，从朱熹、张栻质疑，而学益明。登乾道五年（1169 年）进士第"。彭龟年从江西赴湖南从张栻游，在张栻的精心调教下，他学业大进，顺利登第出仕。居官后，彭龟年颇有张栻之风范，"学识正大，议论简直，善恶是非，辨析甚严，其爱君忧国之忧，先见之识，敢言之气，皆人所难"③。在《寄吕伯恭·一》中，张栻提到了城南书院的游学情况：

> 某读书先庐，粗安晨夕。……此间士子资质好、有意于学者亦四五人，每教以着实，于主一上进步耳。晦叔已两来相见，非久欲迁城居。岳下相识，如胡广仲、伯逢亦留意，但向来只是想

---

① 《宋史》卷 410《舒璘传》，中华书局 1977 年标点本，第 12339 页。
② 张栻：《南轩先生文集》卷 26《答项秀才》，华东师范大学出版社 2010 年标点本，第 398 页。
③ 《宋史》卷 393《彭龟年传》，中华书局 1977 年标点本，第 11998 页。

象态度，殊少工夫，故病痛多不精进，亦数有书往来焉。①

　　这封书信写于张栻从袁州任上返回城南书院期间，他告诉吕祖谦，自己的同门师兄吴晦叔已两次来访，相谈甚欢。而前来城南书院游学的学者众多，其中有四五位秀美之材，他每天传授这几位士子"着实"、"主一"之学问，并获得了较为满意的教学效果。在岳麓书院又遇到胡广仲、胡伯逢两兄弟前来切磋学问，在交流中张栻发现他们做学问只是想象却不肯下功夫，这和自己的学术理路格格不入，因此颇为失望。从史料中我们可以深切感受到城南、岳麓书院里游学风气之盛，学者往来之频繁。

　　张栻对从都城临安前来游学的士子十分留意，认为他们若把自己的学说传播到都城，将对湖湘学派产生积极影响。因此他精心挑选了一位来自临安的游士游广文，对其着力培养：

　　　　疏恩北阙，分教南邦。出御史之名门，先声已著；群诸生于泮水，讲席方严。伏惟某官文采蜚英，岂弟从政。蓄于平素，既以致远为心；见于施为，当有躬行之实。念兹都会，夙多俊良。正资教养之功，庸底作成之盛。识其大者，岂诵说云乎哉？何以告之？亦仁义而已矣。②

　　张栻首先向游广文简要介绍了自身的情况，即因父恩荫为官，后在东南从事教育活动。由于自己出身名门，因此为不辱没先人，对自己和群生要求均十分严格，他要求游广文明白这一点。

　　舒璘、项秀才、彭龟年、游广文以及上述四五位士子的经历仅是游学者的一个缩影，大批游士在张栻的精心雕琢下终成大器，并形成了自己的学说体系。如张栻出生于蜀地，早年深受蜀学的熏陶和影

---

　　① 张栻：《南轩先生文集》卷25《寄吕伯恭·一》，华东师范大学出版社2010年标点本，第377页。

　　② 同上书，第153页。

响，"某自幼侍亲来南，周旋三十年间，又且伏首坟墓于衡山之下，是以虽为蜀人，而不获与蜀之士处，以亲友其仁贤，每以是念。"①乡土情结致使张栻对从四川而来的游士尤为青睐，并从中遴选出宇文绍节、陈概、范冲黼等得意门生，虞刚简、魏了翁等人则为其川中著名私淑弟子。这些门人弟子学成返川后，或专治史学，或主研经学，或擅长事功，从不同方面弘扬了张栻之学，其中以魏了翁最为著名。由于这批门生的宣扬传播，淳熙、嘉定后，南轩之学大盛于蜀中，并促使蜀中学者深入研究流传蜀中已久的二程《遗书》、《程氏易传》，提高了伊洛之学在蜀中学者心目中的地位，扩大了湖湘学在蜀中的影响。至李植、魏了翁以后，伊洛之学已在蜀中居于学术统治地位，蜀学也逐渐完成了义理化过程。故黄宗羲赞曰：

> 宣公（张栻）居长沙之二水，而蜀中反疏。然自宇文挺臣、范文叔、陈平甫传之入蜀，二江之讲舍不下长沙。黄兼山、杨浩斋、程沧州抵柱岷、峨，蜀学之盛，终出于宣公之绪。②

近人夏君虞在《宋学概要》中也有类似的评价："南轩承继家学，又受学五峰，于是蜀学与湖南学合流。而南轩一人占住了蜀学与湖南学两席。"张栻的理学思想由于其川中众多门生弟子的传播而盛行四川，为其后学魏了翁等理学大家的思想奠定了基础，也促进了蜀学与湘学的合流以及蜀学的义理化进程，对湘、蜀两地学术起了极为重要的作用。

在张栻的鼓励和支持下，游学活动在城南、岳麓两书院长期盛行不衰，游学者充满热忱地从全国各地络绎不绝赶来，"他们有的来自邻近地区，有的来自远方，甚至几百英里以外。有的常年追随大师，有的在漫长的旅程中与之相伴。有的只作过短暂的造访，但此后却保

---

① 张栻：《南轩先生文集》卷25《寄吕伯恭·一》，华东师范大学出版社2010年标点本，第395页。

② 黄宗羲：《宋元学案》，中华书局1982年标点本，第2407页。

持联系。弟子以外，还有以朋友身份前来切磋问学者。《宋元学案》将这些朋友分为三类：同调、学侣和讲友，其友谊依次递升，对话和讨论是他们所钟爱的教学方式。"① 张栻也得以经常与以朱熹、吕祖谦为代表的四方名士硕儒交相共济、切磋辩难，湖湘学派也在他的惨淡经营下迅速进入鼎盛时期，成为一时之显学，湖湘地区也一跃成为理学传播的中心区域之一，"湖南一派，当时为最盛，然大端发露，无从容不迫气象。自南轩出，而与考亭（朱熹）相讲究，去短集长，其言语过之者裁之归于平正"，随着两座书院的蓬勃发展，张栻的名望也响彻宇内，并被学者尊崇为一代儒宗，四方学者甚至"以不得卒业湖湘为恨"，以不服膺张栻之学为憾。

北宋大教育家胡瑗认为，"学者只守一乡，则滞于一曲，隘吝卑陋。必游四方，尽见人情物态，南北风俗，山川气象，以广其闻见，则为有益于学者矣"。② 一代大儒朱熹亦曰："学者局促一隅，孤陋寡闻，易致差迷，无从就正。……须出四方游学一遭。"③ 由此可见，由于某些原因，宋政府虽对游学活动有过短暂禁止，但纵观整个宋代，游学还是被社会广泛认可的，游学教育也成为宋代教育系统不可或缺的组成部分。游学活动尤其是书院游学活动不仅为宋政府培养了大批栋梁之材，还在一定程度上弥补了地区之间教育发展的差距，有利于全国范围内学术、文化的交流与发展，对宋代的教育、文化甚至整个社会的进步都起到了积极的推动作用，这其中张栻的引领和带动作用是不容忽视的。

---

① ［美］刘子健：《中国转向内在：两宋之际的文化转向》，江苏人民出版社 2012 年版，第 138 页。

② 王铚：《默记》，中华书局 1981 年标点本，第 51 页。

③ 黎靖德：《朱子语类》，中华书局 1985 年标点本，第 2832 页。

第三章

张栻的日常生活

日常交往是宋代士大夫生活的重要组成部分。他们或唯德是依，因心而友；或见贤必亲，思贤若渴；或淡交若水，物外悠悠；甚至政治立场的不同也不会影响他们私下的个人交往，庙堂之上据理力争，走下朝堂则笑泯恩仇。此外，隐逸闲居也是宋代士大夫的一种高雅生活方式，但闲居并不意味着终日无所事事、虚掷岁月，而是利用闲暇修身养性，充实精神生活，通过以文会友、宴饮、唱和、旅行、游艺等方式与社会相接。而且，他们在日常生活中仍不忘以虔诚之心追求圣贤之道，于风花雪月中恪守名教之规。张栻作为宋代士大夫的典型代表，上述特征在其身上均得到具体体现。在书院讲学、奖掖后进，以及宦海沉浮之余，张栻将闲暇时光也打理得丰富多彩、井井有条，并通过上述休闲生活方式与志同道合者保持密切往来，在愉悦身心的同时，也积累了相当丰富的社会资源，巩固了彼此间的友谊。南宋词人周密曾在笔记小说《齐东野语》中评价曰：

> 张魏公（张浚）素轻锐好名，士之稍有虚名者，无不牢笼。挥金如土，视官爵如等闲。士之好功名富贵者，无不趋其门。且其子南轩，以道学倡名，父子为当时宗主。在朝显官，皆其门人，悉自诡为君子。稍有指其非者，则目之为小人。绍兴元年，合关、陕五路兵三十余万，一旦尽覆，朝廷无一人敢言其罪。……使魏公未死，和议必不成，其祸将有不可胜言者矣。①

---

① 周密：《齐东野语》卷2，中华书局1983年标点本，第33—34页。

　　作者站在主和派的立场上评价张浚父子，将南宋军事上的失败甚至朝纲的败坏都归咎于张浚父子"轻锐好名"、结党营私之上，充满了歪曲和投降主义论调，颇失公允。但去芜存菁，史料至少透露出两个重要事实：一是当时张浚在政坛上、张栻在道学领域分别为一时之宗主，均是名扬天下、应者云集的风云人物；二是两人视富贵如浮云，喜欢结交天下有志之士，并与他们形成互为奥援的关系，最终成就一番伟业。

　　可以说，对日常交游活动的重视，是张栻一生事业辉煌的源头活水和有力保障。除注重友情外，张栻还谨守儒家孝悌人伦，他不仅以忠孝闻于世，还对家庭、宗族成员关爱有加，在努力实现传道济民社会理想的同时不忘齐家恤族，其对亲情的眷顾以及深沉的情感世界亦让人唏嘘动容。

　　张栻的交游圈主要包括讲友、僚友、弟子门生等，由于张栻的学术地位、社会声望以及曾辗转供职于浙江、江西、广西等众多地区，因此除经常伴随身边的少数人外，其朋友、弟子星罗棋布，散居于全国各地。本章以张栻为中心，以日常生活为重点，通过钩沉、勾勒其友情、亲情的历史片段，生动呈现张栻人生的性情一面，并借此弥补和丰富以往学者对张栻认识之不足。

第一节　友情世界

　　张栻在注解《论语》时曾说："'中虚信之本'，谓信之所以有也；'中实信之质'，谓信之体质也。忠信可以蹈水火，是言有此理耳。"[①] 从中可以看出，张栻对儒家"朋友有信"这一点是极为看重的，甚至认为"忠信可以蹈水火"。可以说，对友情的重视以及坚守赤诚忠信的待友之道，一直贯穿张栻的一生，张栻之所以在教育、学术和政治等领域均成就卓著，是和四方友朋的支持和帮助密不可分

---

　　① 张栻：《南轩先生文集》卷19《答吴晦叔·一》，华东师范大学出版社2010年标点本，第312页。

的。与张栻经常往来者主要包括讲友与僚友两类，有时讲友和僚友是合二为一的，如吕祖谦、刘珙等即是例证。除切磋学问、议论政事外，张栻与友人之间还充满了欢乐、雅趣，当然还包括聚散之悲欢。

一　交游活动

学者梁建国观察到："两宋时期，以住宅与庭院为载体，士人之间多有走访与雅集。"① 宋代的文人士大夫多沉溺于这种社会氛围里，并乐此不疲。张栻作为士大夫中的一员，自然不能例外。他每到一处，都主动与当地文人雅士相接，以扩大交际，积累人脉。如绍兴二十七年至二十九年（1157—1159 年），张栻随父居永州，与当地士人来往密切："栻来零陵，与其乡之士游，其贤有才者盖不乏，而山川之奇，自唐以来记之矣。"② 赏尽奇秀山川，与优秀学者切磋学问，这样的生活正是张栻所向往和追求的。又如他与吴铨的往来，吴铨字伯承，福建崇安人，胡安国同乡，侨居长沙，与张栻比邻并结为挚友，张栻曾用"卜邻得佳士，问学方骎骎"诗句来形容自己结识吴铨后的惊喜之情。二人"间一二日，辄步相过，议论酬唱甚乐"。张栻曾在《晚过吴伯承留饮》里追忆与其一起雅集的情形：

> 推门野路竹氋氋，落日天寒相对谈。
> 可是主人风韵别，自斟白酒擘黄柑。③

诗中生动描述了两人在某一天寒之傍晚，红轮西沉之时刻，在竹林之侧饮酒娱乐、相谈甚欢的场景。

与宾朋在一起之时，张栻往往会有意组织一些休闲联谊活动，以烘托气氛、巩固友谊。由于家庭世代为宦，父亲又是权倾一时的风云

---

① 梁建国：《朝堂之外：北宋东京士人走访与雅集（以苏轼为中心）》，《历史研究》2009 年第 2 期。

② 曾枣庄、刘琳：《全宋文》（第 255 册），上海辞书出版社 2006 年版，第 419 页。

③ 张栻：《南轩先生文集》卷 5《晚过吴伯承留饮》，华东师范大学出版社 2010 年标点本，第 97 页。

人物，尽管父子二人都以清廉著称，但张栻仍比一般人有条件经常邀请宾朋相聚。在《后杞菊赋》里，张栻集中记述了他与宾朋一起的休闲活动情景：

> 张子为江陵之数月，时方中春，草木敷荣，经行郡圃，意有所欣。非花柳之是问，眷杞菊之青青，爰命采撷，付之庖人。汲清泉以细烹，屏五味而不亲，甘脆可口，蔚其芬馨，盖日为之加饭，而他物几不足以前陈。饭已扪腹，得意讴吟，客有问者曰："异哉，先生之嗜此也！昔坡公之在胶西，值党禁之方兴，叹斋厨之萧条，乃览乎草木之英。今先生当无事之世，据方伯之位。校吏奔走，颐指如意。广厦延宾，毬场享士，清酒百壶，鼎臑俎载。宰夫奏刀，各献其技。顾无求而弗获，虽醉饱其何忌？而乃乐从夫野人之餐，岂亦下取乎莳菲？不然得无近于矫激，有同于脱粟布被者乎？"张子笑而应之曰："天壤之间，孰为正味？厚或腊毒，淡乃其至。猩唇豹胎，旋取诡异，山鲜海错，纷纠莫计。苟滋味之或偏，在六府而成赘。极口腹之所欲，初何出乎一美。惟杞与菊，中和所萃，谓劲不苦，滑甘靡滞，非若他蔬，善呕走水，既瞭目而安神，复沃烦而涤秽。……高论唐虞，咏歌诗书，嗟乎，微斯物，孰同先生之归，于是相属而歌，殆日晏以忘饥。"①

这是淳熙五年（1178 年）张栻知江陵数月后的某一天，通过张栻与某位宾客的对话，我们可以大致窥见张栻日常休闲生活的内容：与宾朋一起探幽寻胜，宴饮雅集，酒至酣处，"高论唐虞，咏歌诗书"，一起舞蹈高歌，闲适之中透出豪迈。尽管"据方伯之位"，但张栻丝毫未忘记百姓疾苦、民生多艰，仅用"杞与菊"做成"野人之餐"犒劳宾客，使来客对其肃然起敬。还值得注意的是，张栻和宋代其他士大夫一样，都十分热衷于蹴鞠这项运动，这一点从"毬场享

---

① 张栻：《南轩先生文集》卷 1《饭杞菊赋》，华东师范大学出版社 2010 年标点本，第 5 页。

士"即可看出。蹴鞠在春秋时期已出现，类似于现代的足球，蹴鞠在宋代发展到顶峰，在宫廷、官僚贵族以及民间广为流传，权臣高俅就因踢球而发迹。据《文献通考》记载，"宋女弟子队一百五十三人，衣四色，绣罗宽衫，系锦带，踢绣球，球不离足，足不离球，华庭观赏，万人瞻仰"。上海博物馆现珍藏一幅《宋太祖蹴鞠图》，描绘的就是当时情景。南宋时期，宋代的踢球艺人还组织了自己的团体，称"齐云社"，又称"圆社"。这是专门的蹴鞠组织，专事负责蹴鞠活动的比赛组织和宣传推广。对蹴鞠的喜爱，以及经常性的身体锻炼，也是张栻能长期以充沛精力从事政务和教育活动的重要前提。

　　张栻认为，"交游之际，厚者不失于玩则失于过"，①为防止玩物丧志，他还主张在玩乐之余以文会友，诗赋酬唱即是一种理想的休闲方式，并成为其毕生嗜好。如淳熙四年（1187年）张栻知静江，他率领部分僚友拜谒静江新修建的陶唐帝祠，集体参拜之后，众人"退而歌"，曰："……皇之仁兮其天，四时叙兮何言。出门兮四顾，渺宇宙兮茫然。"②宋代文人士大夫均认同"歌诗"有"震荡血脉、流通精神"之功效，如学者施德操在《北窗炙輠录》中记载："叔祖善歌诗，每在学，至休沐日，辄置酒三行，率诸生歌诗于堂上。闲居独处，未尝不歌诗。信乎，深于诗者也！"③施德操的叔祖认为"诗者，声音之道也，古者有诗必有声"，今日仅存"章句"，诗词歌赋的神韵已消亡，"独其形在尔"。因此他倡复古道，率领诸生"歌诗"，试图达到"玩味反复，千载之上，余音遗韵，犹若在尔"的境界，张栻对此也心有戚戚焉。他对歌诗有着异乎寻常的热爱，并常常自己即兴创作诗赋，引领朋友一起吟唱。这次拜谒二帝祠，他又亲自作赋，从陶唐二帝的仁德一直到宇宙天理的追问，众人在吟诵之中不仅将政务之倦怠一扫而光，还获得无限的精神享受和满足。又如在《答胡参

---

① 张栻：《南轩先生文集》卷1《饭杞菊赋》，华东师范大学出版社2010年标点本，第383页。

② 同上书，第3页。

③ 施德操：《北窗炙輠录》，《宋元笔记小说大观》，上海古籍出版社2002年标点本，第3329页。

议启》里，张栻十分期盼这位"胡参议"来访，"从游在即，更歌《伐木》之诗"，①说明在此前，二人曾有过共同"歌诗"的愉悦经历，因此才再约同歌《伐木》诗。《伐木》是《诗·小雅》的篇名，其诗云："伐木丁丁，鸟鸣嘤嘤……嘤其鸣矣，求其友声。"诗以鸟鸣求友起兴，提醒人们要重视人与人之间的感情。至于诗从伐木写起，或许出于人正在伐木之中听见鸟鸣而产生的最初联想，后来人们以《伐木》之诗来表达朋友间的深情厚谊。张栻认为"诵《伐木》之诗，益见和平之处"，即常诵该诗能帮助自己涵养温和醇厚之气，因此他非常喜欢与朋友一起吟诵之。

以文会友的另一重要互动方式是撰写墓志铭。墓志铭是一种以人为记述核心的文类，主要内容是介绍墓主生平，以及墓主生前与他人的往来互动，兼臧否、评价墓主的生命意义和价值，墓志铭在历史研究中具有不可低估的作用。张栻交游圈内高端文人荟萃，他们请托或相互撰写墓志铭，以寄托哀思，表达友情，传播话题。张栻留下的墓志铭虽然不多（文集中有十九篇），但从中也可以深刻感受到他对友人的关照和眷恋。如曾留下《训蒙新书外书》、《戒子通录》等教育名篇的著名学者刘清之（1134—1190 年），是张栻的重要讲友，二人相互慕名，不仅经常有"书辞往来"，且"有讲论之好"。淳熙五年（1178 年），张栻在江陵知府兼荆湖北路安抚使任上，与刘清之共游蒙泉（今荆门市蒙泉），并题诗："奇葩镇作黄金色，倒影深涵秋翠堆"。刘清之亦和《蒙泉行呈张敬夫》诗："更有金莲吐泉底，历历星在银潢中"。正是在这一年四月，刘清之的长兄兼启蒙业师、赣州教授刘靖之因病与世长辞。刘清之伤心不已，曾数次恳请张栻为之作墓志。张栻碍于情面，又素闻其贤，于是执笔郑重写下了《教授刘君墓志铭》。在铭文里，张栻首先肯定了刘靖之的功绩，简要叙述了他为赣州州学的发展所付出的心血，以及五年间为当地士子讲论经史和"先觉师友渊源"的情形。其次，张栻又用较多的笔墨介绍其出身、

---

① 张栻：《南轩先生文集》卷 8《答胡参议启》，华东师范大学出版社 2010 年标点本，第 151 页。

家世，指出刘氏兄弟之所以能"克笃其敬，相勉以道义"，主要因为其"家法不衰"、"忠厚雍睦之风相传"，铭文看似为刘靖之作传，其实通过张栻的宣扬，刘清之的社会声誉也得到很大提升。铭文最后赞曰：

> 世之论者以郡教授为不急之官，以予观之，使得其人，则于其州可以成才而善俗，顾不急哉！赣之学，自绍圣间有贤者曰李朴先之实临其官，今八十有余年矣，而士犹称之不衰，及君，又见称曰："是可继先之也。"岂不贤哉！①

张栻借题发挥，抛出新话题，向朋友和世人强调了以州教授为代表的官学教官的重要性，认为他们不仅不是所谓的"不急之官"，还承担着"成才""善俗"两大重任，而这两项任务正是朝廷治理国家的重中之重。因此学者要摒弃世俗偏见，重视并投身于地方官学教育事业，就像绍圣以来赣州教授李朴先、刘靖之等人所作所为一样。

闲暇之时，张栻还经常呼朋唤友一起到名胜之地一起游赏，这种群体性的出游活动不仅陶冶身心，还有利于扩大其社交范围。最典型的事例莫过于乾道三年（1167年），朱熹与张栻的长沙岳麓之会。岳麓之会不仅是理学史上一次学术饕餮盛宴，还是一次著名的文人雅集活动。朱熹此次远道而来，除与张栻讲经论典外，还早已盘算好与张栻相伴游览湘中名胜。湘中名胜无疑以南岳衡山为首，衡山也就成了朱熹在湖南的收尾之游，"留连既久，取道南山以归，乃始偕为此游"。此次出游，"甲戌至庚辰凡七日，经行上数百里"，出发时只有张栻、朱熹、林用中三人，"己卯，武夷胡寔广仲、范念德伯崇来会"，"赵醇叟，胡广仲、伯逢、季立，甘可大来饯云峰寺，酒五行"，回程至楮洲（今株洲），朱熹等人取道东归，而张栻等人西还长沙，临别之际，"更迭倡酬，倒囊得百四十有九篇"，最后编缀成

---

① 张栻：《南轩先生文集》卷40《教授刘君墓志铭》，华东师范大学出版社2010年标点本，第584页。

《南岳酬唱集》。这次游览一开始只有张栻与朱熹，后来扩展至十余人，众人不仅饱览了衡山的旖旎风光，还交流了学术，增进了友谊，可谓功德圆满。《南岳酬唱集》也成为张栻与朱熹等众多友人的友谊见证，其传扬后世，历久不衰，成为后世学者效仿的范本。

乾道四年（1168 年），好友张孝祥知潭州，张栻闲暇时常常与其相伴游玩。张孝祥（1132—1170 年），芜湖人，绍兴二十四年（1154年）状元及第，为南宋著名爱国词人，历任秘书郎、著作集英殿修撰、中书舍人等职。宋孝宗时，任中书舍人直学士院。1163 年，张浚出兵北伐，被任为建康留守。又为荆南湖北路安抚使，此外还出任过抚州、平江、静江、潭州等地的地方长官，政绩斐然，颇受张栻敬重，张栻曾在《于湖画像赞》中由衷叹曰："是于湖君，英迈伟特。遇事寿然，如箭破的。谈笑翰墨，如风无迹。惟其胸中，无有畛域。故所发施，横达四出。"①一日，张栻与张孝祥路过士大夫陈符家，陈符此时赋闲在潭州城，"卜居城东，茅屋数间，澹如也，移花种竹，山林丘壑之胜，湘州所无"。张栻见其庭院布置得如此精巧雅致、美轮美奂，不禁心驰神摇，流连忘返，甚至有筑室其旁、与之为邻的打算。张栻在《陪舍人兄过陈仲思溪亭有买山卜邻之意》中生动记录了这一逸事：

> 筑居湘水滨，岁月亦已久。
> 宁知负郭东，胜处入君手。
> 回环烟坞深，有此溪十亩。
> 朝暾穿林薄，荷气薰户牖。
> 堂堂吾州牧，下马唤宾友。
> 主人故喜事，一笑具穀薮。
> 汲泉泛崇莲，洗醆倾樽酒。
> …………

① 张栻：《南轩先生文集》卷 36《于湖画像赞》，华东师范大学出版社 2010 年标点本，第 540 页。

买山吾计决，便欲剪榛莽。

居然颛一壑，岂羡印如斗。

未知邻家翁，还肯见容否。①

张栻在长沙定居已久，对当地的名胜可谓了若指掌，但当陈符的宅院及其周围十亩溪水胜地映入眼帘时，张栻震惊不已，既惭愧又颇感幸运，没想到身边竟有如此胜景！张孝祥也和张栻的心情类似，以堂堂知州身份，也立刻下马游赏，并折节与主人交往。陈符见到两位当世名流，自然欣喜若狂，殷勤款待，大家一见如故，并结为好友。席间张栻表达了欲与陈符为邻的想法，并征求陈符的意见，张栻这种童心未泯的忘情之举，读来让人不觉莞尔。

在与陈符相识后，张栻经常前来欣赏美景，有时还约请各地名士一同前来，总能得到陈符的热情接待。马廷鸾在《题张宣公题名帖》里记载：

乾道己丑日，广汉张敬夫、定叟约其友崇安吴伯立、湘阴孙师尹、庐山雷亨仲，自城东门寻梅行数里，遇番阳钟彦昭，酒三行，相与乐甚，薄步至陈仲思草堂，小雨初霁，烟云澹然，南枝虽未折，已觉春意满眼矣。外甥甘可大偕行。②

定叟，即张栻弟张构；吴伯立，即吴直，吴铨弟，福建崇安人，侨居长沙；孙师尹，湘阴学者；雷亨仲、钟彦昭则是江西士人；甘可大，张栻外甥。这次张栻一行七人按约定从四方赶来，又到陈符家做客，此刻正值初春，小雨初停，四周烟云环绕，宛若仙境。此情此景，张栻顿觉心旷神怡，满眼皆春，身心获得了极大的愉悦。

淳熙五年（1178 年）是张栻政治生涯的高峰时期，是年由于其

---

① 张栻：《南轩先生文集》卷 36《于湖画像赞》，华东师范大学出版社 2010 年标点本，第 18 页。

② 马廷鸾：《碧梧玩芳集》卷 15，《宋集珍本丛刊》，线装书局 2004 年版，第 211 页。

治理静江政绩卓然，被朝廷擢升为荆湖北路转运副使，改知江陵府。在北归湖湘之际，张栻意气风发，携周伯寿、吕永年、吴猎等好友及门生故吏十余人畅游静江冷水崖，"以致其欲去之意"。① 他们一起逗留三日，看尽"水东诸崖"才依依惜别。既可以饱览名胜，又能愉悦身心、巩固友谊，因此张栻对游赏这种休闲方式十分青睐。

值得注意的是，张栻在与四方友人的交游中，养成了嗜酒的陋习，这对他的身心产生了很大的负面影响。在宋代士大夫日常交游活动中，宴饮唱和是不可或缺的一环，因此，张栻在同友人相接的过程中，因长期饮酒过度而造成身体素质的下降，这也是造成其英年早逝的一个重要原因。张栻在《张安国约同赋仇氏赣瓮酒》中淋漓尽致地表达了自己嗜酒的情况：

人间炎热不可耐，君家瓮头春未央。
想当醉倒卧永日，梦绕清淮归故乡。
后生那得识此酒，从君乞方还肯否。
徽州作赋为欷歔，荆州诗来端起予。②

炎炎夏日，张栻却感觉温润如春，因为他可以畅饮一直钟情的仇氏自酿美酒。他想象着自己一醉方休、梦回故乡的美好场景，并准备向仇氏请教酿酒之方，可以想见他对仇氏美酒的迷恋程度。乾道三年（1167 年），张栻与朱熹、林用中同游衡山，中间歇息时，"三人饭道旁草舍，人酌一巨杯。上马行三十余里，投宿草衣岩"。③ 小憩不忘饮一巨杯美酒，并如常人般策马游玩，可见张栻酒瘾之大，酒量之巨。由于长期过度饮酒造成的身体不适，张栻曾不止一次向朱熹说明雅集宴饮对自己身体造成的严重伤害，以及自己戒酒的决心，在《答

---

① 曾枣庄、刘琳：《全宋文》（第 255 册），上海辞书出版社 2006 年版，第 422 页。
② 张栻：《南轩先生文集》卷 1《张安国约同赋仇氏赣瓮酒》，华东师范大学出版社 2010 年标点本，第 7 页。
③ 同上书，第 241 页。

朱元晦·一九》里，张栻说："自甲午病后，虽痛节饮，但向来有酒积在腹间，才饮一两杯，便觉隐隐地，遂禁绝不复饮，盖亦效贤者之决也，以此益觉精力胜前耳。"①"向来有酒积在腹间"说明了张栻经常过量饮酒，结果导致肚腹常常隐隐作痛，因此他决定效仿圣贤彻底戒酒，可见其嗜酒程度之深，为戒酒甚至拿圣贤作榜样。在《答朱元晦秘书·二　》中，他又说："某今夏止酒，又戒生冷，意思颇觉胜常年，一味善噉饭耳。"② 在这里，张栻对自己以往贪杯、吃生冷食物的恶习幡然醒悟，欣喜于自己饭量的增长，体会到戒酒的诸多益处，因此特意向朱熹诉说此刻的美好感受。

二　信柬往来

张栻经常主动关心、慰问朋友，即使不能经常见面，也会以书信等方式保持紧密联系，以稳固友谊。他在《答朱元晦·一八》中询问朱熹曰：

> 石子重、陈仲明、魏应仲三书烦为自使转达。林择之久不闻问，今何如？近复有何人相从，长远者谁？诚实肯作工夫耐久者，极难得也。郑自明直言，亦不易容受，其直固是可喜事，但未见用其言，而自明两迁矣，在言者亦更需审顾也。赵若海固为才健，但近来出按诸郡，拘缴钱物，殊有过当处。③

张栻在回信中烦请朱熹转达给石子重、陈仲明、魏应仲三封亲笔信柬，并追问林择之、郑自明、赵若海等人的近况，这六人中有曾跟随自己游学的学者，有讲学的讲友，还有共事过的僚友。他还向朱熹简要介绍了郑自明、赵若海二人的优缺点，尤其是赵若海在施政方面的

---

① 张栻：《南轩先生文集》卷1《张安国约同赋仇氏赣瓮酒》，华东师范大学出版社2010年标点本，第357页。

② 同上书，第330页。

③ 张栻：《南轩先生文集》卷23《答朱元晦·一八》，华东师范大学出版社2010年标点本，第356页。

不足之处，提醒朱熹有机会要劝诫他们。在《答朱元晦秘书·一三》里，张栻提及朋友"子飞"曰："子飞家事闻之伤心，其子之丧，恐亦宜早归土也。"①"子飞"即宋翔，崇安人，绍兴年间进士，受知张浚，为浚十客之一，官至湖南帅司参议，著有《梅谷集》，张栻少年时期就经常与之唱和，并视为师友。宋翔遭遇丧子之痛，张栻表达出无限同情和哀悼之意，希望其早日走出阴影，及早将儿子安葬。吴晦叔是张栻的同门师兄，也是湖湘学派的重要成员，二人经常有学术交流，张栻对其极为重视，是张栻湘中主要讲友之一。他曾在一封信中感激师兄在学问等方面给予自己的帮助："得来诲，极有助，当深加窒治焉，欣感欣感！以此益思相聚之乐未间。凡有所传闻，无论虚实细大，幸一一见告，非吾晦叔而谁望也？幸甚！"②从中可以看出，吴晦叔无论在学术还是在日常生活方面，都对张栻助益匪浅。但吴晦叔却英年早逝，张栻为此心情沉痛，伤怀不已："吴晦叔八月间遂不起，极可伤惜。湘中遂失此讲学之友，岂复可得！近闻已葬矣。有子方数岁也，想亦为动怀。"③讲友不幸离去，孩子仍在襁褓之中，张栻一想起就忍不住潸然泪下。

对其他领域和派别的讲友，张栻也总能抛弃成见，毫不芥蒂学术争鸣中的激烈辩论，而是视其为诤友，在日常交往中处处给予关心。如他在《答朱元晦·一二》里向朱熹询问："陆子寿兄弟怎样？肯相听否？子澄长进否？择之亦久不闻问矣。无咎昨寄《祭仪》及《吕氏乡约》来，甚有益于风教。"④陆子寿兄弟（陆九龄、陆九渊）、刘子澄（刘清之）、林择之（曾随朱熹前来岳麓参加会讲，与张栻同登衡岳，多有唱和）、韩无咎（韩元吉，著名词人）等都是曾前来岳麓、城南书院与张栻相与讲论的著名学者，他们与朱熹、张栻的交往均十分密切，因此张栻才向朱熹询问他们的近况，对他们生活、学问

---

① 张栻：《南轩先生文集》卷23《答朱元晦·一八》，华东师范大学出版社2010年标点本，第325页。

② 同上书，第435页。

③ 同上书，第331页。

④ 同上书，第350页。

都一一询问。

在给友人的赠别诗中，张栻往往反复叮咛要经常书信往来，如他在《湖南参议宋与道奉祠归崇安里中赋此以别》中言："他时有新得，为寄冥飞鸿。"又在《游诚之来广西相从几一年今当赴官九江极与之惜别两诗饯行》（其一）写道："怅然成阔别，音寄莫相忘。"在《送李崧老归闽二首》（其二）里，他又嘱咐李崧老："归来有新益，不惜几行书。"

有时候新到某地，张栻也会将当地的土特产寄给朋友们分享和品尝，用这种方式来维系友谊，舒缓胸中念友之忧郁。他在《与某书》中提到："栻叩首再拜：斋醮及宝峰新笋见寄，得以备荐奉，愧感愧感！建茶廿片，辄驰浼，幸检留。栻叩首再拜。"① 从连续用"叩首再拜"来看，张栻对这位朋友是相当尊重的，可能在某些方面对张栻有过重要帮助。张栻给这位友人寄了当地的笋、茶叶等特产，礼品看似不多，但其中蕴含了深厚的情谊和良苦用心。

三 聚散两依

张栻渴望与良朋益友长期欢聚一堂，但现实中却常怀离别之忧。张栻少小离乡，一生过着颠沛流离、漂泊不定的生活。绍兴二十六年（1156 年），因祖母去世，张栻随父护灵柩归葬于蜀，此外再无关于张栻回乡的记载。因此张栻的一生就在随侍父亲辗转、往来讲学、宦游各地中度过，这种频繁的迁居，让张栻经常面临与朋友离别的尴尬与无奈。张栻择友的标准十分严格，他爱憎分明，坚守"道不同不相与谋"的原则，对那些趋炎附势、蝇营狗苟的利禄之辈深恶痛绝："张南轩待小人甚严，为都司日，肩舆出遇曾觌，觌举手欲揖，南轩急掩其窗棂，觌惭，手不能下。"② 曾觌为孝宗近侍宠臣，靠取悦孝宗而被重用，与龙大渊、张说、宦官梁珂等人"相与盘结"，祸乱朝纲，"士大夫无耻者争附之"，张栻对其厌恶之极，因此一见到他就

---

① 曾枣庄、刘琳：《全宋文》（第 255 册），上海辞书出版社 2006 年版，第 189 页。

② 丁传靖：《宋人轶事汇编》，中华书局 2003 年版，第 780 页。

"急掩窗棂"，全然不顾曾觌是否尴尬羞愤，表明自己羞于与其为伍的立场。淳熙五年（1178 年），张栻知江陵，赴任途中曾发生一则逸事：

> 　　张宣公（按栻谥宣）帅江陵，道经澧。士子十数辈，执文书郊迎。公喜见须眉，就马上长揖，索其文观之，乃举郡守政绩。公掷其文于地曰："诸公之来，某意谓相与讲切义理之是非，启告闾阎之利病。今乃不然，是特被十只冷馒头使耳。"跃马径去。①

　　这些士子受澧州郡守指使，为"十只冷馒头"而折腰，纷纷为郡守歌功颂德，毫无士人节操。张栻原本以为他们是为切磋学问、反映当地民生利病而来的，但观其文书后颇为失望，十分瞧不起这帮趋炎附势的读书人，因此知其来意后立即扔掉文书，策马扬长而去。

　　鉴于张栻择友之严，可以想见其交游圈中大多都是与其志趣相投、肝胆相照者。与志同道合者不能长期盘桓，对张栻来说是一种挥之不去的痛憾，它也给张栻增添了诸多烦恼和伤感，这一点在他的文集中多有不经意间的流露。如他在《答朱元晦·三九》里曾向朱熹诉说衷肠："梁仁伯主簿偕来者，日夕得暇即讲论，近颇长进，偶以其祖母病复归，殊觉落寞。"② 学者梁仁伯带领门生弟子前来讲论，二人相谈甚欢，但梁仁伯因祖母病重而突然离开，张栻顿感失魂落魄，一句"殊觉落寞"让人叹息。在《寄吕伯恭》里，张栻叹曰："良朋在远，每诵一日不可无俟无可之言，未尝不引领东望也。"③ 对"良朋"吕祖谦是如此的思念，以至于每日"引领东望"，这种真情流露怎能不让吕祖谦感动！对讲友乔德瞻的惦念也是如此。他说：

---

　　① 丁传靖：《宋人轶事汇编》，中华书局 2003 年版，第 780 页。
　　② 张栻：《南轩先生文集》卷 24《答朱元晦·三九》，华东师范大学出版社 2010 年标点本，第 373 页。
　　③ 同上书，第 377 页。

"栻许时幸款晤，霄川之别，良用怅然。从者遂还金华否？栻留此已几半月，舍馆宽凉，可以观书，但恨友朋之远耳。……今日得雨，再数日可以西去矣。"[①] 从这段叙述可知，张栻与乔德瞻曾在霄川小聚过，并有再次约定。但世事无常，讲友一去不回，张栻在约定之地苦等半月，偌大的馆舍只有自己茕茕孑立，形影相吊，每天只能以观书来消磨时间。他在信中暗示乔德瞻，如果这几天再无讯息，他就会向西而去。这种等待、煎熬、"恨友朋之远"的焦灼心情跃然纸上。在《送杨廷秀》和《再和》两首诗中，张栻把与朋友的离别之意演绎得淋漓尽致，首先分析《送杨廷秀》：

> 自吾友若人，叹息恨不早。
>
> 相逢未出语，已足慰怀抱。
>
> 寒窗逾浃旬，百虑略倾倒。
>
> 霜晴不留客，别语讵能好。
>
> 不尽此时情，梅边试深讨。[②]

杨廷秀曾为零陵令，绍兴二十九年（1159 年），张栻随父张浚谪居永州时邂逅，遂为至交，后张栻将其推荐给父亲。从诗的前四句可知，杨廷秀和张栻刚刚相识，但相见恨晚。五六句写二人寒窗之下抵足而谈的情景。"浃旬"谓十天，此处为概指。七八句写诗人和朋友依依惜别，可谓人欲留客，而天不留客。最后两句是二人再定相会之期。需指出的是，张栻将相会的地点定在"梅边"，这有着特别意味。"梅"在张栻的诗中往往和高洁孤清的人格联系在一起，由此可见，在张栻眼中，杨廷秀是一位追慕孔颜、绝世出尘的彬彬君子。

从《再和》中，我们同样能深切体味到张栻离友索居的孤寂忧伤：

---

① 曾枣庄、刘琳：《全宋文》（第 255 册），上海辞书出版社 2006 年版，第 187 页。

② 张栻：《南轩先生文集》卷 1《送杨廷秀》，华东师范大学出版社 2010 年标点本，第 10 页。

闭门谢客少过从，独倚修篁傲碧空。

忽喜千条发琼叶，纷如万鹤出樊笼。

与君前日徘徊久，得句悬知惨淡中。

胸次本无愁可着，何为苦要酒兵攻？①

　　这是与友人吴铨的唱和之作。前四句写独处时的情思和境况。"千条发琼蕊"指荼蘼花盛开。所和前诗有题序："小园荼蘼盛开，伯承以诗见督，置酒于此，为增不敏之叹。"五六句忆二人前日聚会赋诗的情形。后两句则点出此时此刻的纷乱心绪，尽管强自舒展心中块垒，但毕竟孤寂无处安放，只能借酒浇愁。

　　朋友的离去为张栻陡添伤感，朋友的到来自然也会让他欣喜不已，如他在《喜广仲伯逢来会》中抑制不住内心的激动：

二阮向来俱莫逆，支筇为我到山巅。

浊醪共饮聊复尔，胜集于今亦偶然。

人立千峰秋色里，月生沧海暮云边。

高谈此地曾知几，一笑归来对榻眠。②

　　广仲，名胡寔，是胡安国二弟胡安止之子，也就是张栻业师胡宏的堂兄弟。伯逢，名胡大原，胡宏之兄胡寅的长子，有《伯逢问答》。二人不仅是张栻的世交，而且和张栻都是湖湘学派的中流砥柱。诗的前四句写和胡氏兄弟欢聚山巅，共饮"浊醪"的欢乐场景。二阮，指晋代的阮籍和其侄阮咸。二阮俱为竹林七贤中的著名人物，唐代诗人皎然在《送德守二叔侄上人还国清寺觐师》诗中曰："道贤齐二阮，俱向竹林归"。明代诗人何景明在《为陇州李举人寿其伯尚书公》中写道："竹林仲子追随地，二阮风流尚可攀"。这里将胡氏兄

---

　　① 张栻：《南轩先生文集》卷1《送杨廷秀》，华东师范大学出版社2010年标点本，第64页。

　　② 同上书，第55页。

弟与"二阮"相提并论，是赞誉他们学行优异，足以光耀胡氏门庭。三四句写山巅所见之景，境界开阔，气格豪迈，可谓神来之笔。最后两句写和二胡兴尽而归，对榻而眠。整首诗明快健爽，欢喜之情由衷而发。

与曾裘父的相识和重逢也给张栻带来了莫大的惊喜。曾裘父即曾季狸（生卒年不详），号艇斋，江西临川人，祖籍江西南丰。文定公（曾巩）四弟曾宰之曾孙（其父曾晦之，字仲恭）。尝举进士不第，遂终身不仕。师事韩驹、吕本中、徐俯，又与朱熹、张栻、陆游等当世名流频繁书问往复，曾被张孝祥、刘珙推荐于朝，但拒不出仕。为著名民间学者，有声孝宗乾道、淳熙间，张栻一见为之心折：

> 予闻南丰曾裘父之名久矣，所谓直谅多闻，古之益友欤！今年秋始见之于长沙，则非特如前闻，抑有过焉。盖将潜心夫大学之源，其所至未易度量也。予念世衰，共学者鲜，天资秀美之士为它歧所陷溺而不反，及见吾裘父立志之远且大也，愿交之心岂不慰哉！然会面未久，而裘父归。于予心拳拳有不能已者，虽欲无言，得乎？①

张栻久闻曾裘父之名声，在长沙初次会面后，发现其学识比传闻更博大精深，因此喜出望外，很欣慰能结交当世这样一位"直谅多闻，古之益友"式的人物。但相聚未久，曾裘父因故离去，张栻惆怅不已，千言万语竟不知从何说起！他在送别时深情写道：

> 交旧间何阔，能来浃日留。
> 还寻佳橘颂，惜别仲宣楼。
> 探古书盈屋，忧时雪满头。

---

① 张栻：《南轩先生文集》15《送曾裘父序》，华东师范大学出版社 2010 年标点本，第 246 页。

> 绝思黄阁老，招隐意绸缪。①

（枢密刘公尝欲以遗逸举裘父。）

从这首送别诗中可知，二人在长沙相聚十日左右，其间同游名胜，共登"仲宣楼"，在书房探讨经典之奥义，可谓相得甚欢。一句"忧时雪满头"再次点出张栻对离别的遗憾和忧伤。

在张栻的交游圈里，最重要也最著名的莫过于朱熹了。隆兴元年（1163 年），张栻和朱熹首次见面。朱熹回忆二人相见的情形，"上初召魏公，先召南轩来。某亦赴召至行在，语南轩云：汤（汤思退）进之不去，事不可为"。隆兴二年（1164 年），张浚去世，张栻护丧归葬潭州至南昌时，朱熹登舟哭之。朱熹回忆二人的第二次会面，"自豫章送至丰城，舟中与钦夫得三日之款。其名质甚敏，学问甚正"。此后二人经常书信往答，讨论义理和时政，相得益彰。乾道三年（1167 年），朱熹专程到长沙与张栻会面，逗留两月之久，并联袂登临南岳衡山，吟咏出一百四十九首唱和诗，删定为《南岳酬唱集》。然而这次分开以后，朱熹与张栻再也没有见面，其余时间均是以书信形式进行交流。也就是说，自从朱熹于乾道三年赴长沙造访张栻后，二人生前再未相见过。因此，在此后的时光里，张栻对朱熹的思念屡屡见诸笔端，如《上封有怀元晦》：

> 忆共朱夫子，登临冰雪中。
> 剧谈无俗调，得句有新功。
> 别去雁横浦，重来月满空。
> 遥怜今夕意，清梦傥相同？②

---

① 张栻：《南轩先生文集》卷 15《送曾裘父序》，华东师范大学出版社 2010 年标点本，第 90 页。

② 张栻：《南轩先生文集》卷 4《上封有怀元晦》，华东师范大学出版社 2010 年标点本，第 67 页。

再如《和元晦择之有诗见怀》：

> 作别又如许，何当置我旁。
> 卷舒书在手，展转月侵床。
> 合志师千载，相思谩一方。
> 临风三叹息，此意渺难量。①

所引第一首诗作于南岳倡酬之后张栻旧地重游时。诗中回忆了前番盛会。"重来月满空"说明此次登临是在明月当空的夜晚。于是张栻不禁想到，朱熹是否也在梦中怀念前次的雅集呢？第二首是重阅南岳倡酬诗篇时所作。"合志师千载，相思谩一方"十分贴切地勾勒出朱张二人的情谊。此类诗歌还有许多，如《自乌石渡湘思去岁与朱元晦林择之偕行讲论之乐赋此》："朝来一舸渡湘水，山色横秋真可怜。忽忆去年聊骑客，沙边搔首意茫然。"《城南即事（其四）》："月榭当湖景最奇，故人千里寄新题。背栏看字成相忆，何日能来步柳堤。"（此诗作者自注："元晦新寄月榭题榜。"）等等。

可以说，和朱熹曾共同盘桓过的地方，常常诱发出张栻对挚友的思念之情，而那些诉诸笔端的情思无不情真意切、感人至深。表现宦游生活的寂寞孤独和对亲情友情的珍爱，是张栻情感世界的一大特点，此二者相为表里，共同激发着张栻的创作欲望和灵感。在张栻的文集中，表现张栻境遇心态的诗词文章占有相当的比例，尤其在其诗歌里俯拾皆是，字里行间往往真情贯注，较少义理的言说，这一切让我们仿佛看到了一个忠信诚恳、重情重义、血肉丰满的张栻。

四　坦诚相见

张栻一生刚正不阿，胸襟坦荡。他在朝敢于犯颜直谏，严守君子、小人界限；与朋友相交则一片赤诚，对朋友的高风亮节不吝赞

---

① 张栻：《南轩先生文集》卷4《和元晦择之有诗见怀》，华东师范大学出版社 2010年标点本，第 91 页。

誉，而对其言行不当之处则毫无隐晦地和盘托出。在张栻眼中，四方友人是其事业和人生的重要奥援，而在其友人看来，张栻更是一位可亲可敬、可钦可佩的严师诤友。如他在《寄刘共甫枢密·三》中说：

> 湘民望枢密之至，不减赤子之于慈父，使人咨嗟叹仰。然某之愚，有敢为先事之献者，辄以布之。某观近世再临旧镇者，声望率减于前。或曰上下玩习之故，某以为无是理，殆由在我者有忽之之心耳。前者既已得誉，及其复来，将曰此易治耳，是心一萌，则敬肆分，宜乎美恶之不同也。而况枢密今兹之来，势位益尊，声名益重，则下民之情将有不敢以自尽者，隔绝壅塞之患，此亦不可以不虑也。①

这是乾道八年（1172年）刘珙再知潭州时，张栻在欢欣鼓舞之际提醒挚友的一段肺腑之言。他高度肯定了刘珙以往的功绩，认为刘珙的到来无疑是潭州百姓的福祉。但张栻根据自身的观察和体会，仍告诫刘珙一定要避免通常再官誉减之病，不要仅凭以往的治理经验就觉得此地"易治"，应继续敬以临民治事，杜忽易之心。

周必大（1126—1204年）为南宋名相，隆兴年间始与张栻相识，此后二人交往渐多，不仅在生活上互相关心问候，还频繁通过书信交流学术问题。尽管私交甚笃，但两人在学术观点上则和而不同，各持己见。周必大多次表达出对道学及道学之士的质疑，并表示不敢苟同熙宁以后某些理学观点。他在给张栻的信中极力推崇嘉祐以前的儒学传统，如范仲淹、李觏、欧阳修、苏轼、王安石等人的儒学主张，但朱熹和张栻在与周必大的信柬往来中，始终以维护南宋理学正统为己任，批评王安石的儒学为"虚无害实"之学，伊洛之学正是用来消除这些弊端的，双方针锋相对，互不相让。张栻站在正统理学的立场上，直言周必大认识上的误区和偏见，试图让这一位高权重之友重新审视理学的重要意义，以扩大理学的影响。如张栻在《寄周子充尚

---

① 曾枣庄、刘琳：《全宋文》（第255册），上海辞书出版社2006年版，第41页。

书·三》中曰：

> 垂谕子澄所疑，且云禅初不知其得失，不欲随众诋之。伊川未窥其间闾奥，不敢以言语称道，足见君子所存之忠信也。第以某愚见，所谓不知其得失者，要当穷究其得失果何如；未窥其闾奥者，当穷究其闾奥果何如。讲论问辩，深思熟虑，必使其是非浅深了然于胸次，此乃致知之要，入德之方，岂可含胡闪避而已也。①

这是二人就"知行"问题上的一次论辩。张栻从"禅"这一问题切入，指出程颐自认为对佛学认识不足，因此不敢妄加评价，这是君子的一种"忠信"行为。他以此提醒周必大，在知行问题上也是如此，要在辩论明晰、深思熟虑、了然于胸之后才可以下结论，此乃致知之要，入德之方，绝不能含糊。

张栻在规谏朋友之时，无论大小之事，都会抱着真诚与合作的态度，辞气温厚，立场明确，知无不言，言无不尽，不敢有秋毫之隐。即使面对有直接利害冲突的僚友，张栻也坦坦荡荡，毫无保留。如他新到某地任职之时，"新漕凡事却似肯商量，不敢不推诚，更看如何。"② 张栻以真诚打消下属疑虑，使他们敢于推心置腹地与自己商量如何施政于民，既加强了同僚之间的团结，还提高了行政效率。又如莆阳尉方耕道"天资耿介，临事不苟，问于其所部，则翕然称其清，未尝扰民也"，在任上乐施教化，深得张栻欣赏。方耕道久慕张栻英名，向张栻执弟子礼，从其讲论问辩。张栻指出其从政与学问之偏，以自身经历为例，从治学到为政，谆谆教导方耕道，要求其"深察其所偏，致知力行，勉自矫焉"。③ 这种僚友兼师徒的情谊是建立

---

① 张栻：《南轩先生文集》卷19《寄周子充尚书·三》，华东师范大学出版社2010年标点本，第48页。

② 同上书，第434页。

③ 同上书，第247页。

在双方长期坦诚相见基础之上的。

朱熹称："公（张栻）之教人，必使之先有以察乎义理之间，而后明理居敬，以造其极。其剖析开明，倾倒切至，必竭两端而后已。"① 杨万里则认为："栻为人坦荡明白，表里洞然。诣理精，信道笃。乐于闻过，勇于从义，奋厉明决，毫无发滞吝意。故其德日新，业日广，而所以见于论说行事之间者，上下信之，至于如此。"② 张栻之所以在与朋友交往时能做到"坦荡明白，表里洞然"，与他守道笃又重躬履密切相关。儒学讲究朋友规谏之义、学问切磋之益，但学者能行之者和能受之者寡，而张栻则始终能以身率之，其在《答吕太博启》有云："所忻有过之必闻，庶或临民之寡悔。"③ 在《答湖守薛士龙寺正》亦云："报问之始，亦不欲只以寒暄语，唯穷理戒成心之萌，临事防己意之加，充茂德业，以慰士望。伏纸拳拳。"④ 朋友交往不仅仅是寒暄应酬，而是互相督促改过，进德修业。张栻待友之诚，督友之严，堪称一片冰心在玉壶。

第二节　念亲恤族

张栻少小离乡，一生漂泊在外。据《张宣公年谱》记载，宋高宗绍兴二十六年（1156 年），张栻祖母去世，他随父护丧归葬于蜀，此外再无关于其重返桑梓的记载。长期的颠沛流离，一方面使张栻常常与孤独寂寞为伴，另一方面也使他倍加渴望亲情的温暖。因此，对家庭和家族成员的眷恋始终是张栻心中挥之不去的一个情结，它也使张栻在传道济民、为国为民操劳一生的同时，心灵在某种程度上得到安

---

① 张栻：《南轩先生文集》卷19《寄周子充尚书·三》，华东师范大学出版社2010 年标点本，第651 页。

② 《杨万里集笺校》卷115《张左司传》，中华书局2007 年标点本，第4434 页。

③ 张栻：《南轩先生文集》卷8《答吕太博启》，华东师范大学出版社2010 年标点本，第153 页。

④ 张栻：《南轩先生文集》卷19《答湖守薛士龙寺正》，华东师范大学出版社2010 年标点本，第302 页。

放和寄托。这种用亲情精心构筑出的精神家园，是张栻事业成功的动力和不竭源泉，也是其践行儒家忠孝伦理观念的必然结果。

一　父子情深

张栻一生最为敬重和挚爱的是父亲张浚。他自幼就侍随父亲身边，被耳提面命，父亲渊博的学识、宽阔的胸襟、高远的志向、卓越的军政才能以及一生忧国忧民的伟岸形象，对张栻的成长产生了深刻影响。乾道五年（1169 年），张浚已逝世六年，张栻弟张构远赴桂林为官，张栻在为弟弟所作送别诗《平时兄弟间十三章章四句送定叟弟之官桂林》中饱含深情地回忆起父亲对自己的庭训之恩：

> 呜呼忠献公，典则垂后裔。遗言故在耳，夕惕当自厉。何以嗣先烈，匪论达与穷。永惟正大体，不远日用中。履度如履冰，犹恐有不及。毫厘倘不念，放去如决拾。事业无欲速，燕逸不可求。速成适多害，求逸翻百忧。南山有佳木，柯叶正敷荣。愿图岁晚功，大用宁小成。岁晚岂不念，风雨漂摇之。但当护本根，纷纭尔何为。①

父亲已过世多年，但对张栻来说，父亲的音容笑貌、举手投足仍时时浮现眼前，他朝夕告诫自己勿忘先父遗志，并以此自励。诗中一方面表达了张栻对父亲深切的怀念之情，另一方面也体现出对父亲生前教诲铭记之深。他还在《湘中馆饯定叟弟分韵得位字》中用"吾家德义尊，此岂在名位"诗句来表达对父亲的无限景仰以及对家学的继承之志。

张栻在给朋友的信中也多次情不自禁地提及他对张浚的敬重与感恩之情。如他在给吴晦叔的信中说："某比来展省先茔，昨晓至止，

---

① 张栻：《南轩先生文集》卷 2《平时兄弟间十三章章四句送定叟弟之官桂林》，华东师范大学出版社 2010 年标点本，第 34 页。

松楸日茂，永慕之感，惟以涕零耳。"① 张栻定期专程来到父亲坟前祭拜，他哀伤徘徊于坟茔周围枝繁叶茂的松楸林中，追忆父亲当年的言传身教，不知不觉泪流满面。此处虽寥寥数语，却传神地表达出张栻对父亲的无限思念以及父子之间长期积淀出的深沉情感。在《题先忠献公清音堂诗后》一文，张栻记述了与父亲一起赴清音堂游赏的情形：

> 先公书此诗，去易箦两旬。先是，一日游清音堂，步上山顶，下煮泉亭瀹茗，命道士鼓琴，复步下石蹬，略无倦意。笑顾某曰："尔辈喜吾强健，不知吾大命且不远矣。"次年重九日，泣血追记。②

在父亲去世的前一年（乾道元年，即1163年），张栻伴父同游道教名胜——清音堂，看到年迈的父亲在山路上仍健步如飞的情形，张栻内心十分欣慰。张浚小憩之时品茶闻乐，气定神闲，并和儿子玩笑说自己大限将至，没想到一语成谶，次年张浚即溘然长逝。可以看出，张栻为父亲这首诗题词的时候，尽量压抑自己情绪，用平和的语气娓娓道来，但在文末他再也控制不住自己的情绪，一句"泣血追记"，好似洪水决堤，突然将情感全部迸发，把自己的懊悔、思念、悲痛、缅怀等情绪淋漓尽致地展现出来。

关于张浚对张栻在德业、忠孝爱国、人格品质等方面的教诲和影响，相关章节已有详尽论述，故此处不再赘述。总之，对张栻来说，父爱如山，父亲就像一盏明灯，一直烛照和激励着自己不断前行。正像张栻在《送犹子焕柄序》中所表白的那样：

---

① 张栻：《南轩先生文集》卷19《答湖守薛士龙寺正》，华东师范大学出版社2010年标点本，第433页。

② 张栻：《南轩先生文集》卷34《题先忠献公清音堂诗后》，华东师范大学出版社2010年标点本，第510页。

予家起寒素，豫公、雍公以儒学显。至于我魏公逢时之难，身任天下之重，德业光显。予兄弟藐然，惟惧荒坠不克承，抑望于我宗共勉励，以羽以翼，以无替我家二百年之轨范。上焉亲师求仁，发明天地之全，古人之大体，居则讲业传道，出则继我魏公之业；次焉尤当服孝悌忠信之训，饬身谨行，无为门户羞。……念祖先积累之艰勤，而朝夕悚惕，毋放于欲，毋狃于逸，毋交非朋，毋从事于奢靡。①

张栻以儒学世家自勉，尤其是父亲——魏国公张浚在世时，将家族门庭发扬光大到极致，他以天下为己任，拯救国家和黎民于水火之中，最终成就一代伟业。张栻克承父志，牢记庭训，拜师求仁，积极践行儒家孝悌忠信之道。居则讲道，出则济民，朝夕悚惕，诚惶诚恐，以羽翼门户两百余年之斯文。事实证明，张栻并未辜负父亲的期望，他和弟弟张构后来分别以学术和政绩闻名于世，足以告慰父亲的在天之灵。

二 手足情谊

北宋时期苏轼、苏辙兄弟间的手足之情，被视为文学发展史上的一段佳话。而张栻、张构兄弟之间的情谊之深，丝毫不逊苏氏昆仲。张构（1140—1198 年），号定叟，南宋名臣，曾知袁州、严州、衢州、苏州、湖州、镇江、临安府、建康府、襄阳府、隆兴府，历任集英殿修撰、焕章阁学士、徽猷阁学士、宝文阁学士、龙图阁学士、江西安抚使等职，长期被朝廷委以重任。张构具备优秀的政治才能，并秉承家风，为官清廉刚正，在政治上的建树甚至超过哥哥张栻，故《宋史》评价曰："构天分高爽，吏材敏给，遇事不凝滞，多随宜变通，所至以治辨称。南渡以来，论尹京者，以构为首。"② 被正史誉

---

① 张栻：《南轩先生文集》卷 34《题先忠献公清音堂诗后》，华东师范大学出版社 2010 年标点本，第 251 页。

② 《宋史》卷 361《张构传》，中华书局 1977 年标点本，第 11313 页。

为南宋尹京者第一人，其政绩可见一斑。和兄长张栻一样，张构一直
辗转四处为官，很少有闲暇时光，因此兄弟二人聚少离多，只能用书
信、诗歌等方式表达思念之情。如张栻在《与吴晦叔·八》里，深
情表达了对弟弟张构的真挚情感：

> 某比来展省先茔，昨晓至止，松楸日茂，永慕之感，惟以涕
> 零耳。本意欲毕事往山前与亲旧相见，适舍弟严陵之阙成见任，
> 初与刘枢共劝渠对换此间或近地一阙，而其意坚欲往，已索迓
> 兵。念兄弟相别在即，且欲相聚，不欲久出，故复不果，又恐重
> 厪晦叔，不敢屈来此。相望一山，徒极怅然，后早即还辕矣。①

张栻对弟弟赴任严陵是持反对态度的，主要原因是路途遥远，兄
弟再聚不易。他曾和刘珙一起劝张构和他人调换任地，就近任职，无
奈张构去意已决，只好作罢。为临别一叙，张栻不得不放弃与吴晦叔
等亲旧相见的机会，可见张栻对张构的浓浓亲情。

张构施政的重要理念是以教化为先，每到一处，都将兴学设教作
为施政的基点，这一点和张栻完全一致，张栻对此颇感欣慰。如淳熙
五年（1178 年）八月，张栻路过宜春，袁州教授李中与部分袁州士
人联名恳请张栻为州学撰写学记：

> 淳熙五年秋八月，某来宜春，州学教授与州之士合辞来言：
> "宜春之学，自皇祐中太守祖无择实始为之，今百有二十五年矣。
> 中更兵革，废而复兴，惟是庳陋弗克称，至于今。守乃慨然按寻
> 旧规，首辟讲肄之堂，立稽古阁于堂上，生师之舍皆撤而一新
> 之。将告成，而君侯始来，敢请记以昭多士。"某谢不敏，则请
> 益坚。……于是书以为记。今守名构，实某之弟也。②

---

① 张栻：《南轩先生文集》卷 28《与吴晦叔·八》，华东师范大学出版社 2010 年标点
本，第 433 页。

② 同上书，第 158 页。

张栻此次路过袁州地界，获知弟弟——袁州太守张杓将州学校舍修葺一新，用来改善学中师生的窘境，于是欣然写下了教育名篇《袁州学记》，以示褒奖。尽管张栻在学记中刻意淡化张杓的作用，但文末"今守名杓，实某之弟也"一句，仍能感受到张栻对弟弟的欣赏与自豪。当然，除重视教育外，兄弟二人在学术观点、处世之道、施政方略、人生志向等许多方面都有相似之处，这也是他们除血缘关系外，关系能长期保持亲密无间的深层次原因。

在张栻现存的五百余首诗歌里，与张杓直接相关的先后有《湘中馆饯定叟弟分韵得位字》、《别离情所钟十二章章四句送定叟弟之官严陵》、《平时兄弟间十三章章句送定叟弟之官桂林》、《定叟弟生朝遣诗为寿》、《寿定叟弟》、《喜闻定叟弟归》、《闻定叟弟已近适迫祀事未能出先遣侄辈王迎书此问询》、《和定叟送行韵》、《定叟弟生辰》、《定叟弟频寄黄蘗仰山新芽尝口占小诗适灾患亡聊久不得遣寄今日方能写此》等，计有二十四首之多，主要分为贺寿、赠别、问候三类。这些诗都写得情真意切，将血肉相连的手足之情表现得淋漓尽致。和写给友人的赠别诗相较，送别弟弟的诗中，更多的是对弟弟无微不至的关怀，口气俨然如严父慈母。如上述在弟弟赴任严陵前夕，兄弟二人终得相见，把盏言欢后，张栻写下了《别离情所钟十二章章四句送定叟弟之官严陵》赠予张杓：

> 别离情所钟，会合意无斁。
> 如何仅逾岁，复赋弟行役。
> 岁律亦已暮，风烈雪漫漫。
> 去路阻且长，念子衣裘单。
> 严之水沦漪，其山复苍苍。
> 子陵钓游地，草木有余光。
> 我昔临此州，民容拙使君。
> 子行为多谢，慰彼无毫分。
> 别驾亦何事，休戚理则同。
> 但使民受惠，无论别驾功。

巍巍孤高亭，念我昔所喟。

子也时一登，千载起立志。

（某在严陵，尝为宋广平立孤高亭。）①

前八句抒发难舍难分的离别之情。其中"去路阻且长，念子衣裘单"两句，将兄长的慈爱之情袒露无遗。中间八句回忆自己在严陵居官时的情形，实则嘱托张构要继承兄长为官之道，发扬忠君爱国之家风，做一个众人称颂的有为官吏，张栻曾于乾道五年（1169 年）至乾道六年（1170 年）知严州（今浙江建德）。诗的后八句则进一步规勉弟弟要勤政爱民、勿贪功利，常葆高洁志向。在诗中，三层意思层层递进，从弟弟外在的衣着到内在的志向，都嘱托、关切备至。

再如《和定叟送行韵》：

旧别情何限，重逢意豁然。

相看疑似梦，款语不成眠。

但欲灯窗共，其如事役牵。

固应回首处，只在集云前。②

兄弟重逢之喜，溢于言表。"相看疑似梦"化自杜甫《羌村三首》中"相对如梦寐"一句，用以表达兄弟之间久别重逢的惊喜之情。但二人因政务缠身，刚刚聚合的兄弟又不得不面对离别之忧。

在张栻写给弟弟的诗中，祝寿诗有十一首。在这些祝寿诗中，他从各个方面表达了对弟弟的关爱之情，具有代表性的是《寿定叟弟五绝》：

问说清朝对紫宸，君王侧席屡咨询。

---

① 张栻：《南轩先生文集》卷2《别离情所钟十二章章四句送定叟弟之官严陵》，华东师范大学出版社 2010 年标点本，第 33 页。

② 同上书，第 88 页。

> 惟应民瘼开陈切，故遣分符验抚循。
>
> 问说严人爱贰车，呻吟赴愬赖携扶。
>
> 从今充扩应无倦，千里疲民待子苏。
>
> 问说年来更老成，清心寡欲厌纷纭。
>
> 固知造物有深意，端享修龄看策勋。
>
> 秋风想已治归装，吾亦扁舟具碧湘。
>
> 世味只应皆历遍，如何兄弟对方床。
>
> 年年桂绽菊开时，长忆芳樽共一厄。
>
> 请诵周人和乐句，全胜三叹陟冈诗。①

　　第一首诗肯定张构在孝宗面前敢于大胆为民请命，故被朝廷委以重任。第二首写严州民众对张构的期望和拥戴，并激励他再接再厉，以恩泽全州的黎民百姓。贰车，指州府的副职。上引《别离情所钟十二章四句送定叟弟之官严陵》中有"别驾亦何事"句，可知张构在严州所任之职为通判，是太守的副手。第三首诗为弟弟在政务方面的长足进步感到欣慰，并希望他保持健康长寿，以建立属于自己的一代伟业。第四首则表达了对弟弟的殷切思念，希望他早日载誉而归，兄弟二人对床长谈，彻夜无眠。第五首总括前面四首，集中表达了对弟弟难以割舍的血脉相连之情。"陟冈诗"，指《诗经·周南·卷耳》一诗，其中有一章："陟彼高冈，我马玄黄。我姑酌彼兕觥，维以不永伤"，这是一首表达殷切思念亲人的诗歌。张栻在此处明晰表达出对弟弟离别前的依依不舍，认为兄弟在一起的时光是如此的短暂，而这恰恰是手足之情的真实流露。

　　与弟弟久别之后的重逢，往往令张栻欣喜不已。如他在《喜闻定叟弟归》中难抑内心的激动：

> 吾弟三年别，归舟半月程。

---

① 张栻：《南轩先生文集》卷2《别离情所钟十二章章四句送定叟弟之官严陵》，华东师范大学出版社 2010 年标点本，第 119 页。

> 瘦肥应似旧，欢喜定如兄。
>
> 秋日聊鸿影，凉窗听雨声。
>
> 人间团圆乐，身外总云轻。①

兄弟二人一别三载，弟弟还未回到身边，张栻心中不住猜测：弟弟的模样是否已与分别时不同，但不管怎样，他肯定同我心情一样，对这次的重逢欣喜不已。随后，张栻又畅想兄弟二人即将相聚的情景，在他看来，手足团圆可谓人间至乐，身外一切在它面前如浮云般不值一提。

在与张构欢聚的日子里，兄弟间不仅畅谈离别之情，还往往超越儿女情长，在学问、事业上互相勉励督促，以帮助对方取得更为卓越的成就。如张栻在《别离情所钟十二章章四句送定叟弟之官严陵》中写道：

> 义路本如砥，利径剧羊肠。
>
> 何以书子绅，世德不可忘。
>
> 自昔谨交际，人情易因循。
>
> 敬始以念终，君子贵守身。
>
> 邻邦吕正字，质疑时以书。
>
> 校官有袁子，苦语莫厌渠。②
>
> …………

诗中，张栻郑重告诫张构，在严陵居官时第一件事是勿忘义利问题，要重义轻利，与志同道合者经常切磋砥砺义理，远离名利诱惑。同时，张栻还提醒弟弟不要忽视人际交往，因为"人情易因循"，一个好汉三个帮，良好的人际关系是事业成功的催化剂。但也不能因此

---

① 张栻：《南轩先生文集》卷5《喜闻定叟弟归》，华东师范大学出版社2010年标点本，第78页。

② 同上书，第33页。

而无原则地迁就、屈从现实，逢迎社会，还要坚守底线，秉承清廉刚正之家风。为此，张栻以过来人身份，向弟弟谨慎推荐了当地两位值得交往的学者吕正字、袁子，希望弟弟在遇到困难时多向他们请教。

三　对宗族与姻亲的关怀

与理学建构几乎同步，中国宗法文化在两宋得以创造性重建，即宗族共同体的形成。宋代宗族共同体不同于商周时期政治关系与血缘关系高度统一的具有权力性的宗法组织，也不同于东汉以后讲究门第身份的门阀士族以及割据一方的宗法性豪强共同体，而是渗透于民间基层，具有大众性、散在性、普遍性等特征。这种宗族共同体一经形成，便发挥了强大的社会文化功能，如维护以血缘为纽带的伦常秩序、建立自力救济的义庄、设立义塾等，在统治者的支持和理学家的鼓吹之下，宗族共同体弥漫整个基层社会，传统宗法观念、儒家伦理纲常以它为中心，逐渐渗透于中国社会和中国文化的血肉肌肤，宗族共同体也成为后期中国古代社会的基本细胞。"中国人宗族家族文化价值观为哲学家所发明、政治家所强化、教育家和乡土文人所传播及最终由基层人民所实践，从而成为中国人族群的重要精神支柱与行为准则。"① 如朱熹把宗族同居共财视为孝悌之举，并对其加以理论的抽象和概括，认为这是天理对社会和事物的一种万古长存的规定。他在表彰洪氏家族时宣称："洪门义氏，累世义居，……此天性人心，不易之理。"② 张栻和理学家朱熹一样，具有浓郁的家族、宗族情怀，他在《送祖七侄西归》中以"飘零念吾党，寂寞抚遗经"③ 来怀念亲族之人，读来令人动容。他虽不能长期与族人相聚，但常怀恤族之心，尤其对族中优秀子弟关怀备至，希冀通过这样一批材质优美之士来光耀门庭，使宗族保持长盛不衰。如他在为堂兄夔州路提点刑狱张

---

① 庄孔韶：《银翅》，三联书店 2000 年版，第 4 页。

② 朱熹：《朱子全书》（第 25 册），上海古籍出版社 2002 年标点本，第 4579 页。

③ 张栻：《南轩先生文集》卷 5《送祖七侄西归》，华东师范大学出版社 2010 年标点本，第 85 页。

栻撰写墓志铭时说：

> 予惟念自幼从先公周游四方，于乡族阙敬。方君在忠献公旁时，予盖未省事也。丙子之岁，忠献在疚，君来省侍于长沙，始获从君语。是岁忠献入蜀，又获款也。顾其气象犹有前辈重厚典刑，足以仪刑乡党，使后生小子消浮薄之习，不谓十九年不复见君，而君亡矣。予既忧患之余，念宗族日落，《棠棣》脊令之诗实感厥心，如此又何以辞？①

张栻对自己长期漂泊在外、无暇顾及乡族感到十分内疚，堂兄气度非凡，足以"仪刑乡党"，张栻为此感到骄傲，认为是宗族之幸。张栻的离世使张栻忧心忡忡，叹息宗族失此人才。"《棠棣》"出自《诗经》，"脊令"出自《毛诗正义》，二者都比喻兄弟友爱、患难与共，张栻以此表达对堂兄的敬爱与缅怀之情。

张栻抒写族内亲情的诗篇往往和对先祖的追缅联系在一起，一是为了表达对世宦门第的自豪，另一方面则规勉同族兄弟子侄们要继往开来、光耀门庭。如《送然侄西归》：

> 堂堂希白翁，共惟同出自。
> 百年诗礼传，名教有乐地。
> 嗟予力未胜，永抱蓼莪意。
> 积累盖百艰，承家岂云易。
> 惕然履渊冰，中夜耿不寐。
> 协心望尔曹，勉力绍前志。
> 岁晚期有成，庶或保无坠。②

---

① 张栻：《南轩先生文集》卷5《送祖七侄西归》，华东师范大学出版社 2010 年标点本，第 566 页。

② 张栻：《南轩先生文集》卷2《送然侄西归》，华东师范大学出版社 2010 年标点本，第 18 页。

　　希白，是张栻高祖张纮之号，张纮曾"官殿中丞，赠太师、冀国公"，因此张然与张栻是较为亲近的叔侄关系。诗的前四句追溯了先祖在奠定以诗礼治家的优良家风过程中所起到的引领作用。中间六句表达了自己承继祖业的任重之感。"蓼莪"是《诗经·小雅》中的诗篇，莪蒿即茵陈蒿之类，常抱宿根而生，有子依母之象，故诗人借以取象。朱熹《诗集传》用"人民劳苦，孝子不得终养，而作此诗"来解释。张栻在此借以表达自觉难以光大先祖事业的愧疚之情。诗的后四句是对张然的勉励，希望他能发愤图强，光大祖业。我们从诗句中不难感受到，在对先祖的追缅之中，所包含的则是与子侄之间同祖同宗、难以割舍的浓浓亲情。

　　在张栻有关族内成员的诗句里，往往能感受到一种温暖如春的血缘之情，如他在《送八兄》中写道：

> ……
>
> 围炉情话政尔佳，乃复归舟行万里。
> 三年百感卧湘城，风急鹡鸰原上情。
> 岂无他人意独真，每觉软语温如春。
> 少年锐气凌八区，晚以乐义称乡里。
> 闻人有急若己如，天报两子双明珠。①
> …………

　　如前所述，"鹡鸰在原"用以比喻兄弟友爱之情，而"岂无他人意独真，每觉软语温如春"则彰显了张栻和这位族内兄长志同道合，以及血浓于水的真切情感。五六句称赞八兄一生成就，年少时闻名于世，晚年经营乡里，恤贫济困，被乡人称道。七八句感慨好人有善报，膝下两子均材质秀美，堪称明珠。

　　除族内成员外，张栻对父母以及自己的姻亲也是关爱有加，在其

---

① 张栻：《南轩先生文集》卷2《送然侄西归》，华东师范大学出版社2010年标点本，第5页。

诗中多有呈现。以《送甘可大》为例：

> 子陵溪水千年绿，犹忆登临日暮时。
> 子去定能寻胜概，书来当复慰相思。
> 简编有味宁论晚，得失从渠莫自疑。
> 也学迂疏教似舅，不应空赋渭阳诗。①

　　从"也学迂疏教似舅"可知，甘可大是张栻的外甥。从诗的前四句可以推断出，甘可大此行的目的地是严子陵曾隐居的浙江桐庐。诗的后四句则勉励外甥致力诗书、淡泊名利。"渭阳诗"指《诗经·秦风·渭阳》，是外甥送舅时所赋的诗歌，张栻在诗中对外甥谆谆教诲，亲情之浓不言而喻。而"书来当复慰相思"一句，则直抒了难以割舍的亲情。

　　再如张栻与宇文绍节的感情。宇文绍节字挺臣，成都广都人，为张栻外弟，曾知庐州、镇江、江陵，除端明殿学士、签书枢密院事，在南宋政坛上赫赫有名。还值得注意的是，宇文绍节还是张栻的著名高足，张栻在学术上对其极为倚重，据《宋元学案》所列，张栻弟子在四川讲学的"南轩门人"有宇文绍节等 10 人，他与陈概、范仲黼等人返蜀传播张栻学说，蜀学由此再盛。张栻与妻弟感情笃厚，他在《送外弟宇文挺臣二首》中写道：

> 一
>
> 合族情尤重，论交意复深。
> 还为万里别，未尽几年心。
> 佳处应相忆，书来傥嗣音。
> 及时须努力，莫待鬓华侵。

———————

　　① 张栻：《南轩先生文集》卷 2《送然侄西归》，华东师范大学出版社 2010 年标点本，第 57 页。

二

漠漠漓江上，匆匆送客情。
平原宵雨湿，绝壁野云横。
世路多亲辙，韦编有旧盟。
中流屹砥柱，过浪岂能倾。①

　　张栻在第一首诗中主要论亲情、友情，希望妻弟此行一切顺利，速报佳音，同时告诫他莫忘用功于学问，免得白首之时悔之晚矣。第二首直抒胸臆，表达了离别之不舍，称赞宇文绍节为家族内的中流砥柱，千万莫辜负众亲朋之殷殷期望。

　　总之，宗族不仅寄托了张栻无限的亲情，还是其教育、学术、社会理想的重要践行之处。在感谢孝宗为父亲张浚加封太师的谢表中，张栻面对金虏虎视眈眈、国家奸邪横行的局面，发誓"奉命于危机汹涌之秋，投躯于众难纷纭之际"，并激动地向孝宗表白："人之忠义之荣，莫不竞动；士喜是非之定，少缓私忧。故将垂训于家邦，岂但增光于泉壤。……聚族而谋，念上恩之曷报。惟慕先臣之许国，力图后日之捐身。"② 从中可以看出，张栻在平日对宗族倾注了大量心血，他用自身言行影响族内成员，训诲族内优秀子弟，使其懂得忠义是非，以在国家危难之际挺身而出，为国家、民族慨然捐躯。一句"聚族而谋"，清晰表达出了他平时对宗族姻亲的团结、爱护与惦念，以及由此产生的强烈自信心与自豪感。

---

　　①　张栻：《南轩先生文集》卷5《送外弟宇文挺臣二首》，华东师范大学出版社2010年标点本，第82页。

　　②　同上书，第138页。

事君以勿欺为主，期利害之实闻；御辱以得民为先，当本根之力护。庶几毫发，仰答乾坤。

——张杖《江陵到任谢表》

下篇　济斯民：张杖匡济天下的入世情怀

第四章

拳拳报国志

　　张栻是南宋众多理学家中最为务实和锐意进取的人物之一。"湖湘学派重经世致用，而张栻又出身于官宦世家，当国难艰困之时，张栻比朱熹等理学家更锐意于从政，也表现出了卓越的政治才能。"① 张栻所处之时代，正值金人铁蹄践踏中原、宋廷内部动荡不安之际。女真贵族对宋境内发起的掠夺性战争使中原人民蒙受了极大的灾难，社会经济也遭到了严重破坏。但在宋境内，朝廷偏安一隅，不思进取；官吏专横跋扈，巧取豪夺；百姓走投无路，纷纷揭竿而起。更为可怕的是，自北宋以来长期积累起来的文化和民族自信在靖康之难后轰然倒塌，人心尤其是士心涣散不堪，文人士大夫畏避偷生，鲜廉寡耻，正如张栻愤然指出的那样："靖康女真之变，二帝北狩，衣冠南渡，一时伏节死义之臣仅可屈指计。"② 国难临头，仗义死节之士仅屈指可数，可见民族危亡到何等程度！面对内忧外患，南宋朝廷却步步退让，屈膝求和。屈辱退让虽然让宋廷获得了短暂的喘息机会，但国家仍处于风雨飘摇之中，一批以道学家为首的仁人志士，为挽救大厦将倾、民族危亡的严峻局面，坚决反对议和，力主对外抗金，对内恢复国力，以振奋士气，归拢人心，抗战复疆的呼声日益高涨，他们的言行时时抽打着苟且偷安的腐朽统治集团，张栻就是其中的杰出代表。张栻抗金复仇之志是在父亲的直接影响下形成的，他在《与某人书》中对此有详细提及：

---

① 　宁淑华：《南宋湖湘学派的文学研究》，湖南人民出版社 2009 年版，第 132 页。

② 　张栻：《南轩先生文集》卷 39《通直郎致仕》，华东师范大学出版社 2010 年标点本，第 467 页。

先公平生心存王室，深痛仇耻之大，势不与俱存，至于易
溃，惟以未克报两宫知遇为念，呜呼痛哉！不肖孤泣血何极。挽
章读之，更重感恸。①

父亲张浚一生忠君报国的伟岸形象，以及临终前壮志未酬的遗恨
深刻烙印在张栻心田，在父亲张浚的言传身教下，张栻自幼就坚定了
恢复中原、忠君报国之志，"慨然以奋伐仇虏，克复神州为己任"，
他在《送少隐兄赴兴元幕（其二）》中表明了慷慨赴国的伟大志向：

> 边塞连关陇，貔貅罢战征。
> 幕中须预计，堂上乃奇兵。
> 汉水追前策，秦原忆旧耕。
> 书生亦多事，慷慨试经行。②

这首诗作于送好友周紫芝（字少隐）赴边塞军中充当幕僚时，张
栻勉励他尽心职守，为抗金恢复建立奇功。他在诗的最后一句与周紫
芝共勉：读圣贤之书不仅仅是坐而论道，而应承担起儒者的社会责任
感，在国家多事之秋慷慨赴国难，以此践行儒家治国平天下的政治
理想。

张栻痛恨朝臣里那些主张议和者，指责这些人为"偷安于岁月"，
"复和仇虏，使命交驰"，认为这是一种"割地奉仇"的无耻行径。
同时，他愤然驳斥主和派以"修边备则指为费财，讲武功则目为生
事"为借口，摈弃事功和不事抵抗的投降主义，号召朝廷和广大军民
同仇敌忾，奋起抵御外辱。在主张坚决攘外的同时，张栻还注重修
内，他屡劝皇上知耻后勇，励精图治，尽快恢复国力，他每出任一
方，都积极肃盗贼、敦教化、匡吏治、重民生，得到广大民众的热烈

---

① 曾枣庄、刘琳：《全宋文》（第 255 册），上海辞书出版社 2006 年版，第 188 页。
② 张栻：《南轩先生文集》卷 4《送少隐兄赴兴元幕（其二）》，华东师范大学出版社
2010 年标点本，第 64 页。

拥护。张栻一生厌恶空谈，崇尚实务，他以身许国，壮怀激烈地践行着抗金复疆、治国安邦的伟大志向，"会须一展平戎志，始称平生洒落襟"，[①] 作为应时而生的一代"真儒"，张栻报国御辱的坚定信念和忧国忧民的济世情怀足以闪耀当世，彪炳千秋。

第一节　讴歌忠义，鼓舞民众

"靖康之难"给南宋统治者带来了巨大的心理阴影。面对金人的步步进逼，无论是以宋高宗还是宋孝宗为主的统治集团，在战、和面前都摇摆不定，他们时而偏向主战派，时而偏向主和派，这种优柔态度不断冷却和蚕食着南宋爱国军民的热情，而主和派却趁机甚嚣尘上，聒噪之声不绝于耳。在这种形势之下，为唤醒宋人抗金复疆的信心和勇气，张栻通过撰文写作，对一批忠诚爱国之臣、仗义死节之士进行了大力褒扬，以在全国形成有利于抗击金虏的良好舆论氛围。张栻在《直秘阁詹公墓志》深刻袒露了其褒扬忠义的意图：

> 自顷国家承平日久，士大夫豢于宠利，无捐躯殉国之志，狃于宴安，讳言兵事，一旦戎马入中原，相视愕眙，不过为畏避偷生之计，仗节死义，罕有所闻，至其谋国，则以退怯为得算，事仇为全策，风俗至此，夫岂一朝夕之故哉！然而其间天资忠义，务为实用，不汩于习俗，有志于当世者，亦岂无其人？……勒铭以昭之，尚后人之兴起也。[②]

从上述叙述我们可以清晰看出，张栻弘扬直秘阁詹公的抗金事迹，是为了鞭挞当时士大夫"退怯为得算，事仇为全策"的畏避偷生行径，号召有志之士以詹公为榜样，仗义死节，共赴国难，即所谓

---

① 张栻：《南轩先生文集》卷4《襄州护漕使者张侯寄示》，华东师范大学出版社2010年标点本，第62页。

② 同上书，第466页。

"尚后人之兴起也"。

张栻为人刚正不阿，且文如其人，其文风如黄钟大吕，凝重典雅、朴实大气。朱熹称赞张栻"知道而健于文"，其笔下"无一毫功利之杂"，奏状多言"民间利病"，"始皆极于高远，而卒反就于平实"。① 杨万里也在《诚斋诗话》里高度评价了张栻的文采："张钦夫深于经学，初不作意于文字间，而每下笔必造极"，认为他的《代父谢上表》一文"其辞平，其味永，其韵孤，岂作意为之者？"② 清人陈钟祥在《南轩文集》中对张栻的诗词文章作了一个全面而精要的总结："先生为有宋一代巨儒，今读其《全书》，其讲义、表、疏，则开国承家，蔼然忠孝之言，与富、范诸公相揖让也；其学记、序、说，则发聋启聩，毅然绝续自任，与欧、曾诸子相颉颃也，其古、近体诗，则能兼陶、韦之趣，说理而不流于腐，言情而最得其真；其史论则克综马、班之长，深明乎治乱之故，切究乎贤奸之迹。"③ 从历代名家的评价来看，张栻文章有两大特点：一是说理深刻，表达传神；二是文风平实大气。尤其在颂扬仁人志士类的作品中，张栻饱含深情，以史实为依据，用灵动的笔触，对众多忠义高蹈之士作了大力颂扬。在写作手法上，张栻不落俗套，并不是对某位人物一生作平铺直叙，而是善于在笔下人物的一生最精彩的节点不惜笔墨，加以详细的、栩栩如生的刻画，以突出人物形象，在寄托情感和哀思的同时，彰显他们"时穷节乃现、一一垂丹青"的民族气节。本节从张栻文集中的墓志铭、祭文、表奏、诗歌之中钩沉出部分典型人物，以人物的活动和场景的勾勒为中心，生动再现那些忠臣志士堪比日月的浩然正气和轰轰烈烈的报国人生。

---

① 张栻：《南轩先生文集》卷4《襄州护漕使者张侯寄示》，华东师范大学出版社2010年标点本，第2页。

② 曾枣庄：《宋文纪事》，四川大学出版社1995年版，第257页。

③ 张栻：《南轩先生文集》（序），清道光二十五年刻本。

一　以身许国：少傅刘公的抗金事迹①

台湾学者王德毅指出："墓志铭是某位伟人死后，其家子孙恭请先人好友、门生或同僚撰写，述其家世、事功、学养，……它是根据墓主子孙所提供的家传、行状撰写的，亦有撰者据自己的亲传亲闻而记载之者，确为同时人的撰述，有极高的史料价值。"② 宋代是墓志文体发展的成熟时期，宋人修国史、为臣僚立传，多根据其家人所奏进的墓志铭。排除墓志中部分为逝者和尊者讳而抑恶扬善之内容，因此，"欲考一代之军政、财经和学术思想者，不可不利用这一史料"。③ 以张栻为例，他所作的墓志铭等叙事文体基本是按照史实来铺陈和谋篇布局的，具有很高的史料价值，其中部分内容甚至可以勘正、补充正史记载之不足。在张栻所作墓志铭中，关于抗金人物的刻画，精彩莫过于《少傅刘公墓志铭》中的主人公刘子羽（刘彦修），史实细节的丰富性远超《宋史》所载。

刘公即刘子羽（1096—1146 年），字彦修，建州崇安五夫里府前村人，是张栻之父张浚身边的得力干将，也是张栻挚友刘珙之父。据《宋史》记载，"浚在关陕三年，训新集之兵，当方张之敌，以刘子羽为上宾，任赵开为都转运使，擢吴玠为大将守凤翔。子羽慷慨有才略，开善理财，而玠每战辄胜。西北遗民，归附日众。"④ 从史料可以看出刘子羽掌握全军的经济命脉，并和赵开、吴玠一起成为张浚的三大助手，由此可见他在军中和张浚心目中的地位。刘子羽禀赋刚毅，十岁就精通经史，十一岁开始跟随父亲、北宋名将刘韐转战南北，经受过极为艰苦的战争磨炼，但其军事才能也在这种环境里磨砺出来。由于所在时代战乱频仍，刘子羽立志文武兼修，"盛暑严寒，必清晨著单衫，入教坊学射矢三百"，因此青年时代就通晓韬略，武

---

① 本节根据《南轩先生文集》卷 37《少傅刘公墓志铭》撰写，华东师范大学出版社 2010 年标点本，第 542—547 页。

② 王德毅：《宋人墓志铭的史料价值》，《东吴历史学报》2004 年第 12 期。

③ 同上。

④ 《宋史》卷 361《张浚传》，中华书局 1977 年标点本，第 11311 页。

艺超群。宋徽宗宣和中，其父刘韐帅浙东，佐父主管机宜文字，以破方腊功，入为太府簿。后随父帅真定，以抗金知名。宋高宗建炎初，除枢密院检详文字。张浚宣抚川陕，辟为宣抚使参议军事。绍兴二年（1132 年），以功拜利州路经略使兼知兴元府。四年，因富平兵败事与张浚俱罢，责单州团练副使白州安置。六年，张浚还朝，起知鄂州、权都督府参议军事。八年再贬单州。十一年，知镇江府兼沿江安抚使。以不附秦桧，十二年罢，提举太平观。十六年卒，年五十。刘子羽是宋廷之中主张抗金的骨干人物之一，也是张栻笔下舍生忘死抗击金人的典型。和张栻相似，他在少年时期就立志与金虏誓不两立。其父刘韐在帅真定时，与金人展开殊死搏斗，最后"力屈死城下"，刘子羽亲眼目睹金人的残暴和父亲力战殉国的悲壮情景，"痛家国仇耻之大义"，发誓"不与虏共戴天"。他的一生是征战的一生，从蜀口到金州，到三泉，再到汉中，由这些大大小小战役串联起来的立体、伟岸的人物形象，至今读来仍荡气回肠。古希腊哲学家赫拉克利特说："战争是万物之父，也是万物之王，它使一些人成为神，使一些人成为人，使一些人成为奴隶，使一些人成为自由人。"[①] 哲人之言也许意味着战争不但可以摧毁一切，也可以催生一切。"时穷节乃现"，宋朝在两宋之际国势日蹙、金寇压境，无疑是催生英雄的年代，也为英雄的诞生提供了绝好的时势背景。

　　张栻在刘子羽事迹上的叙述是不惜笔墨的，他用近四千言，力求以"实录"的方式最大程度地展现传主忠勇报国的高贵品质，虽然没有极力渲染场面的壮烈，但却能让我们在看似平实的叙述中，体会到张栻作品中的宏大气象以及带给读者"于无声处听惊雷"的心灵震撼。先看下面一段叙述：

　　　　公与玠谋守定军山，玠惮之，遂西。公退守三泉，从兵不及三百，与士卒同粗粝，至取草木芽蘖食之。遗玠书曰："某誓死

---

① 北京大学哲学系外国哲学史教研室编译：《古希腊罗马哲学》，商务印书馆 1961 年版，第 23 页。

于此，与公诀矣！"玠得书泣。其爱将杨政大呼军门曰："节使不可负刘待制！不然，政辈亦舍节使去。"玠乃从麾下自仙人关由间道与公会于三泉。敌游骑甚迫，玠夜视公方酣寝，旁无警何者，玠曰："此何等时，而简易乃尔！"公慨然曰："吾死，命也，夫何言！"玠泣下，复往守仙人关。

这是发生在绍兴三年（1133 年）的一场著名战役，史称"仙人关之战"。此刻金州已失守，宋兵两面受敌，只能退却西县、三泉一带。在力量对比上，金兵有五千余众，而刘子羽的部下不足三百。尤其是粮草的极端匮乏，士兵只能食"粗粝"和"草木芽蘖"，看不到任何获胜的希望。但刘子羽毫不退却，"誓守"、"诀别"二词可深切感受到他的坚毅决绝态度，其铮铮铁骨令另一位前来驰援的将领吴玠悚然动容，自愧不如。吴玠（1093—1139 年），字晋卿，生于德顺军陇干（今甘肃省静宁），兴国州永兴（今湖北省阳新县）人，南宋中兴名将。早年从军御边，抗击西夏建功。后领兵抗金，和尚原之战中，大败金兵兀术部，破川陕路金兵进攻。因功官至四川宣抚使。由于长期鞍马之劳，病卒于防地仙人关，年仅 47 岁，谥号武安，作庙于仙人关，号思烈，淳熙中，追封涪王，是南宋初期赫赫有名的军事指挥者。受刘子羽的感染，加上部下杨政等人的强烈要求，吴玠遂调拨千人给子羽，帮助其守三泉，而自己回师仙人关，重新在此布防御敌。

吴玠与刘子羽诀别之前，看到子羽临阵对敌，在敌"游骑甚迫"的危急时刻，却依然"酣寝"，因此十分担心。事实上，刘子羽并不是胸有成竹，他这样做既有稳定军心的深意，同时也已将生死置之于度外。既然心中已无死生之别，又何来性命之忧呢？庄子有云："死生，命也"，能直面人生的生死，显然心中已无功名利禄的羁绊，达到了一种无我的人生境界。人的高贵正是取决于那份舍生取义的牺牲精神，这种精神决定了人能超越其他任何动物而不朽。这份临危不惧、从容不迫的"大丈夫"举动，肃穆而崇高，让人油然而生出悲壮和敬意。所谓"男儿有泪不轻弹"，堪与岳飞比肩的堂堂名将吴玠曾两度泣下，亦可见刘公精神之感染力。正是这种无形的人格力量令金人感受到巨大的压力，"敌遣十五辈，责书与旗来招公及玠，公斩其十四人，令一人还"，曰："为我言于尔主，来战即来，我有死何招也？"所谓"疾风知劲草，板荡识诚臣"，危难时刻正是对一位忠臣义士品质的最好考验，而刘子羽显然经受住了考验，他怒斩前来利诱的十四位金人使者，与来犯之敌不共戴天的坚定操守令军民景仰。坚守最终出现了奇迹，吴、刘二将联合作战，多次用游骑袭扰金营，金军因远离后方，饷运不济，军中瘟疫又突然蔓延，只得还师。此战金人丧失数万之众，是与南宋军队交战以来损失最大的一次，"死伤十五六，降者凡十数栅，虏之丧失盖莫甚于此役"。吴玠因功勋卓著，加封检校少保，而刘子羽却未得到应有的尊重和褒奖。张栻在这里还原了历史真相，高度肯定了刘子羽在"仙人关之战"中所起的重要作用，指出刘子羽和吴玠是这一辉煌战役中共同的英雄，前者的功劳在某种程度上还超过后者。

此后，刘子羽在四川保卫战中又取得了辉煌战绩。两宋时期，四川地区尽管发生过一些大规模的农民起义，如王小波、李顺起义等，但与全国其他地区相比，四川地区仍较为安定富庶，社会经济继续发展，是南宋抵抗金人的大后方。金人也意识到四川地区的战略意义，对蜀地蓄谋已久。据《宋史》记载，刘子羽曾对张浚言："四川全盛，敌欲入寇久矣，直以川口有铁山、栈道之险，未敢遽窥耳。"鉴于四川的战略地位以及金人的蠢蠢欲动，他建议时任川陕宣抚使的张浚要严阵以待，时刻不要放松警惕，张浚深以为然。事实证明刘子羽的判断是正确的：

> 方是时，俘虏其大酋撒离喝、金兀术辈垂涎于蜀，日夜聚谋。所选士卒千取百、百取十。其战被重铠，登山攻险，每一人前，辄二人拥其后，前者死，后者复被其甲以进，又死，则又代之如初。其为必取计盖如此。惟公与张公协心戮力，毅然以身当兵冲，将士视公，感激争奋，卒全蜀境。

这次入侵蜀地，金人可谓处心积虑。撒离喝、金兀术等金国统帅"日夜聚谋"，所率部众都是百里挑一的精锐，他们身披重甲，攻守有方，志在必得。但刘子羽与张浚也不示弱，他们身先士卒冲在最前面，与来犯之敌展开殊死搏斗，蜀地守军将士深受感染，人人争先，最终击溃金人，收复四川全境。在这次战役中，少傅刘公的英勇无畏和优秀的指挥才能得到淋漓尽致的体现。

刘公之所以如此忠勇大义，是与其幼年庭训密不可分的，这一点和张栻颇为相似，且二人均为荫补入仕，张栻对刘公的经历可谓心有戚戚焉。因此，张栻撰写刘子羽墓志铭时，用大量的篇幅，详细交代了其先世情况以及刘公的家学渊源：

> 世为京兆人，八世祖避五季之乱，徙家建州。曾祖太素，赠朝议大夫；祖民先，任承事郎，赠太子太保，再世以儒学教授乡里。考韐，任资政殿学士，赠太师，谥忠显。公以门荫入仕。……忠显帅真定，女真入寇，围城数匝，父子相与死守，虏不能拔而去。忠显率兵入援京师，与虏战，力屈死城下。方是时，为国死难者盖鲜，独忠显之节甚白。……子珙，克世其家，复以忠义识略被今上眷遇，尝为同知枢密院事。识者不以刘氏三世宦达为衣冠之盛，而以忠义相传不替愈大为家国之光。

刘子羽出身于官宦世家，家有读书业儒的优良传统。祖父刘民先被誉为"东南儒宗"，因对官场积习不满，愤而退隐，以儒学教授乡里，他的正直和学识，对刘子羽的父亲刘韐产生了深刻影响。刘韐（1067—1127 年），字仲偃，哲宗元祐九年（1094 年）进士。曾任陕西转运使，后知建州、福州、荆南、真定等地。钦宗靖康元年（1126年），充河北、河东宣抚副使，继除京城四壁守御使。京城不守，遣使金营，金人欲用之，不屈，于靖康二年（1127 年）昂然写下遗言"国破圣迁，主忧臣辱，主辱臣死"，随后自缢而死，年六十一。高宗建炎初赠资政殿大学士，谥忠显。父亲刘韐是当时士大夫中极为罕见的"为国死难者"，他与金虏势不两立以及以身殉国的高尚气节深深激励着刘子羽，刘公秉承父亲遗志，并将先人的忠义节操传递给儿子刘珙，其父子三代也被南宋士民传颂为"忠义相传"、"为家国争光"的杰出典范。

张栻在墓志铭的结尾，又着重叙述了刘子羽在乡里以及日常生活中的道义行为，如赈济宗族乡里、设学兴教化等，以表明他在抗金斗争的卓越表现绝非偶然：

> 天性孝友，恂恂接人乐易，开口见肺肝，轻财重义，缓急扣门，无爱于力，振人乏绝，倾赀倒廪无吝色。姻亲乡党昏丧悉任其责。辟家塾延名士以教乡之秀子弟。吏部郎朱松疾病，以家事托，公筑室买田，居之旁舍，教其子熹与己子均，卒以道义成立。

这段叙述为刘子羽波澜壮阔的一生作了完美注解。尤其要注意的是，刘子羽在江苏镇江知府任上时，因触怒权相秦桧，被罢职家居。他是朱熹之父朱松的挚友，朱松去世之时，朱熹年仅14岁，遵父遗嘱，奉母举家投奔刘子羽。刘子羽不仅为朱家母子筑房置田，还视朱熹为己出，精心栽培，文中"教其子熹与己子均，卒以道义成立"即是指此而言的，因此，刘子羽可谓是旷世大儒朱熹的启蒙恩师。

刘子羽一生坚持抗击金寇，反对一切求和的行径，必然会损害到投降派的切身利益，最终也招致以秦桧为首的投降派的憎恨，因此文中"张公（张浚）已困于谗，公亦寻被罪矣"的遭遇是可以预见的。对此刘公没有任何怨言，并心安理得，"平生再贬徙，处之怡然，不以介意，而其许国之诚，则至于没而不懈也"。心底无私天地宽，如此豁达的胸襟，是建立在刘公一生忧国忧民、从不计较个人得失的基础之上的，作者在文末发出"呜呼伟哉！"的感叹并非谀颂之词，而是内心敬仰的真情流露。

二　一世忠义：直秘阁詹公二三事[①]

张栻在另一篇墓志铭《直秘阁詹公墓志》里，又向世人展现了主人公詹公忠义报国的感人事迹。詹公即詹至（1073—1140年），字及甫，严州（含今桐庐、建德、淳安）人，祖籍遂安。"自幼沉厚寡言，外朴中敏，孝友尚义"，宋崇宁二年（1103年）进士。历任巩州通判、陕西转运使，率领当地军民奋力抗击金兵。后为江淮招讨使，随军转运副使，绍兴初知徽州、处州。官至中奉大夫。有著作《瀛山集》十卷流传后世。张栻在这篇墓文里精心选材，用历史叙事的方式娓娓道来，从几个侧面立体、生动地勾勒出詹至跌宕起伏、为国赴难的一生。

（一）决战巩州

建炎初年（1127年），金人再次发动侵宋战争，一路金兵由陕洛长驱直入，兵锋直逼秦陇地区，巩州岌岌可危，一时之间山雨欲来风满楼。巩州知州吓破了胆，借故携带官印仓皇出逃，巩州城内群龙无首，人心惶惶，不知所措。疾风知劲草，国难见忠臣。时任巩州通判的詹至，在危难时刻毅然站出，竭尽家产以充军资，与家人诀别曰："巩州如果失陷，金人已连克九州，金人所过之处竟然无一州敢于抵抗，我要做第一个守城者，誓与城池共存亡！"随后，他抱着必死的决心，鸣鼓召集属下，痛哭流涕说："我已与家人诀别，希望你们能助我一臂之力！古人云：'君辱臣死'，二帝北狩，四海痛心。我与金人的仇恨不共戴天也！不灭尽金人，不足以雪耻！当前军情紧急，我们如果等金兵攻之城下，再想办法对付，那太晚了，已经被金兵重重围困了。我们应趁金兵远道而来，立足未稳，士兵疲惫，出奇计而攻之，才能打败金兵。你们大家有其他好的计策没有？"属下文武官员深受感染，齐声呐喊："运筹帷幄在于您，我们唯有一腔热血，唯您马首是瞻，为国尽忠而已！"并纷纷献出财物充为军费。自此，詹

---

①　本节根据《南轩先生文集》卷39《直秘阁詹公墓志》撰写，华东师范大学出版社2010年标点本，第570—575页。

至成为城中军民的精神领袖，全城上下团结在他的周围，众志成城，誓与金兵决一死战。

随后，詹至和军民七千余人，披甲登城，日夜巡视。敌人兵临城下，将巩州团团围住，骄横地督促城内守军尽快投降，气焰十分嚣张。詹至毫不理睬，"命以劲弩射之"，伤金人甚众，金人锋芒受挫，不敢再小觑巩州守军。詹至一方面严阵以待，一方面分兵派将，从容调度。他下令从七千人里挑选精锐士卒二千人，持长戈大斧，暗中埋伏在离城三十里之处，等金兵撤退时从后面掩杀。又命尉官率领几百民丁，在城南挖掘陷坑几十处，陷坑上用苇子编的粗席覆盖之，上面撒之细土伪装之。在陷坑的北面倒上煮熟的黄豆，以吸引金兵的战马。又选出善射者三百人，持以强弩，埋伏于城壕中，等待金人骑兵前马跌进陷坑，后马绊倒时，伏者跃起，奋勇射杀。又选盾甲兵二千人，持长矛长戟埋伏于城的左右为内应。传令全军以鸣炮为号，炮声一响，伏者起，内者出，全军上下奋勇砍杀，退缩者斩。于是全军将士尊令行事，妇孺老人往前线送水送粮。詹至也登上城墙，亲临指挥。

翌日，金兵蜂拥而至，在距离陷坑几十步时，战马闻到豆香，争先恐后向前狂奔，于是前马纷纷堕入陷坑，后马来不及站稳，纷纷绊倒，顿时人马相枕藉，此时城头号炮一响，弓箭手从城壕中跃起，箭矢如飞蝗般射向金兵，城中的伏兵击鼓呐喊而出，埋伏在后面的手执长戈大斧的两千精锐之师，向金军的后队砍杀而来，宋军前后夹击，杀声震天，金军首尾难以相顾，全军溃败，被迫退兵。金兵围巩州五日，仍不能克城，恰在此时，从熙河方向赶来的宋朝援军突然出现在金人背后，他们与城内宋军联合作战，最终击溃金兵，"杀敌酋三人"，金兵残部望风披靡，大骇而逃。巩州城卒得保全。

（二）犯颜直谏

建炎三年（1129 年），南宋大将苗傅与刘正彦密谋叛乱投敌，杀同金书枢院事王渊，抬出隆祐太后垂帘听政，威逼高宗传位于三岁的皇子赵旉，改元明受，并督促宋廷派使臣与金议和。二贼此举逆历史潮流，遭到全国军民的一致反对。张浚、韩世忠、张俊、吕颐浩、刘光世等出兵讨之，各地"勤王"部队也纷纷攻入临安，迫于形势，两位反叛重新恢复高宗帝位和建炎年号，赵旉被立为皇太子。不久，他们仓皇逃奔富阳、衢州、信州等地，最终被韩世忠率军追上，苗傅和刘正彦双双被擒伏诛。

金人闻听苗傅和刘正彦被诛的消息后恼羞成怒，再次集结大军，准备大举入侵宋境。以张浚为首的抗战派摩拳擦掌，"有激愤戮力之意"。但朝廷投降派却以国库空虚为借口，极力阻拦抗战。军情危急，宋高宗不仅不积极备战，还下诏隆重祭祀先祖，祈求国泰民安，并要求全国各地响应此举。此时詹至任江淮招讨使，他对朝廷这种国难当头，仍无谓耗费民脂民膏的行为十分愤慨，因此不顾个人安危，上书奏请宋高宗立即取消诏令，将用在祭祀的财政预算挪至抗金复仇大业之上，折奏大意如下："靖康之祸，人神共愤久矣，今大敌当前，国家危如卵翼，与其祈祷先祖庇佑国祚，不如将精力投入到复仇大义之中。因此，希望陛下您停止这一祭祀大礼，将预算经费全部投入到军备当中，坚定各路军民的抗战之志，以此来慰藉祖宗在天之灵。抗金复仇是当前最大的事情啊！"詹至的奏请虽没有被采纳，但在朝野引起了不小的震动，詹至的声望也迅速上升。丞相张浚正在全国选拔忠勇仁义之士，闻听詹至是诤谏之臣，立即将其辟为身边谋臣，并委以重任。

（三）参赞军机

詹至不仅忠勇仗义，还颇有谋略，自从被辟为军中幕僚以来，他为张浚提出了很多具有重要参考价值的计策，鉴于詹至的优秀表现，每次军事会议张浚基本都让其参与，并委任他专门从事军事机密文件的制定和传发工作，同时，"有非文檄所能传者，必委公前往谕意，析理会情，无不切当"，由此可见詹至在军中的地位。

张浚重用詹至还在于詹至与王渊的深厚渊源。王渊（1076—1129年），字几道，号方渠，原籍熙州（今甘肃临洮）人，后迁居环州，是两宋之际抗击西夏、女真的著名将领。渊轻财好义，善骑射，勇谋兼备。曾豪言："朝廷官人以爵，禄足代耕，若事锥刀，我何爱爵禄，曷若为富大贾邪！"宋徽宗时，应募伐西夏，屡立战功，被朝廷授以熙河兰湟路第三将部将，权知巩州宁远寨。诸羌入寇，渊随经略使讨伐获胜，移同总领湟州番兵将兼知临宗寨主，后因战功卓著被迁为真定府总管、都统制，在以苗傅与刘正彦为首发动的"明受之变"中不幸遇害，卒年 53 岁。远在河州之时，詹至和王渊为同僚，詹至为"河州士曹"，王渊为一寨寨主，王渊手下有一将校触犯军纪，但罪不当死，王渊盛怒之下失手将该人捶死，河州太守欲加罪于王渊，詹至求情道："小校不听将令，并以小犯上，本该受罚。况国家危难之际一将难求，不能按普通的杀人偿命来治罪。"太守尊重詹至，认为所言有理，才免去王渊的罪过。从此王渊十分感激詹至，"平身视公为父兄"。王渊治军有方，手下人才济济，中兴名将张俊、韩世忠等人都是他一手提拔上来的，他们因王渊的关系对詹至尊敬有加，"故其言尤为诸将所信"。鉴于詹至在诸军之中拥有的威望，张浚更加倚重詹至。

济州被金人围困，詹至受命辅佐韩世忠前往驰援。赶到熙河时，敌人已挥师南下，宋军安营歇息，詹至仔细勘察地形后，认为敌军还有可能返回偷袭，因此进言曰："应当驻扎在山之阳面，如果突然与敌人遭遇，我们有屏障可依，一战可胜。"韩世忠有些轻敌，认为敌人已远走，没必要再那样做，于是将营盘驻扎在山脚下，以方便军队休整。结果金人半夜来袭，宋军溃败，损失惨重，韩世忠后悔没有听从詹至的正确意见，"自是愈心服"。

张浚被贬后，朝中投降势力占据主动，詹至也受到牵连，"和议兴，公不复用"。由于以往的威望，不断有人将詹至以军事人才推荐给当朝权相秦桧，此时秦桧正与金人打得火热，"谋和亟，恶言兵"，因此对推荐者说："詹及甫确实是个贤才，但没有必要非在军中任职，以后再考虑其任用。"直到和议成，金人暂时退归河南之地，朝廷见士大夫中无人敢于担任戍边重任，詹至以往守巩州有功，对金人也毫不畏惧，因此再次派他前往关中镇守。此时詹至年事已高，家人和旧部都劝其不要赴任，詹至严肃地说："朝廷派我复守旧疆，我虽年老，但怎能不顾大义而推辞呢？"有人又劝他带上家人，可以照顾其饮食起居，詹至坚决不同意，他说："前方战事难测，自古使者不以家行，因此家人是绝不可以跟随的。"詹至一到巩州，就着手安抚百姓，稳定民心，"延父老问疾苦，布德义"，不久，宋金之间关系破裂，詹至被迫返还，"不克终事"。

詹至可谓一生戎马生涯，一世赤胆忠心，其为国慷慨殉义之意，至老未衰。张栻在墓志的结尾由衷赞叹：

> 所谓天资忠义，务为实用，不汩于习俗，而有志当世者，若公非耶？而绌于时论，不得尽其用而死，则可不为之叹息哉！予故特表而出之，世之君子必有能辨之者，……勒铭以昭之，尚后人之兴起也。

张栻认为，当世具备"天资忠义，务为实用，不汩于习俗，而有志当世"的人才可谓寥寥无几，詹至则当仁不让，尽管由于各种原因未能才尽其用，但詹至仍然堪称"世之君子"的楷模，其生平作为足以烛照当世。

三　对其他古今忠义人物的颂扬

张栻笔下的忠勇之士远不止刘子羽、詹至二人。如乾道二年（1166 年），张栻为诸葛亮作传，撰成《诸葛忠武侯传》，文中赞曰："虽不幸功业未究，中道而陨，然其扶皇极，正人心，挽回先王仁义之风，垂之万世，与日月同其光明可也。"[①] 纵观张栻一生，他对诸葛忠武侯一直崇敬有加，根本原因即在于诸葛亮能"正名讨贼"、"与汉贼不两立"："三代衰，五伯起，而功利之说盈天下，谋国者不复知正义明道之为贵，武侯当汉祚之季，乃能执其机而用之，其言曰：'汉贼不两立。臣鞠躬尽瘁，死而后已，至于成败利钝，非臣之明所能逆睹。'"张栻此传旨在宣扬父亲张浚力排众议，倡复仇之举的爱国精神，借赞扬诸葛亮"扶皇极、正人心"、诛贼以复汉室的精

---

① 张栻：《南轩先生文集》卷 10《衡州石鼓山诸葛忠武侯祠记》，华东师范大学出版社 2010 年标点本，第 177 页。

神，来表达自己反对议和、收复失地的抗战决心，并引导民众走向抗金复仇的正义之途。

乾道六年（1170 年），张栻又向朝廷上奏《请改司马朴谥议》，请求宋廷表彰司马朴宁死不变节的高洁节操。司马朴，著名学者兼抗金义士，元好问称其"工书翰，有晋人笔意"。生卒年不详，字文季，陕州夏县人，是名相司马光兄司马旦孙。少时寄养在外祖范纯仁家，以外祖遗恩入仕，调晋宁军士曹参军。靖康初，入为虞部、右司员外郎，兵部侍郎。金人逼近汴郊，司马朴奉命出使金营谈判，未果。金人遂攻陷汴京城池，大肆掳掠后退兵，司马朴也被挟往北地。金人命他为行台左丞，辞不受。至燕京，闻徽宗卒，服斩衰，朝夕哭。遣朱松年间行，将金人国内的情况详细报给朝廷。后居祁阳，遨游王公之门，寿终于真定。张栻在表奏中说：

> 太常寺拟故兵部尚书司马朴谥，按法，危身奉上曰忠，执心决断曰肃。窃惟朴当国步倾危之际，奉使雠虏，陈义激切，遂遭拘縻，又以传建炎赦书致械系。既而虏亦义之，逼授伪行台左丞，坚拒不受，竟以迁徙死。守节始终，不为虏污，可谓之为臣之义。明诏赐谥，实慰人心。然太常所定美则美矣，而危身奉上，执心决断，恐未足以暴白公之事。按《谥法》不忘国曰忠，不污不义曰洁，请改曰"忠洁"。①

张栻首先赞扬了司马朴奉使不辱使命、不屈服于金人淫威的节操，认为南宋王朝表彰司马朴的决定是英明的，有利于激起国人的爱国热忱。但根据司马朴的表现，所赠谥号"忠肃"不甚恰当，用"忠洁"才更能彰显其一生的高尚品行。南宋政府接受了张栻的建议，赠司马朴兵部尚书，谥曰"忠洁"。

在另一篇《祭虞雍公》的祭文中，张栻以无限敬仰之情，对抗金名臣虞允文的平生功业作了高度评价："惟公起自远服，进登王朝。

---

① 徐松：《宋会要辑稿》礼 58 之 8，中华书局 1957 年版，第 1615 页。

适逢御敌之辰，曾靡辞难之色。攘袂独奋，力折凶渠之锋；驱车四驰，偏当边围之寄。式符眷意，遂正钧衡。堂堂汉相之容，赫赫周民之望。方三年之坐阅，指万里以言归。顾宠光之至隆，在近世而莫比。"[①] 金人大兵压境，虞允文怒斥议和者的软弱，力主抗金，在宋金对峙的风云际会中，他大展才华，终成一代名相，千古流芳。尤其率军取得了"采石之战"的重大胜利，使金人闻风丧胆，宋军扬眉吐气。毛泽东亦曾在《续通鉴纪事本末》批道"伟哉虞公，千古一人"，可见其英明伟岸。张栻在文末说虞允文的逝世，是南宋王朝的重大损失，"帝所咨嗟，士增叹息"，因此写这篇祭文就是为了使举国效仿，共赴国难："公之英灵，实所临鉴"。事实上，虞允文因张栻曾数次冒犯自己，对张栻成见很深，并在乾道七年（1171年）借故将张栻排挤出京城。但张栻从民族大义出发，不以为忤，仍高度评价了虞允文的一生功业，从中我们也可以感受到张栻风光霁月般的胸襟。

　　史喻今，诗言志。在张栻的史论诗歌中，也有大量对先贤的缅怀和当今仁人志士的颂扬，体现了张栻经世致用的殷切心理。张栻写过大量的史论，探讨历代的兴衰成败，以古喻今，激浊扬清，提醒人们勿忘国耻，因此他可以说是一个卓有成效的史学家。如在《答沙市孙监镇》里，张栻批评伍子胥因私仇而投吴国，借助吴国力量灭掉楚国的做法，认为这是置君臣之义于不顾的小人行径，应该大加鞭挞。但是，金人入寇中原则与此完全不同："如今中原之人本吾宋之臣子，虏乃仇雠也，向来不幸而污于虏，若幸而脱归，则当明复仇之义，覆虏之宗，鞭虏之尸，所当为也。若员则家世用为楚之臣子，而以复仇之义自施于君，其可乎哉？"[②] 因此，南宋军民因同仇敌忾，誓向金人复仇，这是一种深明大义的做法，与伍子胥的当年公报私仇的行径有根本区别。在《答李叔文》中，张栻又用少康复国的事迹告诫君

　　① 张栻：《南轩先生文集》卷43《祭虞雍公》，华东师范大学出版社2010年标点本，第620页。

　　② 同上书，第404页。

主要励精图治，国人要懂得隐忍，待时机成熟之时一举战败金人："若是少康之君臣此数十年中不忍而欲速，则身且不保，而况国乎？惟其潜也若深渊之靓，故其发也如春阳之振动，惟其时者也。"① 张栻站在历史的高度，清醒睿智地告诉人们抗金不是一时冲动，而是一项长远、艰巨、伟大的事业。由于谙熟史实掌故，他对古今政治风云变幻以及英雄人物是非曲直的品评，往往入木三分，发人深省，给世人以深刻启迪，这一点在张栻诗歌里有充分反映。如他在《题淮阴祠》中，对韩信一生经历及功业的评述：

> 秦关昔先驱，南郑岂淹久。
>
> 夜中丞相归，平明印垂肘。
>
> 古来豪杰人，调度出窠臼。
>
> 登坛一军惊，六合已在手。
>
> 从兹看廓清，指挥如运帚。
>
> 时艰思奇才，庙古酹樽酒。
>
> 出门望长淮，故国长稂莠。
>
> 风云正惨淡，人事极纷纠。
>
> 拘挛倘无累，吾欲献九九。②

这首诗是张栻前往淮阴祠时的即兴之作。诗的开头至"指挥如运帚"，精要概括了韩信一生坎坷不平、跌宕起伏的经历：得志之前的落拓不羁，归汉后因萧何之荐而受重用，然后充分施展天才卓绝的军事才能，协助刘邦一举平定天下。从"时艰思奇才"开始至结束，诗人由古及今，通过对韩信这位定国安邦英才的追忆，想到如今国事艰难、金虏虎视眈眈之际，朝廷却出现"风云惨淡"、小人当道的局

---

① 张栻：《南轩先生文集》卷43《祭虞雍公》，华东师范大学出版社2010年标点本，第409页。

② 张栻：《南轩先生文集》卷3《题淮阴祠》，华东师范大学出版社2010年标点本，第41页。

面，自己虽负有才华和精忠报国之志，却欲进无门。"拘挛倘无累，吾欲献九九"道出了自己真实的处境，也透露出几丝焦虑。

张栻对当代贤士也多有吟咏，由于时代相近，他们的事迹往往更能引起民众的共鸣，激发民众的爱国热忱。如《谢杨文昭主簿寄诗杨之父绍兴间倅建康不屈于乌珠而死》：

> 乃翁晋贼气如虹，千载衣冠起懦庸。
> 双庙已应同卞壶，佳儿今喜见甄逢。
> 传邮赠我凌云句，断简知君学古胸。
> 忠孝可全须力勉，策勋宁复羡侯封。[1]

杨文昭之父即杨邦乂，是南宋舍生取义的抗金名臣。杨邦乂（1085—1129 年），字晞稷，一字希稷，谥号"忠襄"，侨居吉水（今江西吉安）。1115 年选登进士，历任婺源尉及蕲、庐、建康等郡教授。高宗建炎元年（1127 年）知溧阳县。建炎三年（1129 年）九月为建康通判。金人陷建康，留守杜充贪生怕死，见金兵即将兵临城下，弃城而逃，后被俘投降。杨邦乂当时任建康府通判，系文官，手中没有兵权，但由于声望卓著，当地官民紧紧团结在他的身边誓死抵抗，终因势单力薄，寡不敌众，力竭被俘。金将兀术知道他在老百姓中威望甚高，只要他肯降，建康人心就会归附。于是亲自出面诱降，杨邦乂面对金兀术大骂道："若以夷敌而图中原，天能久假乎？恨不碟汝万段！"金兀术匆匆大怒："好大胆，你究竟安的什么心？"杨邦乂回答："我有一颗爱国的铁心！"并咬破手指在衣裾上书写"宁作赵氏鬼，不为他邦臣。"金兀术多次派人劝降不果，遂令人于是年十一月将其杀害在聚宝山（雨花台）下土门岗，并剖其心，以泄愤恨。因杨邦乂爱国而去心，又被后人尊称为"杨邦乂"。[2] 颔联中用了

---

① 张栻：《南轩先生文集》卷 3《题淮阴祠》，华东师范大学出版社 2010 年标点本，第 55 页。

② 《宋史》，中华书局 1977 年标点本，第 13195—13196 页。

"卞壶"、"甄逢"二典。卞壶（281—328年），东晋初著名政治家、军事家、书法家，累事三朝，两度为尚书令。以礼法自居，意图纠正当世，并不畏强权。后在苏峻之乱期间率兵奋力抵抗苏峻，最终战死；甄逢，唐代甄济之子，甄济平安禄山叛乱而死，其子为其奔走号呼，天子因加其父四品官。该诗末有诗人自注："杨公血食金陵，政与卞将军祠相望。"在此，张栻用卞壶比拟杨邦乂，甄逢比拟杨文昭，既是对杨邦乂忠烈的颂扬，也是对其子杨文昭秉承家传忠孝的有力肯定。

第二节　美芹十献，痛斥议和

在中国封建时期，帝王处在国家机器的金字塔顶端，其一举一动在很大程度上决定着一个国家的前途和命运。自宋代开始，随着君主专制制度的不断加强，帝王的言行决策对国家的影响更为显著，宋代的理学家明白，"这是一个时常会堕落成绝对独裁的专制国家，至高无上的专制君主是惟一的关键。如果能给皇帝注入新的动力，他就有可能改变政府。这就是伟大的新儒家朱熹教导皇帝治国在于齐家、齐家在于修身、修身依靠正心诚意的奥妙。皇帝必须正其心，诚其意。新儒家相信，当任何可以设想的制度改革和其他措施都不能治愈专制主义的病症时，这才是纯正的儒家救弊良方。"① 由于官宦世家的熏陶以及自身经历的独特性，与同时代其他理学家相比，张栻更为深刻地洞见了君主在国家机器运行中的决定作用，因此他极为重视和珍惜与皇帝对话的机会，希望通过表奏、召对、侍讲等方式来劝谏圣上励精图治，以得君行道，进而影响和改变时局，实现自己治国平天下的社会理想和远大抱负。张栻在《王陵陈平周勃处吕后之事如何》中说：

---

① 〔美〕刘子健：《中国转向内在：两宋之际的文化转向》，赵冬梅译，江苏人民出版社2012年版，第126页。

人臣之义，当以王陵为正。……人臣之立于朝，徇义而已，利害所不当顾也。功业之成，不必渐出于吾身也，义理苟存，则国家可存矣。……使人臣当变故之际，畏死贪生，不知徇义，而曰吾欲用权而以济事于后，此则国家何所赖焉？乱臣贼子所以接踵于后世也。①

人臣立于朝的首要职责在于"徇义"，尤其在国家遭遇重大变故的时刻更应如此。徇义的关键在于"以王陵为正"，即正君主的言行，只要按这一义理行事，死又何足道哉！因此，他时时告诫自己不能像奸佞小人一样以"人主意悦"为进奏目的，正如《宋史》中所记载："（张栻）每进对，必自盟于心，不可以人主意悦辄有所随顺。"②

除了"得君行道"，张栻向朝廷献言还有一个重要目的，即劝谏圣上亲贤臣、远佞人，防止奸人把持朝政，祸国殃民，并希望更多的贤能之臣能充实进官僚集团，协助君主励精图治，整顿朝纲，显示出其忧国忧民的伟大胸襟。他在《江谏议奏稿序》一文中借赞扬江谏议，袒露了自己这一心声：

自以不世之遇，进见拳拳，不敢不尽，有所闻见，言之唯恐不及，而于远便佞、敦友睦、消党兴，容受直言，尤极反复致意，上往往开纳。会奸人得炳，公旋即补外，窜贬流落以死，天下惜之。……然则为国计者，其可忘封殖爱护，伸忠直之气，遏导谀之萌，以寿天下之脉？而人臣幸王朝，其又可迟回利害之途，自同寒蝉，卒蹈萎靡夷陵，以负吾国家也？③

①　张栻：《南轩先生文集》卷16《王陵陈平周勃处吕后之事如何》，华东师范大学出版社2010年标点本，第260页。

②　《宋史》卷429《张栻传》，中华书局1977年标点本，第12774页。

③　张栻：《南轩先生文集》卷14《江谏议奏稿序》，华东师范大学出版社2010年标点本，第235页。

　　江谏议即江公望（生卒年不详），字民表，宋建德人。熙宁六年（1073 年）中进士，建中靖国元年（1101 年）拜左司谏。屡次犯颜直谏，对宋政府和宋徽宗的不当行为提出尖锐批评，尤其是他敢于屡次上疏弹劾如日中天的奸相蔡京，震动朝野，后虽被贬安南军，但天下人都敬其赤诚刚正。在这篇序文里，张栻高度评价了江公望一心报国的拳拳之心，对其奏疏在"远便佞，敦友睦、消党兴"方面所起的重要作用大加赞扬。他为江公望遭奸人所谗去位感到痛惜，但他仍坚定地鼓励世人，在国家危难之际，"为国计者"决不能因噎废食，也不能为明哲保身而噤若寒蝉，应向江公望那样勇赴国难，积极向朝廷献计献策，给统治者以警醒，给麻木不仁的国人以当头棒喝，以不负朝廷之期望，实现国家的繁荣昌盛。

　　在《跋东坡帖》里，张栻从正反两方面进一步论证了向朝廷进言的重要性，鼓励人臣要尽其责任，像苏轼一样对皇帝"尽所欲言"，以不负圣恩：

　　　　坡公《与银台舍人帖》，殆是行新法时劝其因入对尽所欲言，且曰："人臣事君，惟有竭尽，庶几万一，恐未当以前例为戒。"读斯言，凛凛有生气。士大夫希世求合者固不足问，苟虽有言而怀不自尽，皆徇情惜己，非为臣之义也，读斯言亦可以兴起矣。[①]

　　张栻在这里再次严肃指责了那些"希世求合"、"徇情惜己"、明哲保身的当朝士大夫，完全赞同苏轼"人臣事君，惟有竭尽"的看法，认为这才是真正的"为臣之义"。

　　基于人臣之义、为国尽忠、得君行道等信念，张栻自步入政坛伊始，就一直积极向朝廷进言献策，他在《五士游岳麓图》中曾发出"高谈岂畏丞卿怒"的豪言，并言行一致，一生都信守这一诺言，以实现其"伸忠直之气，遏导谀之萌，以寿天下之脉"的报国志向。

────────────

　　① 张栻：《南轩先生文集》卷 35《跋东坡帖》，华东师范大学出版社 2010 年标点本，第 520 页。

张栻一生誓与金虏不共戴天，他最为痛恨的就是议和之论，认为是一种"割地奉仇"的卖国行径。因此，他在奏疏中首先建议朝廷要明确抗金复仇这一民族大义。他在感谢朝廷为父亲张浚死后加赠太师的表奏中，一针见血地揭露了议和者的丑态，同时再次表达了自己矢志不渝的抗金决心：

> 《谢太师加赠表》：不忧丑虏之方张，惟惧人心之不正。虽蒙神圣之深知，亦致奸邪之横疾。……割地奉仇之论起，合党缔交之谋深。修边备则指为费财，讲武功则目为生事。妄拟偷安于岁月，曾微却顾于兴衰。非惟沮先臣之为，实乃伤陛下之志。铄金成市，卒赖保全；易箦余哀，空存感慨。[1]
>
> 《谢宰执启》（太师加赠）：天理所安，期没身而后已；人臣之义，不与贼以俱生。国余三户而可以亡秦，田有一成而卒能祀夏。[2]

张栻向孝宗指出，求和者置国家民族大义而不顾，以议和为幌子，向金人摇尾乞怜，以苟安于一时，谋一己之私利。为讨好金人，他们对兵财之事讳莫如深，甚至横加阻挠。他们的举动不仅动摇皇上收复失地的意志，还破坏了国家长远的抗战大计，冷却了军民的爱国热忱。因此，金人的骄横凶残并不可怕，那些奴颜婢膝、心术不正的投降派才是宋朝最大的敌人。抗金是最大的"天理"之所在，因此作为人臣，必须立志"不与贼以俱生"，只要众志成城，即使"国余三户"、"田有一成"，依然能够击败金虏。

为打击投降派，实现自己驱逐夷狄的高远志向，张栻首先建议宋孝宗应将抗金复仇视为立国之根本和大纲，所谓"自古为国必有大纲，复仇之义，今日之大纲也"，想以此来坚定孝宗抗金复疆的决心。

---

① 张栻：《南轩先生文集》卷8《谢太师加赠表》，华东师范大学出版社2010年标点本，第138页。

② 同上书，第148页。

他深刻指出，若想恢复宋太祖以来的昔日荣光，归拢日益涣散飘荡的士心民心，拯救黎民和国家于水火之中，统治者就必须将抗金复疆视为治国安邦的头等大事。所谓纲举目张，只有如此，才能调动起社会各阶层报效国家、团结御辱的热情。但是，仅有大纲和口号还远远不够，他进一步指出：

> 虽然，复仇之义固其大纲，而施为举措之间，贵乎曲尽。修德、任贤、立政，又复仇之大纲也。不此之为，而徒曰吾仇之复，有是理哉？故某尝论今日之事，正名为先，而务实为本。盖名实一事，……名不正而实不务，欺当时而贻后患者，亦正论之良莠也，可不察哉！①

张栻将复仇视为长远之计，以"修德、任贤、立政"为当前要务。他指出，如果朝野只是盲目空谈复仇大义，而没有具体务实的经世作为，则根本谈不上复仇攘外。因此在复仇问题上，既要正名立纲，又要务实有为，合内修外攘、正名务实为一事，才能最终取得抗金的胜利。

在抗金复仇这一大纲的指引下，张栻不畏强权，利用自身具备的文韬武略以及与宋孝宗的特殊关系，数次忠言进谏，既主张恢复中原，与金人血战到底，又冷静睿智地为孝宗出谋划策，帮助孝宗励精图治，恢复国力民力，以在抗击金人的战争中取得战略主动。其为国家和民族的重新振兴呕心沥血、死而后已的精神令人动容。正如他在给朱熹的信中所言：

> 某备数如此，自仲冬以后凡三得对，区区之诚，不敢不自竭。上聪明，反复开陈，每荷领纳，私心犹有乎庶几万一之望，正幸教诲之极及，引领以冀也。讲筵开在后月，自此或更得从

① 张栻：《南轩先生文集》卷34《跋戊午党议》，华东师范大学出版社2010年标点本，第507页。

容，以尽底蕴。惟是迹孤愈甚，侧目如林，此则非所计也。①

这封信写于乾道六年（1170 年），即张栻被任命为起居郎兼待讲期间。信中张栻尽抒胸臆，向朱熹叙述了数次与孝宗相见的情景，指出自己的进言有幸多被孝宗采纳，而自己也竭尽所能来帮助朝廷作出正确决策，其得君行道的庄严责任感和神圣使命感溢于言表。

隆兴元年（1163 年），张栻以荫补官，辟宣抚司都督府书写机宜文字，除直秘阁。这一年孝宗新即位，英姿勃发，颇有重整朝纲、恢复疆土之意，并准备重用昔日的抗战派领袖张浚。张浚在高宗时知枢密院事，是坚定的抗金派，他曾先后率军转战川陕、两淮等地，战功赫赫，在南宋朝野均享有盛誉，几乎妇孺皆知。秦桧当政，张浚遭到排挤，被迫离开朝廷达二十年之久，即使这样，金人仍对其十分畏惧，常常派人打听张浚是否被南宋朝廷起用："浚去国几二十载，天下士无贤不肖，莫不倾心慕之。武夫健将，言浚者必咨嗟太息，至儿童妇女，亦知有张都督也。金人惮浚，每使至，必问浚安在，惟恐其复用。"② 孝宗久闻张浚的威名，内心早已非常仰慕，如今要恢复中原，主持大局的最佳人选非张浚莫属。新皇帝锐意进取，力图中兴，对自己又如此尊敬与信赖，令压抑已久的张浚感奋不已。他建议孝宗亲赴建康，以招揽中原百姓之心；陈兵两淮，进军山东，声援西线川陕军队。同时，他还向孝宗举荐了一批力主抗战的人才，如虞允文、陈俊卿、汪应辰、王十朋等，孝宗都一一予以起用。张浚作为抗战派的代表人物也被委以重任，孝宗任命其为枢密使，都督江淮军马，全面负责抗金前线的军事指挥，张浚欣然领命，开府治戎，率师北伐。

张浚以及大批抗金将领被委以重任，一时之间，曾经弥漫朝野的妥协萎靡气氛一扫而空，举国振奋不已，主战派力量也得到极大增强。张栻感奋时局，"慨然以奋伐仇虏，克复神州为己任"，并随父

① 张栻：《南轩先生文集》卷 22《答朱元晦·九》，华东师范大学出版社 2010 年标点本，第 345 页。

② 《宋史》卷 361《张浚传》，中华书局 1977 年标点本，第 11311 页。

征战沙场，以年少周旋于幕府中，内赞密谋，外参庶务，逐渐以卓越的军事才能闻名于世。宋孝宗闻其名声，在绍兴三十二年（1162 年）十一月刚刚继位，就迫不及待地接见了张栻，向他询问抗击金虏之策。张栻感激圣恩，将自己的想法和盘托出，他劝孝宗发愤图强，莫忘中兴大业，“陛下上念宗社之仇耻，下闵中原之涂炭，惕然于中，而思有以振之。臣谓此心之发，即天理之所存也。诚愿益加省察，而稽古亲贤以自辅焉，无使其或少息也，则不惟今日之功可以必成，而千古因循之弊，亦庶乎其可革矣。”① 宋宗孝虽初次与张栻见面，立刻被其真知灼见所折服，遂与之约定下“君臣之契”。君臣私下以朋友相惜，这是中国历史上极为罕见的一幕，由此我们可以想见张栻的定国安邦之才以及卓尔不凡的人格魅力。与宋孝宗的君臣情谊，加之家传的忠孝教育，决定和注定了张栻的一生为南宋的复兴和富强忠言进谏，呕心沥血。

　　张栻一生痛恨小人当政，主张皇帝要远离奸佞，亲近贤能。在首次与宋孝宗的会面中，君臣二人就针对这一问题展开讨论。孝宗慨叹：“伏节死义之臣难得”，张栻回答道：“当于犯颜敢谏中求之，若平日不能犯颜敢谏，他日何望其伏节死义？”孝宗又言难得办事之臣，张栻又说：“陛下当求晓事之臣，不当求办事之臣，若但求办事之臣，则他日败陛下事者，未必非此人也。”张栻苦口婆心地劝谏孝宗不要仅使用身边的“办事”之臣，要重用“犯颜敢谏”之臣、“晓事”之臣，因为只知道唯唯诺诺、讨君主欢心的“办事”之臣很可能成为败坏朝纲的无耻小人，而“犯颜敢谏”、“晓事”之臣既对朝廷忠心耿耿，又具备治国才能，他们都属于伏节死义之臣的范畴。从此以后，劝诫孝宗“亲贤臣、远小人”一直是张栻进言的一个中心议题。如乾道六年（1170 年）十一月，在《论郊礼阴晴札子》里，张栻以祭祀为喻，向孝宗建议：

　　　　陛下之心，即天心也。……天意若曰，今日君子小人之消

---

① 张栻：《南轩先生文集》（附录），华东师范大学出版社 2010 年标点本，第 644 页。

长，治乱之势，华夷之形，绵有所未定，特在陛下之心如何耳。
若陛下之心严恭敬长，常如奉祠之际，则君子小人终可辨，治道
终可成，夷狄终可灭。①

在这个札子里，张栻为正君心，劝谏孝宗将分辨君子小人与国家
"奉祠"之举相提并论，同时将是否亲君子、远小人上升到国家兴
亡、夷狄（主要指金国）能否诛灭的高度，可见他对这一问题的重
视。在《答朱元晦秘书·十五》里，张栻为将祸国殃民的"二竖"
逐出朝廷而欢呼雀跃：

> 闻二竖补外，第未知所以如何。若上心中非是见得近习决不
> 可迩，道理分明，则恐病根犹在。二竖去，复二竖生。又恐其覆
> 出为恶。若得有见识者乘此时进沃心妙论，白发其奸，批根塞
> 源，洗党与一空之，然后善类朋来，庶有瘳乎。②

此"二竖"是指龙大渊、曾觌。龙大渊、曾觌原是孝宗为建王时
的门客，并不具备治国才能，仅因善于察言观色而深得孝宗欢心。孝
宗一即位便破格擢升龙大渊为枢密院副都承旨，曾觌为带御器械兼干
办皇城司。这一决定在全国掀起了轩然大波，包括张栻在内，反对的
奏疏如雪片般不断呈递到孝宗面前，孝宗只得改任龙、曾二人分任知
合门事和权知合门事。乾道元年（1165 年），孝宗命龙大渊赴两淮抚
慰诸军，兼察各地防务，朝野再次掀起声势浩大的反对声浪。延至乾
道三年（1167 年）二月，参知政事陈俊卿弹劾龙大渊与曾觌泄露国
家机密，孝宗被迫将曾、龙驱逐出朝。孝宗贬龙大渊为江东副总管，
出居建康，曾觌为淮西副总管，居和州，消息传出，"中外快之"。
乾道四年（1168 年），龙大渊在任上羞愤而死。龙大渊死后，孝宗又
想召曾觌回朝，为大臣所阻。乾道六年（1170 年），陈俊卿罢相，孝

---

① 曾枣庄、刘琳：《全宋文》（第255 册），上海辞书出版社2006 年版，第18 页。
② 同上书，第75 页。

宗召回曾觌，并恩宠有加。淳熙元年（1174 年），官至开府仪同三司，加少保。淳熙六年（1179 年），陈俊卿一再对孝宗指出朋党的危害，孝宗开始疏远曾觌等人，遭到孝宗冷落的曾觌于淳熙七年（1180年）卒。任贤去佞是儒家治国之道的核心内容，纵观孝宗一朝，重用近佞之臣的弊端一直存在，因此正君心、除近习之弊是张栻劝谏孝宗的重要内容，也是张栻得君行道的重中之重，以至于他在临终遗疏里仍念念不忘告诫孝宗要"亲君子，远小人，信任防一己之偏，好恶公天下之理"。

隆兴元年（1163 年）五月，在张浚指挥的宋金"符离之战"中，宋军遭到重创，士气低落，宋孝宗一度燃起的抗金信心也出现动摇，他起用秦桧死党汤思退为右相，又密派丧权辱国的卢仲贤出使金营议和。张栻奉父命急赴行在入见孝宗，冒斧钺之诛，愤慨陈词，极言和议之非，奏言卢仲贤辱国无状，擅许四州，罪当严惩："仲贤不可不明其罚，朝廷与为表里，不可不察"，孝宗无奈只好诏令将卢仲贤交付大理寺论罪，夺其官职。隆兴二年（1164 年）四月，在奸相汤思退等投降派的排挤打击下，张浚父子再次被谗去位，张栻随父罢归。朝廷停战罢兵，割地求和，签订了屈辱的"隆兴和议"。张浚也饮恨逝世于江西余干，在弥留之际仍不忘恢复中原，吊民伐罪，可谓死不瞑目。张栻听到"隆兴和议"的消息后，几乎无法抑制内心的愤怒，他在给朱熹的书信中说道："复和仇敌，使命交驰，痛心痛心！"又说："近世议论，真所谓'谋其身则以枉寻直尺为可以济事，谋人国则以忘亲苟免为合于时变。'"前者痛心疾首，后者讽刺冷峭，一向追求中和醇厚的张栻，以几近失态的言行，表达了自己内心的悲凉和愤懑。但是，张栻并未被一时的消极情绪所困扰，他随后及时调整心态，偕同弟弟张杓护送父亲灵柩归葬湖南宁乡，丧事刚料理完毕，就连夜草疏上奏，痛陈国失之原因乃在朝廷战和不定，奏疏说："吾与虏人不共戴天之仇，向来朝廷虽亦尝兴缟素之师，然玉帛之使未尝不行乎其间，是以讲和之念，未忘于胸中，而至诚恻怛之心，无以感格乎天人之际。此所以事屡败而功不成也"，为了打消孝宗重新打算苟安求和的怯懦心理，张栻又进而规劝说：

今虽重为群邪所误，以蠥国而召寇，然亦安知非天欲以是开圣心哉？谓宜深察此理，使吾胸中了然无纤芥之惑，然后明诏中外，公行赏罚，以快军民之愤，则人心悦，士气充，而虏不难却矣。继今以往，益坚此志，誓不言和，专务自强，虽折不挠，使此心纯一，贯彻上下，则迟以岁月，亦何功之不成哉！①

张栻希望孝宗不要为奸邪无耻的投降派所蛊惑，一定不要在战和之间来回摇摆，应更加坚定抗金复仇这一朝廷大纲，下诏誓不与金人言和，重新鼓舞全民抗金的信心和勇气。可惜这一奏折因受到求和派阻挠而未送达孝宗手中，但从中可以窥见张栻对朝廷的赤胆忠心和一腔爱国热忱。

乾道元年（1165 年）三月，张栻经刘琪举荐，除知抚州府，随即又改任严州知府。赋闲之时，张栻对国事久有谋虑，趁重新奉召赴任之际，他奏言皇上说："先王之治，所以建事立功，无不如志，以其胸中之诚，足以感格天人之心，而与之无间也。今规画虽劳，而事功不立，陛下诚深察之，日用之间，念虑云为之际，亦有私意之发，以害吾之诚者乎？"张栻对宋廷江山破碎，统治集团却沉迷于歌舞升平的虚假繁荣之中甚为忧虑。尽管是第二次被起用，但张栻毫不计较个人的前途得失，他在奏疏里并不粉饰太平，歌功颂德，而是从社稷存亡的角度出发，直言不讳地建议孝宗要积极建立事功，收复失地，治平天下，表现出为国为民奋济世艰的强烈忧患意识。

张栻在严州任上，十分关注百姓疾苦，他根据自己的切身感受，曾向孝宗上疏说："夫欲复中原之地，当先有以得其百姓之心；欲得中原之心，当先有以得吾百姓之心。而求所以得吾民之心者，岂有它哉，不尽其力，不伤其财而已矣"。经过认真勘察比较，张栻认为严州地区土地贫瘠，百姓生活困苦不堪，但此处赋税却是所有州郡之中最重的，因此他为民请命，奏请孝宗曰："惟是此方，素称瘠土，而其输赋，独重他州。编居半杂于山林，稔岁犹艰于衣食。观其生理，

---

① 张栻：《南轩先生文集》（附录），华东师范大学出版社 2010 年标点本，第 644 页。

良足兴嗟。臣谨当咨访里间，推原根本，悉陈利害之实，仰希冀恩泽之流。视民如伤，用体大君之德意；为国以礼，更思先圣之格言。"①经过张栻的下情上传，当地百姓得以减免当年赋税的一半。在调离严州前夕，张栻向孝宗进言表达谢恩之情，并深有感触地说："夫所贵乎儒学者，以真可以经世而济用也。若夫腐儒则不然，听其言则汗漫而无纪，考其事则迂阔而无成，则亦安所用夫学哉？"这一番心迹的表白，生动体现了张栻抱经邦济事之志，匡世救民，经世致用的实学思想，孝宗看完奏疏后十分赞赏，并被张栻为国为民的赤子之心所深深感动。

乾道六年（1170 年）是张栻政治生涯的重要一年。是年，张栻又被重新起用，任吏部员外侍郎，并暂时兼任起居郎侍立官，兼待讲。在这一年的时间里，他频繁面见圣上，被孝宗召对达六七次之多，所言"大抵皆修身务学，畏天恤民，抑侥幸，屏谗谈"，在与朱熹的信柬来往中，他详细向朱熹诉说了这段时间里，自身所经历的荣耀、感激和不安的复杂心路历程：

　　　　某出入省户，日愧无补，所以见告者所为实获我心，但请对之说容更思之。区区本欲俟转对，对却在正初，又恐迟耳。自念学力未到，诚意不能动人，只合退归，勉其在我者。然窃念吾君聪明勤劳，不忍只如此舍去，当更竭尽，反复剖判，庶几万一拳拳之心不敢不自勉，惟吾兄实照知之。写至此，不觉鼻酸也。②

信中张栻谦称学力不足，怕自己的进言对朝纲无补，因此恳请朱熹多为出谋划策。但他坚定地告诉朱熹，自己对孝宗寄予厚望，一定会知难而进，竭尽全力，以自己的拳拳报国诚意感动圣上，一定不会辜负朱熹等志同道合者"得君行道"的共同愿望。由于出于至诚，张栻在写信过程中甚至潸然泪下，不能自已，可见其报效国家之志是

① 曾枣庄，刘琳：《全宋文》（第 255 册），上海辞书出版社 2006 年版，第 7 页。
② 同上书，第 92 页。

多么深沉决绝！

这一年之内，张栻抓住与孝宗经常见面的时机，屡进忠言，避免了几次不利于国计民生事情的发生，其不畏强权的刚正品格和治国安邦之才能在与孝宗的几次对话中显露无遗。

一是阻止了宰相虞允文盲目与金国交涉领土问题。是年六月，虞允文听说金国出现大的饥荒，国内局势也动荡不安，认为出现了向金人叫板的良机，建议派遣使者前往金国，以索取徽、钦二帝陵寝为名，敦促金人归还洛阳、巩县等失地。满朝文武皆认为此举不妥，甚至会引来刀兵之祸，不少大臣上奏制止，但"士大夫有忧其无备而召兵者，辄斥去之"，因此再无人敢进言。面对严峻局势，张栻不顾个人安危挺身入对，请求见孝宗陈说利害。孝宗诏准后问张栻："卿知虏中事乎？"张栻对曰："不知也。"孝宗曰："虏中饥馑连年，盗贼四起。"栻对："虏中之事臣虽不知，然境中之事则知之详矣。"上曰："何事？"栻对："臣窃见比年诸道亦多水旱，民贫日甚，而国家兵弱财匮，官吏诞谩，不足倚仗。正使彼实可图，臣惧我之未足以图彼也。"张栻向孝宗实事求是地分析了南宋自身的形势，认为虽然金国国内出现一些危机，但毕竟元气未伤；而南宋此时百废待兴，国势虚弱，所谓"多水旱，民贫日甚，而国家兵弱财匮，官吏诞谩"，在这种情况下轻率地向金人施加压力，可能招致刀兵之灾难。孝宗听完后"默然久之"，但仍举棋不定。张栻进一步劝慰孝宗曰：

　　臣窃谓陵寝隔绝，言之至痛。然今未能奉词以讨之，又不能正名以绝之，乃欲卑词厚礼以求于彼，其于大义已为未尽，而异论者犹以为忧，则其昧陋畏怯，又益甚矣。然臣窃揆其心，意其或者亦有以见我未有必胜之形，而不能不忧也欤？盖必胜之形，当在于蚤正素定之时，而不在于两陈决战之日。今日但当下哀痛之诏，明复仇之义，显绝虏人，不与通使。然后修德立政，用贤养民，选将帅，练甲兵，通内修外攘、进战退守以为一事。且必治其实而不为虚文，则必胜之形，隐然可见。虽有浅陋畏怯之人，亦且奋跃而争先矣。①

　　张栻站在孝宗的角度，理解孝宗收回祖宗陵寝的迫切愿望，但仅派使者低声下气、毫无底线地与金人商谈归还，无异于与虎谋皮，不仅达不到目的，还徒增屈辱，大国颜面尽失，造成更为被动的局面。所谓"君子报仇，十年不晚"，在没有必胜把握之前，朝廷应内修外攘，首先下诏与金人势不两立，坚定民众抗战之志；然后励精图治，"修德立政，用贤养民，选将帅，练甲兵"，待国势昌盛、有必胜把握之时，再一举收复失地，此乃真正的釜底抽薪之策。孝宗被张栻一番放眼长远、切中肯綮的肺腑之论所打动，以至于"改容称善，至于再三"，随即否定了虞允文不切实际的错误意图。

　　二是督促朝廷取消苛政。宰相虞允文重用史正志为发运使，名为均输，实际是假公济私，地方州县的财富被大量掠夺，致使民怨沸腾，士大夫争相指责其为祸四方。张栻也认为这一措施荒唐不可取，遂向孝宗陈述其害，但孝宗因受了史正志的蛊惑，被一时假象所迷惑，认为史正志的做法只是取之于诸郡县的财富，不是取之于民。张栻说："今日州郡财富大抵无余，若取之不已，而经用有缺，不过巧为名色取之于民耳！"孝宗矍然曰："如卿所言，是朕假手于发运使以病吾民也。"经过认真调查，事实确实如张栻所言，孝宗便下诏停止了此项弊政。

　　三是上疏反对起用外戚张说为枢密使。有宋一代，宋廷对宦官和外戚染指朝政一直十分敏感。然而在虞允文的支持下，朝廷欲用合门事张说除签枢密院事，舆论一片哗然。张说，开封人，其父张公裕曾为省吏，为和州防御使，建炎初立有军功。张说因父恩荫为官，娶寿圣皇后（即赵构皇后吴氏）女弟，由是累迁知合门事，是典型的靠外戚身份跻身朝堂者。张栻得知这一消息后"夜草手疏，极言其不可"，并于翌日朝堂之上，当面指责虞允文："宦官执政，自京（蔡京）、黼（王黼）始，近习执政，自相公始"，言辞十分激烈，宰相

---

①　张栻：《南轩先生文集》（附录），华东师范大学出版社 2010 年标点本，第 646 页。

虞允文始料未及，在群臣面前被问得张口结舌，"惭愤不堪"。而孝宗认为张栻所言有理，亲自在张栻的札子上批示，交给丞相虞允文，要求重新考虑张说的任用问题。张栻趁热打铁，又上奏曰："文武之势诚不可以太偏，然今欲左右文武以均二柄，而所用乃得如此之人，非惟不足以服文吏之心，正恐反激武臣之怒也。"[①] 张栻认为虞允文的做法是出于个人"均二柄"的私心，不是真正为国家社稷的长远着想，因此断不可为。张栻一针见血的切直言论使孝宗幡然醒悟，"于是上意感悟，命得中寝"。张栻虽然成功制止了张说的任命，但也因言语过于耿直，遭到丞相虞允文的怨恨，乾道七年（1171 年）被排挤出京城临安，出任袁州太守。张栻离开后，虞允文仍一意孤行，再次建议任命张说为枢密使，但由于张栻此前所造成的强大社会舆论，朝野内外对此事一致反对和声讨，孝宗再次否定了虞允文的提议，张说也在一片讨伐声中被贬谪出京，不久羞愤而亡。

淳熙二年至淳熙四年（1175—1177 年）间，张栻在静江任上兢兢业业，政绩卓著，受到当地官民的热烈拥护，孝宗听说后十分欣慰，诏令张栻返朝，准备委以重任。张栻趁此机会，将自己在任期间的著作、治国建议、尚未呈递的表奏一股脑带到孝宗面前，期望引起孝宗的重视：

> 南轩自桂帅入朝，以平日所著之书并奏议讲解百余册装潢以进，方铺陈殿陛间，有小黄门忽问左司："甚文字许多？"南轩白之曰："教官家治国平天下。"小黄门答曰："孔夫子道：'一言可以兴邦。'"孝宗闻此言亦笑。[②]

殿前侍奉宋孝宗的一位"小黄门"（宦官）以孔子"一言可以兴邦"来揶揄张栻将"百余册"的皇皇论著带到皇帝面前，虽铺满了宫殿，但可能起不到任何作用，孝宗对此也有些不以为然。但张栻却

---

① 张栻：《南轩先生文集》（附录），华东师范大学出版社 2010 年标点本，第 648 页。

② 丁传靖：《宋人轶事汇编》，中华书局 2003 年版，第 779—780 页。

十分庄重地驳斥这位小太监，告诉他自己是来协助当今圣上治国平天下的，这些心血之作一定能帮助到圣上。从这则逸事我们可以深切感受到张栻心忧朝政的拳拳报国之志。

值得注意的是，张栻在抗金复仇的过程中，始终把"用贤养民"与抗金收复中原紧密联系在一起，不仅敢为"民贫日甚"仗义勇言，而且还奏疏拯救民病之策，提出安内方能御侮。这是一种英明、长远的御敌之策，显示了张栻在抗金事业上不是仅凭一腔热情，而是冷静、睿智和高瞻远瞩。如他作为侍讲，在讲解《诗葛覃》时与孝宗的一段对话：

> 治生于敬畏，乱起于骄淫。使为国者每念稼穑之劳，而其后妃不忘织纴之事，则心不存者寡矣。因上陈祖宗自家刑国之懿，下斥今日兴利扰民之害。上叹曰："此王安石所谓'人言不足恤'者，所以为误国也。"①

张栻以古喻今，向孝宗指出，修内是当务之急，当前的混乱局面主要源于官僚士大夫的骄奢淫逸和尸位素餐，要用国家法令严格监督他们，使其有所敬畏；同时，还要顾念"稼穑"等民生事宜，严厉打击官员中那些为中饱私囊而"兴利扰民"的害群之马。孝宗十分叹服，并认识到统治者刚愎自用、自认为"人言不足恤"的心态对国家有害无益。

在另一次奏折中，张栻指出："今日但当下哀痛之诏，明复仇之义，显绝虏人，不与通使。然后修德立教，用贤养民，选将帅，练甲兵，以内修外攘、进退战守通为一事，且必治其实而不为虚文，则必胜之形，隐然可见。虽有浅陋畏怯之人，亦且奋跃而争先矣。"在这里，张栻把"求所以得吾民之心"以及"内修"作为解决国家民族安危的支点，认为君子应对天下之事作精察细研，重视治国救民的实用技能，尤其要重视整军备战这一大事。他建议朝廷应在平时"选将

---

① 黄宗羲：《宋元学案》，中华书局 1982 年标点本，第 1610 页。

帅，练甲兵"，改革军政，研究文韬武略，以备不时之需。张栻认为儒家学者应该于天下之事无所不当究，尤其对于当前极为重要的法度纪律、军事用兵，更应该积极考索，这正是其传道济民、明万事、经世致用等教育思想的集中体现。张栻认为宋政府只有这样施政才能使民众信服，一旦国家有难，民众就能奋起康济世艰，匡世济难，解救国家于水火之中。

全祖望在《宋元学案·南轩学案》中总结道："先生在朝未期岁，而召对至六七，所言皆修身务学，畏天恤民，抑侥幸，屏谗谈，于是宰相惮之，近习尤不悦。"① 张栻的一生，大部分时间在研习学问、讲学传道，一段时间在地方为官，两次在朝时间不到两年，但其自绍兴三十二年（1162 年）步入政坛以来，在朝在野共进谏达十数次，其长期刚正廉直、犯颜直谏的举动，势必会触犯当朝权贵的权益，并一度成为他们的眼中之钉，由此也注定了张栻在政治上的悲剧命运，他的悲剧命运也是中国古代一批肩担道义的士大夫的缩影，正是这种悲剧性，给这些民族脊梁们的命运涂上了一种强烈的悲壮色彩。

总之，张栻一生都在为南宋的安危和中兴忠言进谏，呕心沥血。在弥留之际，他仍念念不忘社稷安危，在写给孝宗的最后遗奏里，他说：

> 臣再世蒙恩，一心报国。大命至此，厥路无由。犹有微诚，不能自已。伏愿陛下亲君子，远小人，信任防一己之偏，好恶公天下之理。克恐丕图。臣死之日，犹生之年。②

奏疏读来感人至深，催人泪下，只可惜"邸吏以庶僚不得上遗表，却之"，孝宗最终没有亲览这一泣血之作。的确，张栻的一生充满了深沉的忧国忧民的忧患意识，在上忧其君，在下则忧其民，进退

① 黄宗羲：《宋元学案》，中华书局 1982 年标点本，第 1610 页。
② 张栻：《南轩先生文集》（附录），华东师范大学出版社 2010 年标点本，第 646 页。

皆忧。可以说，"心忧天下"是张栻一生的真实写照，也是其教育思想、学术宗旨的深刻注解，正如朱熹在《南轩先生文集序》所赞：

> 入侍经帷，出临藩屏，则天子亦味其言，嘉其成绩，且将倚以大用。……其立朝论事及在州郡条奏民间利病，则上意多纳之，亦有颇施行者。……敬夫所以尧舜吾君，而不愧其父师之传者，读者有以识其端云。①

从"上意多纳之，亦有颇施行者"可以看出，孝宗深受张栻影响，张栻的进言在孝宗面前分量十足。朱熹对此高度评价，认为张栻已完全尽到人臣之职责，无愧于张浚和胡宏等前辈名宿的教诲。

朱熹的观点具有广泛代表性，南宋学者罗大经在其笔记小说《鹤林玉露》里，就指出了张栻所上奏疏在当时的巨大影响：

> 刘国平云："奏疏不必繁多，为文但取其明白，足以尽事理，感悟人主而已。"此论极好，如《伊训》、《说命》、《无逸》、《立政》所未论，只如诸葛孔明《前》、《后出师表》，何尝费词。近时如张宣公自都机入奏三札，陆象山为删定官轮对五札，皆可法。②

罗大经认为张栻呈递给朝廷的奏疏，承继并弘扬了以往优秀奏疏所具备的文意明白、说理清楚、感悟人主的特质，堪称当世奏疏的典范之作，应成为士大夫效法的对象。可见张栻所上奏疏在当时朝野之间引起的震撼是多么强烈。

---

① 张栻：《南轩先生文集》（附录），华东师范大学出版社 2010 年标点本，第 2 页。
② 罗大经：《鹤林玉露》，《宋元笔记小说大观》，上海古籍出版社 2002 年标点本，第 5245 页。

第三节 参赞军务，攘外修内

张栻自幼家传忠孝，少年时期就跟随父亲长期征战沙场，他目睹金人入寇中原的残暴，大宋百姓在金人铁蹄下鸣号奔逃，以及父亲临终前壮志未酬的遗恨，国仇家恨交织在一起，铸就了张栻坚如磐石般的抗金意志。乾道五年（1169 年），张栻在《跋郑威愍事》中赞扬了郑威愍的功绩，同时回忆了自己从军驰骋疆场的时光：

> 郑威愍公守同州，城陷死之，可谓得其死矣。读公书辞，胸中所虑盖已素定。嗟乎！义之所在，君子蹈之，如饥之必食，渴之必饮，不可改也。若一毫私意乱之，则顾籍牵滞，而卒失其正矣。然则观公之为，岂不凛然可贵哉？先公使川陕时，得公死时事为详。某侍旁，盖敬闻之矣。[①]

郑威愍公，名骧，字潜翁，信阳怀玉人，宋元符年间进士，官任直秘阁事务。在靖康年间，金人分兵向西进攻，关陕各个城池，指戈辄靡，如无守者。郑威愍当时正好任同州太守，锐志固守，同州也因此成为北宋西陲唯一的屏障。金人大兵压境，郑公毫不畏惧，从容调遣，与金人鏖战五个月之久，并派人四处寻求援兵，但由于相邻州县的宋军早已被金人吓破胆，邻兵无一至者，城遂破，公力竭战死。张浚因随后镇守川陕，对郑威愍的悲壮事迹了解甚详，对其人也十分景仰，经常对身边的幼子张栻讲述，以强化其爱国意识。从"某侍旁"可以看出，张栻常常随侍父亲张浚身边转战疆场，这种自幼不凡的人生经历对张栻抗金思想的产生起到了至关重要的推动作用。

张栻抗金思想的形成，还与恩师胡宏息息相关。胡宏不仅是一位洞晓圣人之学的著名理学家，还是一位坚定的抗金志士，并具备卓越

---

① 张栻：《南轩先生文集》卷 34《跋郑威愍事》，华东师范大学出版社 2010 年标点本，第 514 页。

的政治才能。他一生在动荡中度过，亲历国难，身履家亡，目睹了生灵涂炭，痛感时弊，力图将其所学用于匡时救世、抗金复仇之上。他在《上光尧皇帝书》中痛陈："蕞尔女真深入诸华，劫迁天子，震惊陵庙，纡辱王家，害虐蒸民，此万世不磨之辱，臣子必报之仇，子孙之所以寝占枕戈，弗与共天下者也。"① "蕞尔"一词表现出对金国这一夷狄的不屑以及对其以下犯上的愤怒。其父胡安国以治《春秋》出名，胡宏在这里也借用《春秋》中的"华夷之辩"来阐明其"尊王攘夷"的复仇大义。他在《偶书》中写道：

> 一丘自足何足营，万里神州长在眼。
> 莫愁风景异山河，晴天云荫清峰晚。②

胡宏在诗句表达了对朝廷抗金复疆的强烈期盼，并发出振聋发聩的疾呼声，他希望高宗能尽快下决心兴兵北伐，迎回二帝，以雪前耻："加兵北伐，震之以武，心目睽睽，犹饥渴之于饮食"，希望南宋能整饬军队，加强训练，改变经常兵败沙场的现状。"立复仇之心，行讨乱之政，积精积神，神而用之，与民更始"，表现出为民族披肝沥胆的爱国主义情操。恩师的抗金主张和为民族大义奔走呼号的言行对张栻的抗金思想不可避免地产生了深刻影响。

为了抗战救国，张栻不仅为之奔走呼号，屡屡上表疏论，督促最高统治者坚定抗战路线，而且还以一介儒生参与军戎，参赞军务筹划北伐，身体力行抗金大义。张栻因一直跟随父亲身边耳濡目染军情军务，因此少年时期在军中就以"晓畅军务"而著称，他从父亲身上习得了许多可贵品质，并协助父亲内赞密谋，外参庶务，有效地阻止了金军的侵犯。无论驰骋疆场，还是政务与教学活动中，张栻都非常留心军事防务问题，在军政大事的处理上，有自己独到的见解和办法，因此深受父亲张浚的器重。绍兴七年（1137年）三月，南宋大

---

① 《胡宏集》，中华书局1987年标点本，第84页。
② 同上书，第75页。

将刘光世因骄惰怯敌被罢去军职，宋高宗拟将刘光世所部划归岳飞，但遭到枢密使秦桧的反对，张浚也表示反对。宋高宗遂以刘光世部将王德任左护军都统制，郦琼任副都统制，以兵部尚书、都督府参谋军事吕祉节制。郦琼不服王德后来居上，多次奏请调整，但均被驳回。郦琼忍无可忍，在是年八月，他杀掉吕祉等，裹胁4万人叛变，投奔金人扶持下的伪齐政权，史称"庐州之变"。张浚作为右相兼都督，受朝廷责令，全权负责处理这场兵变。张浚稳定情绪，指挥若定，有效控制了这场惊心动魄的兵变，使其对南宋政权的危害降至最低：

> 绍兴中，刘光世在淮西，军无纪律。张魏公为都督，奏罢之，命参谋吕祉往庐州节制。光世颇得军心，祉，儒者，不知变，绳束顿严，诸军怨怨。统制郦琼率众缚祉，渡淮归刘豫。魏公方宴僚佐，报忽至，满座失色。公色不变，徐曰："此有说，第恐虏觉耳。"因乐饮至夜分，乃为蜡书，遣死士持遗琼，言"事可成，成之；不可，速全军以归。"虏得书，疑琼，分隶其众，困苦之，边赖以安。南轩（张栻）言："符离之役，诸军皆溃，唯存帐下千人。某终夕彷徨，而先公方孰寝，鼻息如雷。先公心法，如何可学！"①

由于低估了刘光世在军队的影响，加上误遣不知变通的文官吕祉前往节制，最终导致了"庐州之变"的出现。但张浚经过与幕僚们的精心策划，采用离间之计，成功挑起了金人与南宋降军之间的猜疑，瓦解了郦琼部队的军心，使边关得以保全。尽管事后张浚受到降职处分，但他在这次事变上的果敢决绝，以及在随后"符离之役"中的临危不惧，对张栻幼小的心灵产生了强烈冲击，父亲那种处变不惊、指挥若定的大将风度，也为其以后亲自处理军政大事产生了深刻影响。

---

① 罗大经：《鹤林玉露》，《宋元笔记小说大观》，上海古籍出版社2002年标点本，第5173页。

张栻出生在张浚组织川陕保卫战时的四川阆中军营中，因此从呱呱落地开始，就跟随父亲张浚转战沙场、参谋军事，抗金报国，北伐中原。宋孝宗隆兴年间，张浚被重新起用，组织筹划第二次北伐战争，准备驱逐金虏，收复中原。一天，张栻陪父亲张浚前往江淮前线视察，忽报金兵骑至，张浚以城中兵少为忧，就问张栻曰："将何以应之？"张栻说："惟当率城中军民戮力一战，不得已，则父为君死，子为父死而已"。张浚闻听后，十分赞许儿子的言论。"父为君死，子为父死"，这就是张栻大义凛然、视死如归的民族精神，在民族最为危急的时刻，这两位作为当时名震寰宇的儒者和民族英雄驰骋在最前线，保家卫国，其为国献身之精神令人动容，这也是我们当今社会必不可少且极其缺乏的一种精神。

淳熙五年（1178年），孝宗闻张栻治理静江有方，乃诏张栻为特转承事郎进直宝文阁，寻除秘阁修撰、荆湖北路转运副使，改知江陵府（今湖北江陵），安抚本路。在任荆湖北路转运副使、知江陵期间，他成功粉碎了金人的一次重大阴谋，成效不亚于取得抗金战场上的一次重大胜利。是年，金统治者派遣一批金人入境，勾结宋朝京西路的流寇盗劫杀人，以制造恐怖气氛。他们抢掠财物，杀人放火，杀官夺府，无恶不作。但当这伙贼寇途经荆湖北路时，却遇到了真正的对手——张栻。张栻认真调查，周密布置，最终拿获了一部分贼人。张栻把捕获的这些里通敌国的流寇全部斩首示众，而将其中部分金国官员释放回营报信，以宣扬国威，震慑敌心。金统治者得知这一消息后，大为震惊，感叹宋朝有人。这段历史在张栻给朱熹的信中有详细记载：

> 京西界中有贼过北界，劫其县，杀其令，归途涉本路境，追捕得数辈，枭于境上。其中有房中官员亡奴过来勾引京西贼天下之恶一也，亦缚送之。边头之人初颇不安，赖此安静。……此间出门既是平原，走襄阳仅六百里，要兵要粮，此当往助，若放贼入肝脾里，人心瓦碎，何守备焉？向来刘信叔、张安国皆有缓急移保江北之论，乃大谬也，使贼到此处，何以为国？守臣但当握

节而死耳。渠颇悚然。然某所恃者有此两万来义勇，所当整顿，缓急有隐然之势也。[①]

　　在瓦解金人阴谋后，荆湖北路肃然安静。但是，张栻并未满足，经过勘察，他对此地的长远安全十分担忧，因为该地地形为六百里平川，毫无屏障可守，金人一旦来攻，守军根本无法抵抗，只能持节而死。而金人如果占据此地，就相当于在南宋心脏腹地安插一颗钉子，宋境永无宁日。而此时朝中大臣都倾向于将江北视为布防重点，张栻以亲身体会驳斥这些荒谬之论，并积极训练两万义勇军，以防不测。

　　南宋内忧外患，外有金人的不断侵扰，内又有农民起义不断，社会动荡不堪。在这种严峻形势下，张栻经过冷静分析，认为若想真正达到攘外的目的，安内决不能忽视，因为贼寇四起，老百姓处于水深火热之中，自顾不暇，复仇之义根本无从谈起。因此安内是当务之急，攘外是国家的立国之大纲和根本，二者紧密联系，不可偏废。基于这种认识，张栻一边大声呼吁朝廷绝不与金人议和妥协，并亲自投身于抗金前线，一边告诫宋朝统治者要注意稳定国内局势，坚决扫平内乱，稳定人心，为百姓的生产生活创造一个安定和谐的氛围，以凝聚起全民族的力量，最终复仇金人，收复失地。远在乾道元年（1165年），郴州爆发了由李金领导的声势浩大的农民起义，起义军连破郴州、桂阳两城，南宋朝廷闻讯后惊恐不安，立即从前线抽调兵力应急，并派湖南安抚使知潭州刘珙前往清剿。刘珙早已闻听张栻颇具军事才能，因此折节向张栻问破起义军之策，张栻为之出谋划策，辅佐刘珙镇压了这次农民起义。朱熹在《右文殿修撰张公神道碑》里记述了此事："始公出幕府，即罢外艰，屏居旧庐，不交人事。会盗起郴、桂间，声摇数路。湖南帅守刘公珙雅善公，时从访问筹策，卒用以破。"[②] 朱熹随后又评价说："郴寇掩击官军，反为官军所蹙，势已

　　① 张栻：《南轩先生文集》卷24《答朱元晦·三六》，华东师范大学出版社2010年标点本，第371页。
　　② 张栻：《南轩先生文集》（附录），华东师范大学出版社2010年标点本，第647页。

小衄"。起义军竟然主动掩杀官军，可见其声势相当浩大，但在刘张二人的联手清剿下，义军最终覆灭。史书中并没有张栻直接参加战斗的记载，但他仍是这次战争的重要功臣，他卓越的军事才干通过刘珙等人的大力宣扬，迅速为世人所知。

在主政一方之时，张栻所到之处，第一个重要的施政措施就是"选将帅、练甲兵"、剿灭盗贼，将边防和社会治安放在施政的第一步，以使百姓从水深火热之中迅速解脱出来，并安居乐业。他在帮助刘珙平定郴州贼寇之后，对湖南以至于全国贼寇四起的现象进行了深刻反思，他说：

> 湖南缘向来有位者惠奸长恶，养成郴贼，共父（刘珙）到，颇能明信赏罚，上下悦之。今鄂兵集者五千人，若措置得宜，当数月而定。但今时一种议论，待盗贼只知有招安，正如待仇虏只说和一般，此贼蹂践三路，杀掠无数，渠魁岂可不铲焉？特散其党与可耳。郴、桂盗贼幸有平定次第，但安辑反侧，抚存凋瘵，正惟非易。如病痏疽，需消尽毒气，使血脉贯通，方为无事。[①]

湖南由于地方官与盗贼坐地分赃、沆瀣一气，导致盗贼逐渐形成气候。刘珙的到来，彻底改变了这一局势，他对盗贼毫不姑息手软，采取高压态势。对僚属和士卒则"明信赏罚"，获得拥戴，最终有效地遏制了盗贼的猖獗势头。目睹盗贼"蹂践三路，杀掠无数"的罪恶行径，张栻十分赞赏刘珙平定贼患的决心，反对有些朝臣提出的向盗贼招安的议论，认为对盗贼招安和对金人议和没有什么两样，都是一种妥协投降的软弱行为，只有坚决镇压，用武力震慑贼人，才是釜底抽薪之策，就像一个人要彻底治好疽病，就必须排出体内毒气，使血脉贯通一样。

基于上述理念，张栻在任上充分发挥自己的军事才能，对治下的盗贼之患采取了坚决清剿的策略。如淳熙年间（1174—1177 年）他

---

① 张栻：《南轩先生文集》（附录），华东师范大学出版社 2010 年标点本，第 329 页。

在知静江府并经略广南西路的四年内，在治理盗贼方面成效就十分卓著。广南西路茶贼十分猖獗，严重威胁人民生命财产安全，张栻初来广西之时，正是茶贼最为活跃的时期：

> 茶贼在禾山二十日，诸军环视，曾不得一正贼，今日兵将诚足用耶？今闻复出禾山，深虑其越逸，彼中有闻，时幸示报。……盖彼中失信于人久矣，此贼起初失于不招，今既已残害许多将与兵，却不可招。若合大军五千而不能擒，此则亦无以为国矣。①

张栻初来乍到，面临着十分严峻的治安形势：茶贼长期活动在禾山一带，他们骁勇善战，官军被打得落花流水，兵败将亡，丝毫不敢撄其锋芒；官府曾打算招安茶贼，但后来因失信而遭到茶贼的怨恨，因此招安的想法根本不现实。但张栻并没有被眼前的困难所吓倒，他自信凭借自己的军事才能，加上手中有五千军兵可用，一定能剿灭贼寇。因此他一面呼吁相邻州县协助拿贼，一面与茶贼势不两立，发誓报效国家，并为死难的宋军和百姓复仇。

经过一段时间的调查，张栻逐渐掌握了茶贼的动向和许多重要情况，遂开始制订清剿计划。他在《答朱元晦·三七》中，向朱熹详细叙述了自己两次较大规模的缉捕茶贼的行动：

> 缘初到时承纵盗之后，不免重赏，连获江湖间几年积年杀人之贼，以正典刑。又有一贺之美者，乃一路囊橐渠魁，六七年来激茶客为盗，误官军使败，且假盗以报冤，用此致家资累巨万，一路之人怨毒之深，畏之甚如虎狼，不免逮捕按诛，徙其妻子，尽快没其资，归之有司而不有之，并按治宪司大吏向来受贿故纵

---

① 张栻：《南轩先生文集》（附录），华东师范大学出版社 2010 年标点本，第 425 页。

也。今年茶客尽循约束，无一夫敢持兵行于途中。①

所谓"擒贼先擒王"，张栻在捕盗捉贼时也主要采取这一策略。他指挥得当，采用保伍之法、鼓励并重赏举报者等措施，在掌握盗贼活动规律之后，一举捕获了其中一批对百姓危害严重、罪大恶极者，并立即斩首示众，以震慑其他贼人；其次，张栻经过明察暗访，最终查出一位隐藏很深、阴险狡诈的盗贼头领。这位盗贼"渠魁"表面身份是当地的缙绅巨贾，也曾在张栻前来就任之时假意前来祝贺。但他长期勾结一些地方官吏，唆使一路茶客为盗，通过非法手段积累了大量不义之财，并屡次误导前去清剿的官军，导致官军屡战屡败。同时，他还经常借助盗贼之手诛杀那些揭露和反抗他的人，一路百姓对其恨之入骨，但敢怒不敢言。张栻了解到真实情况后，迅速调兵遣将，诛杀了这一"渠魁"，将其财产充公，妻儿发配，最终遏制住了茶客为盗的严重局势。

在静江任上一年有余，张栻就将境内治理得井井有条，盗贼或被歼灭，或逃往他处，广西境内则一片宴然。正如张栻在《与曾节夫抚干·八》中所言："某承乏亦且一载矣，……而积年狡盗，悉就擒剿，人情颇安。"随后，他在与朋友的信中曾多次提到这一点，如在《答朱元晦·一四》中，他曾颇为自得地说："（广南西路）目前幸岁稔盗息，人情相安"，说明此刻广南西路在其治理下，贼患已得到有效控制；在《答朱元晦·十八》中，他又说"本路缘数剧盗皆就擒，远近殊帖静"，反映出他对境内盗贼长期实施铁血手腕。

淳熙五年（1178年），由于张栻在广南西路知静江府的特殊贡献，朝廷改任张栻为湖北路转运副使、改知江陵，安抚本路。湖北盗贼尤多，官府对他们睁只眼闭只眼，毫不在意，甚至相互勾结，共同残害百姓。但张栻到来以后，情势大变，他以铁腕手段迅速剿灭了匪患。据史书记载："公入境，首劾大吏之纵贼者罢之，捕奸民之舍贼

---

① 张栻：《南轩先生文集》卷24《答朱元晦·三七》，华东师范大学出版社2010年标点本，第372页。

者斩之，群盗破胆，相率遁去。公又益为条教，喻以利害，俾知革心，开其党与，得相捕告以除罪。……于是一路肃清，善良始有安居之乐。"① 他在江陵时期还多次弹劾了信阳守刘大辩"怙势希赏"。原来，刘大辩依仗势力，邀功请赏，广招流民，把有人耕种的熟田作为无人耕种的荒田分给招来的流民，欺上瞒下，并把不满百数的流民虚增十倍奏上。按当时朝廷的规定，凡荒田可分给流民耕种，以发展生产，防止农民迁徙。但凡占田已垦的土地，不得再分给他人，两年不垦，才能收回。张栻得知真相后义愤填膺，数次上奏孝宗，论刘大辩之罪，揭露其以熟田作为荒田授予流民的行径有可能使朝廷失信于民。结果"章累上"，朝廷仅把刘大辩调往他郡，并未罢免其官职。张栻很清楚，刘大辩在朝廷里肯定有后台支持，但他仍冒着丢官的危险，要求朝廷论其罪，表现出"勇于从义"的无私无畏精神。

张栻在湖北做安抚使期间，一日，朝中负责观察天象的司天向宋孝宗上奏："相星在楚地，甚明"。宋孝宗随口就说："张栻当之。"从这段对话可以看出，张栻此刻虽然还没有拜为宰臣，但在孝宗心目中张栻已成为宰臣的不二人选。只可惜天妒英才，由于积劳成疾，淳熙七年（1180 年）二月，张栻病逝于江陵府舍，享年四十八岁。张栻弥留之际，还念念不忘向宋孝宗上奏折，奏折云："臣再世蒙恩，一心报国。大命至此，厥路无由。犹有微诚，不能自已：伏愿陛下亲君子、远小人，信任防一己之偏，好恶公天下之理，以清四海，克固丕图，臣死之日，犹生之年。"张栻遗奏虽未及时到达孝宗手中，但天下却广为传诵。张栻逝世后，举国震惊，哀痛之声不绝于道："枢出江陵（湖北荆州）老稚挽车号恸，数十里不绝。讣闻，上亦深为嗟悼，四方贤士往往出涕相吊，而静江（即现在的广西桂林）之人哭之尤哀。"老人和小孩也扶着灵车痛哭，数十里相送，足以说明张栻政绩卓著以及在民众心目中的地位，也是当时百姓对张栻无比爱戴的真实写照。张栻灵柩运回长沙，与其父亲张浚安葬在一起，相依相

① 张栻：《南轩先生文集》卷 24《答朱元晦·三七》，华东师范大学出版社 2010 年标点本，第 694 页。

伴（湖南宁乡官山）。

从张栻攘外修内的功绩可以看出，他不仅仅是一位坐而论道的优秀教育家和理学大师，还是一位卓越的军事指挥者和富有远见的政治家，他用行动和实务向世人昭示了何为一代肩担道义、拯救天下的真儒。与同时代的理学家相比，张栻这种文武双全的才能和形象远非他人所能企及，这也是张栻受官民拥戴，以及被朱熹、吕祖谦、杨万里等大批当世名儒敬重的重要原因。

第五章

涓涓济世情

史学大师余英时先生指出，"宋代儒学复兴，范仲淹所倡导的'以天下为己任'和'先天下之忧而忧，后天下之乐而乐'的风范，成为此后中国古代社会'士'的新标准。"① 宋代儒士忧国忧民的深沉情怀在以张栻为代表的湖湘学派身上得到了集中体现。胡安国、胡宏父子于国家民族危亡之秋，为扭转当时士大夫"平居高谈"、"临事茫然"的虚浮学风和贪图享乐、骄奢淫逸的官场积习，奋然创建了湖湘学派。随后该学派在张栻的惨淡经营下声望日著，尤其是张栻注重将学派文化与湖湘民性进行有机结合，逐渐形成了以天下为己任、经世致用、坚忍不拔的湖湘精神。正如张栻在《鹿鸣宴》诗中告诫新科进士时所言："圣世取才先实用，儒生报国岂身谋？且看廷策三千字，为写平时畎亩忧。"② 他号召天下儒士在民族危难之秋，勇于摆脱功名利禄的诱惑，积极投身于报国安邦的历史洪流之中。这种经世致用的精神不但哺育了我国古代的一批抗金、抗元、抗清、抗倭的将士，还哺育了近代的一批洋务派和维新派志士，甚至影响了现代的一批民主主义革命者。

第一节　经世致用的湖湘学风

经世致用或称"通经致用"，它是中国古代儒家经学以服务于现

---

① 余英时：《士与中国文化》，上海人民出版社 1987 年版，第 10 页。
② 张栻：《南轩先生文集》卷 4《鹿鸣宴》，华东师范大学出版社 2010 年标点本，第 60 页。

实社会和政治的一种儒学传统思想，是儒士"治国平天下"的政治抱负付诸实践的思想体现。从一定意义上讲，"经世致用"充分体现了中国古代儒家学者以治学为工具或手段，以经邦济世为终极追求的社会责任感。这种视学术文化为改造社会、引导社会之方的经世精神，是由以孔孟为代表的先秦儒家首先开启的，其以解决社会人生实际问题为出发点和归宿，执着于对政治、伦理等与社稷民生密切相关问题的探求。这种积极入世的价值取向，对中国传统文化的发展走向产生了决定性影响。宋代儒学复兴，儒士们以承继孔孟道统为己任，理学诸子之中虽有只谈心性道德之体而不及经世济民之用、讳言功利、鄙弃事功者，但也有大批理学之士以学术观照社会，以解决现实社会的危机为其理论的重要内容，并积极参与挽救现实危机的种种社会政治活动，以胡宏、张栻为代表的一批湖湘学人即是明证。他们积极引导湖湘学者密切关注社会现实，将"学贵致用"的理念和精神贯彻于教学过程和社会实践，这种精神对后世影响深远，直到今天仍有其积极意义。

宋代道学（理学）的出现推动了儒学复兴的进程，但随着王安石新政的失败，在政治上出现了以司马光为代表的保守势力，在学术上也相应地出现了由外王而达内圣、由致用而达实体的内倾转向。这一学术重心的转移，既有社会历史原因，也有学术自身的原因。宋室南渡以后，宋朝所固有的社会弊端和政治危机进一步扩大与恶化。正如胡宏所言："居今之世，譬如乘敝舟，泛沧海，风涛汹涌，未知攸济。"[1] 吕祖谦亦指出："（南宋）仇耻未复，版图未归，风俗未正，国用未充，民力未厚，军政未核。"[2] 许多志士仁人从拯救南宋社会危机出发，在总结北宋王朝灭亡的教训的基础上提出救弊之策。在追溯北宋灭亡的原因时，理学家几乎都把它归罪于王安石及其变法。胡宏指斥王安石"确信乱臣贼子伪妄之书，而废大圣垂死笔削之经"，遂使"不数年而金人内侵，首足易位，涂炭天下，未知始终。原祸之

① 《胡宏集》，中华书局1987年标点本，第107页。

② 《吕祖谦全集》卷5《馆职策》，浙江古籍出版社2008年标点本，第92页。

本，乃在于是。"① 经世致用本来是儒学固有的社会功能的重要体现，它以明道救世为目标，是儒家内圣的实践与弘扬，是实现外王的途径与手段。但宋明理学则高扬内圣为主的道德哲学，它虽也标榜外王是内圣的延伸与彰显，但学者的着力点和学术旨归在于内圣。理学家中比较具体地接触到实际政治体制问题的并不多见，当时理学家喜谈心性，偏重于性理方面的探讨，致使儒学素所重视的经世精神在宋代儒学复兴之际未能得到充分发扬。而理学家在性理探讨过程中提出的修养身心的理论和方法，虽足以同佛教的治心之论相抗衡，但过分强调修身养性，却造成了本末倒置，使儒学固有的"安人"、"安民"的终极关怀被抛诸脑后。于是，儒学被赋予了内敛性格，讲学论道代替了从政问俗，外王事功被有意无意忽略。因此先秦以来，汉儒长于考证，宋儒善于析理，二者均严重背离了孔孟创业垂统、开物成务的入世精神。对此，张栻振臂高呼继承儒家开物成务、明体达用的经世之学，以挽救社会危亡，重建儒家道统，复兴儒学。张栻的主张不啻一声惊雷，给那些只顾埋首经籍、不问世事的当世"腐儒"以当头棒喝。张栻这一经世致用之特质追本溯源，除了源于上述孔孟传道济民的经世传统外，也得益于胡安国、胡宏父子的通经致用、治国安邦的湖湘学统。

　　作为湖湘学派的开创者，胡安国（1074—1138 年）以其《春秋传》奠定了将心性之学与经世致用相结合的湖湘学风。正如《宋史》本传所称，"安国强学力行，以圣人为标的，志在康济时艰"。② 胡安国精心研读《春秋》，就是希冀从《春秋》中找到经世济民的理想治国之策，因此他将《春秋》奉为"经世大典"，认为"不学是经而处大事，决大疑能不惑者，鲜矣"。胡安国将"三纲五常"等同于"天理"，释"心"为"元"，事实上就是把"心"当成为天、地和人生的起始之源，强调在明人君之用的基础上，尽人君之能。胡安国之所以倾其毕生精力重新诠释《春秋》这部儒学经典，就是因为他已清

① 《胡宏集》，中华书局 1987 年标点本，第 260 页。
② 《宋史》卷 435《胡安国传》，中华书局 1977 年标点本，第 12915 页。

醒地意识到其不可替代的经世致用的现实功用。胡安国极言"空言独能载其理，行事然后见其用"，表明了他对"经世之学"的看重。胡安国认为，无论是君王自身的道德修养，还是君王为政治国，都要时时刻刻以身"体元"。所谓"体元"，即是体认"天理"这一宇宙和道德之元。"体元"的过程就是以身践履，令君心合于天心，人心合于道心。君王不失道德良心，才能实行仁政，使民受其恩惠，官吏敬重君主，国力增强，重振朝纲。这样，则金人可望授首，二帝可望回归，宗庙可望保全，生民可解涂炭，社会可望安平，社稷可得终久。不然则孔孟以来的华夏文明，就会毁于女真夷狄之手。胡安国将对以孔孟儒学为代表的中原文明的深挚之爱，化为对"经世之学"的热衷，开辟了湖湘学派将心性义理的内圣之质与经世致用的外王之功相结合的优良学风，对后世湖湘学派产生了重要和深远的影响。

在胡安国的言传身教之下，其子亦皆极重"经世之学"。胡安国的长子胡寅（1098—1156年）在《上皇帝万言书》中，除了表明坚持抗战、反对妥协投降的立场外，还提出究继往之失，明功罪奖罚，吸取历史教训以安抚人心，图谋恢复和去虚文、务实用，整顿朝纲，减轻赋税，美化风俗等实务主张。

胡宏则在胡安国以心释元的基础上，将心性之学与经世致用紧密结合起来，进一步强调了内圣外王的融合。胡宏将"性"确立为宇宙本体和道德本体，提出了"万物皆性所有也"和"非性无物"、"性，天下之大本也"的性本论思想。他提出万物皆备于吾性，人只有尽心，才能"成性"、"尽性"，进而上达天道。他兼取《孟子》、《中庸》所说，试图把孔孟之学改造和提炼为一种能直接与佛老抗衡的新理学，在"识心见性"的思辨上痛下功夫，注重对人道探讨，提出了以心性为核心，由人道而及天道的理论模式。他认为"形而在上者谓之性，形而在下者谓之物"，但是形而上之性（道）与形而下之物不可分离。"性外无物，物外无性"，道不能无物而自道，物不能无道而自物。"道之有物，犹风之有动，水之有流也"。对此，张栻指出："即形而下者而发无声无臭之妙。使学者验端倪之不远，而造高深之无极。体用该贯，可举而行。"这里所谓"形而下"，就是指人伦日用和经世活动的现实存在；而所谓"无声无臭之妙"，即指超感性的形而上的"性"本体存在。张栻肯赞其师胡宏之学主张从形而下的物，去获得形而上的"性"本体的超越，物不离道，道不离物，体用兼备，可举而行。这样，胡宏的"性"本体论哲学，不仅为道德践履者找到了超越形而上学的根据，而且也为现实的治道和经世致用思想提供了伦理的前提和依据。

在湖湘学派经世传统熏陶下，张栻理学也具有显著的经世色彩。张栻推崇理学，注重把性理哲学与经世致用结合起来，把心性修养与躬行实线结合起来，故避免了流于空谈义理、空疏无用的弊端。张栻指出为学不务实，不得真知，"若如今人不践履，直是未尝真知耳"，学生胡广仲"贵实用而耻空言"，对张栻经世思想极为服膺和推崇。曹集在回忆老师张栻教诲时也以"以为士君子之学，不过一实字"来总结对张栻之务实精神。张栻一生身体力行，居学则心忧天下，用世则"康济时艰"，以关心民虞和抗金复疆名于世。在其影响下，湖湘学子大多重经世、重践履，在政治、经济、军事等经世活动中，多有建树，他们投身抗金斗争，以奋伐仇虏克复神州为己任。《宋元学案》所列《岳麓诸儒》，明表三十三人，其中如彭忠肃公（龟年）之节概，吴文定公（猎）之勋名，二游、文清（九言）、庄简公（九功）之德器，以至胡盘谷（大时）辈，皆岳麓之巨子也。这些湖湘学子，都是从淳熙到嘉定年间在抗金斗争中作出重要贡献的人。《宋史》本传称吴猎是"湖湘之学一出于正，猎实表率之"，《宋元学案》则称："如先生者，有得于宣公（张栻）求仁之学，而施之于经纶之大者，非区区迂儒章句之陋。"赵方，《宋史》本传称："方起自儒生，帅边十年，而京西一境独全。"游九功、游九言为国驰骋疆场，屡立战功。张栻志在经世致用的学风，其流风所被，化及身后，深刻影响湖湘文化近千年。

第二节 排释抑道，捍卫道统

两汉儒学在迸发出绚丽光彩的同时，内部已潜伏着重重危机。两汉儒学的核心是以"天人感应"为出发点和旨归的宇宙论，董仲舒立足于此，系统地论证了汉代大一统帝国的神圣性和不可动摇性。但是，这套依据五行、阴阳、天人感应、君权神授等概念精心设计的宇宙论系统却在今文经学家手中走向穷途末路，儒学被谶纬化、神学化，举国被神秘主义思潮笼罩。与之相颉颃的古文经学派，为纠正今文经学家随意篡改、讹传儒家经典中"微言大义"的弊端，开始偏重于名物训诂，其学术路线也逐渐趋向烦琐破碎，最终坠入难以自拔的泥淖。然而，自魏晋、南北朝以来，以理性思辨和探求理想人格的本体论为特征的玄学应时而兴，它与两汉经学相比较，形式更为活泼，内容更精致深邃，尤其是玄学将老庄之学轻人事、任自然的价值观以前所未有的规模融入中国知识分子的心灵世界，进而铸造了中国士人玄、远、清、虚的生活情趣，因此它在很长一段时间内成为时代学术思潮之主流。随着佛、道两教在这一期间出现并不断发展壮大，儒学的独尊地位进一步受到冲击和削弱。整个魏晋南北朝的思想演变格局，使儒学以往"独尊"的地位严重动摇。隋唐时期，儒、释、道三教并举，鼎足而立。唐初，唐高祖虽"颇好儒臣"，唐太宗也强调"锐意经术"，但高宗、中宗、睿宗等均笃信佛法，尤其在武则天时期更是大力佞佛，使佛教的重要一支——华严宗得以崛起一百七十多年，佛教在中国得到了前所未有的发展机遇。在高宗、武则天以后，随着释、道二教的日益炽盛，儒学的地位每况愈下，表面上仍主导社会政治生活，但事实上仅剩下统治者为维护统治，而发出的几声有气无力的吆喝，在社会日常生活中已逐渐淡出民众的视野。唐代重视擅长诗赋的进士科，"五尺童子耻不言文墨"，儒经被束之高阁，备受冷落。唐代科举取士仅重视以诗赋为主要考查内容的进士科，与经学相关的明经等科被视为"贱科"，又使儒学在文化教育领域里的权威大大下降。因而如何维护儒学的统治，拒斥异端思想，重建儒家伦理道德的权威性和价值内核，成为中唐以后一批儒家卫道士反思的焦点问题，也是他们发起儒学复兴运动的直接动因。

佛、道两教发展到唐朝，在统治者的提倡下，其影响之大甚至超过儒家学说，这也引起了儒家学者的普遍警觉与担忧。为了维护儒家的正统地位，自唐中后期开始，以韩愈为首的文人士大夫掀起了尊儒排佛老的运动，这一运动一直延续到宋代中前期，许多名士硕儒如石介、欧阳修等都介入其中，正所谓"自唐以来，天下以排释老以为言"。

排斥佛道"异端"和建立儒家道统是唐宋之际思想演进的主题，更是复兴儒学的必需。自唐代韩愈倡导儒家道统说以来，道统思想一直是儒家对抗佛、道的重要依据，中国古代社会的发展走向决定了儒学成为统治思想的命运。出于加强中央集权的需要，北宋真宗、仁宗时期大力提倡和复兴儒学，逐渐形成右文崇儒的施政纲领和路线。宋真宗景德四年，"赐文宣王四十六世孙圣佑同学究出身"；宋真宗大中祥符元年（1008 年），真宗皇帝"幸曲阜县，谒文宣王庙，服靴袍再拜"，加谥孔子为玄圣文宣主，大肆推崇孔子。宋仁宗还亲自批驳了"孔子之道与尧舜之道不同"的观点，指出："夫子之道不可斯须而舍，迂儒或言尧舜之时，无夫子亦治，此浅识之甚。殊不知夫子之道，尧舜之道也，故曰：'祖述尧舜，宪章文武。'又曰：'惟天为大，惟尧则之。'其惟尊尧而宗舜，至矣，非谓夫子之道与尧舜异也。"在宋代统治者的前后相继的苦心经营下，儒家思想逐渐压倒佛、道思想，成为宋代统治集团的指导思想，儒家思想得以重新振兴。

韩愈提出了"斯吾所谓道也，非向所谓老与佛之道也"的儒家道统论，认为捍卫儒家思想的神圣性和达到以仁、义、道、德和君臣、父子、师友、宾主、昆弟、夫妇为主体的封建道德伦理理想，重续儒家千古不变的道统，复兴儒学，奉行仁义原则，必须要辟佛、老，"人其人，火其书，庐其居。"这是孔孟之后，对儒家道统理论自觉维护的开端。这种自觉从孙复、石介、欧阳修、李觏、二程、张载，直接延续到后来的张栻、朱熹、陆九渊等人。宋代理学家皆是继承韩愈关于复兴儒学的文化价值立场，在批判佛道的基础上，主张弘扬儒家思想，恢复孔孟儒学的伦理精神。而生于南宋时期的张栻，面对外有金国强敌入侵、内有寇盗横炽、风俗日坏、国势衰颓之局面，满怀忧患意识，以兴尧舜、孔孟之道为务，批判佛老的"异端邪说"，掀起了重新阐扬孔孟道统、建构新的儒家理论体系、以内圣外王为价值取向的儒学复兴的社会思潮。

但是，由于统治者的默认和扶持，以及佛道自身的不断发展壮大，宋代这些以复兴儒家道统为己任、力主排佛抑道的儒士们逐渐感到仅靠排斥已不可能达到目的，于是，他们开始出入寺观，研读佛道之学，吸收两教之长，为儒家思想注入新鲜血液，希望借此来抗衡释道，复兴儒学。在这一过程中，不少学者的思想受到佛道学说的影响，开始接受、信奉之。如"素不信释氏之说"的欧阳修，晚年也"遂信佛法"，并"乞为道宫（官）"，其子孙皆"奉释氏"，其妻薛夫人更是每日"与家人共为佛事。"①

宋代儒家学者由排斥转向普遍钻研释道学说，再到"援佛道入儒"，这一重大转变为理学的诞生提供了良好的契机。理学又称"道学"、"宋学"，它是一种以儒学为主体，并吸收、改造释道哲学，在涵泳三教精粹基础上建立起来的庞大而精致的哲学思想体系。宋代理学家如周敦颐、邵雍、张载、程颐、程颢、朱熹等人都有访游古刹名观的经历，他们精研佛道典籍，与大师问难切磋，注重对释道之学的吸收与借鉴，这也成为理学产生的重要前提。如朱熹自年少时就开始潜心于佛道。他曾自述曰："某年十五六时，亦常留心于禅。"② 同时，朱熹还托名"空同道士邹䜣"为《参同契》作注，常自谓"清夜眠斋宇，终朝读道书"，可见他对寺观藏书的重视。正是在"集诸儒之大成"并充分吸收释道哲理的基础上，朱熹对理学展开了一次系统的、创造性的总结，成为两宋理学之集大成者。以理学家为主体，宋代的儒家学者经过数代的艰辛努力，最终圆满整合了自汉末以来始终冲突不已的儒、道、佛三大思想流派，并创建了从南宋后期开始深刻影响中国近千年的新儒家学说——理学。

和二程、朱熹等理学家稍显不同，张栻为维护宋儒精心构筑的千年道统的纯正，尽管其家学中蕴含了浓郁的佛学色彩，其心性论等方

---

① 叶梦得：《避暑录话》，《宋元笔记小说大观》，上海古籍出版社 2007 年标点本，第2586 页。

② 黎靖德：《朱子语类》，中华书局 1986 年标点本，第 3630 页。

面也吸收了释道的若干内容，但他一直对释道持严厉批判态度，排斥远大于吸收，在"援佛道入儒"方面远逊于朱熹等人，尤其在拜师胡宏，被胡宏批评后更是如此。如朱熹在为张栻所作的神道碑中记述：

> 在广西，刑狱使者陆济之子弃家为浮屠，闻父死不奔丧，为移诸路，俾执拘以付其家。官吏有犯名教者，皆斥遣之，甚或奏劾抵罪。尤恶世俗鬼神老佛之说，所至必摒绝之。盖所毁淫祠前后以百数，而独于社稷山川、古先圣贤之奉为兢兢，虽法令所无，亦以义起。①

这段史料叙述了张任职静江时的施政情形，他一生摒绝"鬼神老佛之说"，为维护儒家纲常名教而游说奔走，他对属下陆济之子出家为僧，因信佛老之说而父死不奔丧的行为深恶痛绝，专门派人将其抓获归案，并付有司治罪。

可以说，张栻是宋代最为坚定的儒学卫道士之一，他曾对朱熹、吕祖谦、陆九渊等理学大家亲近释道表示出不满和痛苦，也为释道两种学术思潮对时人影响之巨感到困惑和悲哀，但儒释道三教交融乃是时代学术之潮流，因此张栻坚决排斥佛道之举虽赢得了当时学者和朱熹等理学家的尊重，也具有一定的合理性，但这也致使其学说出现一些凝滞和无法整合之处，局限了其学术视野，同时带有一些理想主义的悲壮色彩，尽管这并未从根本上动摇其一代儒宗及教育大师的崇高地位。

一　佛学渊源

两汉以来从南亚次大陆传入中国的佛教，经历代统治者的提倡，在隋唐时期达到鼎盛，佛教在与中国儒学、道教等本土文化的冲突、交融中逐渐中国化，信奉和研讨佛理成为一时之风尚，儒家思想的统

---

① 张栻：《南轩先生文集》（附录），华东师范大学出版社 2010 年标点本，第 652 页。

治地位受到严峻的冲击和挑战。为了重建儒学权威，唐宋儒士从严厉排斥，到兼采佛老、吸收佛道精致的思辨理论等方式，建立以儒学为主体，扬弃非主体文化的佛道思想精华的理学，使之既保持传统儒学的基本精髓，又具有重要创新的思想体系。

　　唐代排佛的代表人物为韩愈、柳宗元、李翱。他们以儒家"圣人之道"为宗旨，以儒统佛，在心性思想上"援佛入儒"，以佛理说心性。如李翱作《复性书》，试图吸取佛教佛性论精奥，以弥补儒家心性论的缺陷。有宋一代，大凡有名气的理学之士，几乎无人不是"出入于老、释者几十年，返求诸六经而后得之"[①]。周敦颐、张载、二程等早期理学家都是融佛入儒、复兴儒学的积极探索者，周敦颐以《周易》为凭借，汲取了佛家、道家的一些观点，写成《太极图说》、《通书》等理学著作，是长期以来儒、释、道三教融合的极好例证。张载受佛学影响并形成其"性论"体系，他论述天地之性与气质之性的关系，可以从佛学中佛性与无明的关系中窥见端倪。程颢的圣人之道固然是儒家的，但在寻求过程中却广求于佛老。这些理学先驱一方面出入于佛老，以儒学为本位对佛学进行研究，在注经、发明儒经义理的形式下，大量地摄取佛学的思辨成果，力图建立起一种哲理化的儒学。另一方面，他们坚定地站在正统的儒学立场，以继承孔孟之道统者自居，对佛、道大加鞭挞，斥之为异端邪说，极力维护儒学的正宗地位。作为宋代理学重要的代表人物——张栻，也无疑具有上述特点，在其理学体系吸取佛家思想养料的同时，他也深刻批判、讨伐了佛道学说，以期恢复周孔圣学及千年道统，捍卫以儒家思想为本位的道德伦理秩序和文化价值观。

　　张栻早期思想主要源自家学熏陶。其父张浚曾师从樵定和苏元老，因与禅师克勤、宗杲来往频繁，有"惑于禅宗"之讥。张浚母亲计氏夫人崇信佛教禅宗，法号法真。家庭氛围深刻影响了张浚，明代朱时恩的《居士分灯录》卷下，把张浚列入禅宗克勤的门下。这

---

　　① 程颐、程颢：《二程集》卷11《明道先生行状》，中华书局1981年标点本，第638页。

种家学渊源，使张栻早期不可避免受到一定影响，后来他之所以屡拜胡宏而遭拒绝，原因就在于胡宏认为张栻家学有佛学成分，担心有害于儒学正统，只是后来胡宏见张栻请益之志坚定，又具备良材美质，因此才答应其拜师请求。

佛学对张栻教育和理学思想体系的影响，主要体现在其心性论方面。张栻强调"心"统摄万理，为万物之主宰。他说：

> 人为天地之心，盖万事具万理，万理在万物，而其妙著于人心。一物不体则一理息，一理息则一事废。一理之息，万理之紊也；一事之废，万理之毁也。心也者，贯万事，统万理，而为万物之主宰者也。①

心主宰万物，万理都在心的统摄之内。万物只有唤醒主体之心才具意义。张栻强调心与理通，无所不能，大大突出了心的能动作用，与陆九渊、佛教的以心为本有诸多相似之处，故朱熹称：

> 且如释氏擎拳竖拂、运水搬柴之说，岂不见此心？岂不识此心？而卒不可与入尧舜之道者，正为不见天理，而专认此心以为主宰，故不免流于自私耳。前辈有言，圣人本天，释氏本心，盖谓此也。②

朱熹指出张栻突出强调心本体的主宰作用，容易"不见天理"，"流于自私"，进而滑向"释氏本心"，这与"圣人本天（天理）"的儒学正统思想是背道而驰的。朱熹批评张栻，主要是为证明自己的理学思想体系的纯正性，因此有夸大之嫌，但也道出张栻思想中不自觉带有释氏因子的事实。

---

① 张栻：《南轩先生文集》卷12《敬斋记》，华东师范大学出版社2010年标点本，第196页。

② 朱熹：《朱子全书》（第21册），上海古籍出版社2002年标点本，第1314页。

二　对释道的深刻批判

为了承继圣门道统，重塑儒家伦理的权威性，宋代儒士（尤其是道学之士）以排抑释道为己任，对佛教异端虚妄之说进行了深刻批判，张栻是其中的典型代表。他认为在自己所处的时代，儒学在释道的干扰和压迫下已走向行将危亡的地步，这种现状令人触目惊心，如果不起而拯救之，后果将不堪设想：

> 有异端者乘间而入，横流于中国。儒而言道德性命者，不入于老，则入于释，间有希世杰出之贤，攘臂排之，而其为说复未足以尽吾儒之指归，故不足以抑其澜，而或反以激其势。嗟乎！言学而莫适其序，言治而不本于学，言道德性命而流入于虚诞，吾儒之学其果如是乎哉？夷陵至此，亦云极矣。①

面对释道"横流于中国"、儒士排拒不力、学者轻信盲从的不堪现状，张栻可谓痛心疾首，并发出"夷陵至此，亦云极矣"的沉痛呐喊，号召天下儒士以恢复儒学正统为己任，力挽儒学大厦之即倒。

张栻首先从天理的高度批判佛学。同其他理学家一样，张栻也把"理"作为宇宙的本原，但"理"不是抽象和不可捉摸的，它总是存在于人们的日用常行之中，"至理无辙迹，妙在日用中"②。佛教以无所用之理为体，是偏废实事之理，是无事无物之理，是无用之体，是"虚理"，不但取消了用，也就取消了真正的体。张栻认为，佛学轻视具体的事物，悬空追求精微抽象的道理，表面上谈玄说妙，实际上已误入歧途。真正的学术提倡体用一致，有其体必有其用。老庄、佛学把"无"释为"虚无"、"法空"之说，是离器以求道的虚无之道，而非儒家圣门之道。他指出："《遗书》所谓道外无物，物外无道，

---

① 张栻：《南轩先生文集》卷10《道州重建濂溪周先生祠堂记》，华东师范大学出版社2010年标点本，第175页。

② 同上书，第11页。

即父子而父子在所亲，即君臣而君臣在所敬是也，如何离得？人之所以不能体道者，以人为之私弊之也。"① 佛老异端舍物论道，轻忽人伦日用之实，而空谈道德性命，故为人为之私弊，是不能体悟天理、明心体道的。

张栻还用天理、人欲对立统一的观点来批判佛学。宋代理学家基本都围绕天理、人欲来阐发自己的理学主张。张栻也认为天理、人欲是对立的，但他还认为二者有统一的一面，如他肯定天理人欲同行异情，人欲固出于本性，因此正常的欲望诉求为人所共有，"人孰不欲富贵，此言人情之常也，谓圣贤独不欲，则岂人情哉？"张栻反对的是超出人们正常欲望之外的"私欲"。但是，佛教离开日用伦常而空谈道德，主张绝情无欲，方能悟入佛理，其学说只是使"实理"沦于"虚空"的迂阔之谈。道德性命不离日用之实，若如佛教异端摈弃正当合乎天理的人欲，则天理不明，流于虚诞。故张栻说："治不可以不本于学，而道德性命初不外乎日用之实。其于致知力行，具有条理，而诐淫邪遁之说皆无以自隐，可谓盛矣。"②

张栻认为，义利之辨是维护儒学、批驳佛、道的锐利武器。如张栻曾信告朱熹，他的某位学生经过纠正和点拨，已痛改轻信佛学的毛病，但他仍时刻警惕该生徒"为释氏乘此时引将去也"，因为他认为，"义利交战，卒为利所夺，君子小人相好，卒为小人所汩，盖亦理势之必然"。张栻在自责的同时，深刻认识到强调明理和义利之辨对学者的重要意义。他还针对学者经常将二程之学与沾染佛学极深的王氏之学相提并论，表达出强烈的愤慨，并用义利之说作出批判：

> 窃观左右论程氏、王氏之学，有兼于混为一之意。此则非所敢闻也。王氏之说皆出于私意之凿，而其高谈性命，特窃取释氏之近似者而已。夫窃取释老之似，而济之于私意之凿，故

---

① 张栻：《南轩先生文集》卷19《答吴晦叔》，华东师范大学出版社2010年标点本，第305页。

② 同上书，第175页。

其横流，蠹坏士心，以乱国事，学者当讲论明辨而不屑焉可也。……愿深明义利之判，反求诸心，当有不待愚言之辩者，惟深察之。①

张栻将王氏之学视为窃取释道学说，并加以穿凿附会而成的异端学说，它和佛家妄语一样，均是国家祸乱、士心大坏的根源。因此，张栻告诫学者要深刻体悟义利之辨，以此抵制诱惑，坚定读书业儒的信念。

关于儒学与佛学的心性论问题，张栻与朱熹曾反复争论辩难，朱熹曾指责张栻心性论中的佛学成分太多，这种误解令张栻颇感委屈，难以接受：

> （朱熹问）"为佛学者言，人当常存此心，令日用之间，眼前常见光灿灿地。此与吾学所谓'操则存'者有异同不？"（张栻答）"某详佛学所谓与吾学之云'存'，字虽同，其所以为存者固有公私之异矣。吾学操则存者，收其放而已。收其放则公理存，故于所当思而未尝不思也，于所当为而未尝不为也，莫非心之所存故也。佛学之所谓存心者，则欲其无所为而已矣。故于所当有而不之有也，于所当思而不之思也，独凭藉其无所为者以为宗，日用间将做作用。'其云令日用之间，眼前常见光灿灿地'，是弄此为作用也。目前一切以为幻妄，物则尽废，自利自私，此其不知天故也。"②

从二人的对话可知，张栻强调心的主宰作用，主要目的是为其务实践履的学术理路提供理论根据。他针对朱熹的误解和皮相之论，严肃地指出：儒家之存心与佛教之存心截然不同，儒家之存心，是收其

---

① 张栻：《南轩先生文集》卷19《答吴晦叔》，华东师范大学出版社2010年标点本，第304页。

② 同上书，第456页。

放的存公理之举，故于所当思而思，所当为而为，强调廓然大公的社会伦理责任；而佛教之存心，视现实一切为虚幻，于所当有而不有，于所当思而不思，是逃避伦理责任，只求自身解脱的自私自利行为。佛学所提倡的以人心来规定天地万物之生灭的说法，是沉溺于万物为幻化的不真实世界中的谬误观点。这种舍实理而趋虚妄之说，与以万物为实有的圣门之学正好南辕北辙。

在儒、佛心性问题上，张栻与其他学者作了深入探讨，如他对胡季立说："若释氏之见，则以为万法皆吾心所造，皆自吾心生者，是昧夫太极本然之全体，而返为自利自私，天命不流通也，其所谓心者是亦人心而已，而非识道心者也。"① 缺乏天理约束的所谓"万法皆吾心所造"，是彻头彻尾的个人私心在作祟，绝非体现太极、天命的道心。张栻的正统立场得到许多学者的响应，如其师兄胡大原就坚定地支持张栻，认为其观点足以给世人以当头棒喝，这令张栻颇感温暖，因此他在书信往来时向朱熹极力推荐胡大原的著作，为自己正名："伯逢所论释氏存心之说，非特甚中释氏之病，亦甚有益于学者也。"②

张栻主张在日用事物中格物穷理，逐步积累，达到对天理的明觉，反对释氏"顿悟"学说。张栻认为"起求成之心，则有害于天理"，③受"顿悟"影响而起的"求成之心"，不仅自误，而且误人。他进一步指出："近来士人虽亦有渐向里者，然往往为邪说引取，大抵是不肯于钝迟处下工，要求快更，故差错耳。"④ 张栻认为就是因为学者普遍心浮气躁，急于求成，结果不仅欲速不达，还容易堕入佛道学说之中而不能自拔。他要求学者要居敬穷理，日积月累，以达到"涣然和顺"、异端无法侵袭的境地。张栻的上述主张与佛教的"顿悟成佛"针锋相对，理性而又犀利地给出了抵制佛学的有效解决方略。

---

① 张栻：《南轩先生文集》卷30《答朱元晦》，华东师范大学出版社2010年标点本，第385页。

② 同上书，第330页。

③ 同上书，第395页。

④ 同上书，第336页。

　　张栻还用儒家人伦道德猛烈批判佛学。他认为佛教伦理背父弃君，绝仁弃义，是违背人之正常伦理的似是而非的异端邪说，与儒家所提倡的三纲五常、天理流行的真实妙义有天壤之别："君臣、父子、兄弟、夫妇，是乃人道之经，而本心之所存也，其忍断弃之乎？嗟乎！天下之祸莫大于似是而非、似非而是，盖霄壤之隔也。……吾儒真实妙义，配天无疆，非异端空言比也。"① 三纲五常作为天理之表现，具有规范人行为的普遍必然性和绝对至上性，人们只有遵从内心道德律令，以三纲五常约束行为，才能明理见性，达到止于至善的圣人境界。张栻认为圣人之学在于察人伦、习物理而明心见性，而佛教外人伦，遗物理，内外之道不备，无用处，无礼义，与圣人之学相悖不合。张栻抨击佛教无视三纲五常以生死为事，背弃君亲，灭绝天理，不娶不嫁，废弃人事，其害烈于申、韩之辈。

　　为了破除佛老异端邪说的危害，张栻提出了"反经"（即返回儒家元典）的有效方法进行彻底批判。他认为自佛教兴起以来，前人虽多有所批判、驳斥，但无论是韩愈还是欧阳修等人，皆不能对其进行彻底批判，原因就在于他们并不知道"反经"之学，未找到破除佛教的有效途径。因此要辟异端邪说必须学习尧舜之道，经正则知本，则异端邪说不攻自破。

　　　　经乃天下之常经，所谓尧舜之道也。经正则庶民晓然趋于正道，邪说不能入矣。但反经之妙，乃在于我之事，不可只如此说过也。只如自唐以来名士如韩、欧辈攻异端者非不多，而卒不能屈之者，以诸君子犹未能进夫反经之学也。②

　　张栻主张学者应熟读圣贤之书，发掘圣人之道，以儒学之微言大义反对佛教之虚空义理，这样佛教学说就会无立足之地，自然消失殆尽。

---

　　① 张栻：《南轩先生文集》卷30《答朱元晦》，华东师范大学出版社2010年标点本，第389页。
　　② 同上书，第451页。

张栻把是否受到佛学的影响作为品评人物的重要标准："近见季克寄得蕲州李士人周翰一文来，殊无统纪。其人所安本在释氏，闻李伯谏为其所转，可虑可虑！"① 张栻对李周翰迷恋释氏学说大为光火，又对讲友李伯谏受其影响而陷于佛学深表忧虑。在写给王居之的信中，张栻再次表达了这种忧虑：

> 《原说》前日吕季克已寄来。观其言殊无统纪，其所安乃释氏，而又文其说。说亦浅陋，本不足以惑人，不意伯谏乃尔。向来与元晦相从，不知讲论甚事？其人亦可谓不善变矣。前日答季克书谩录去，今得所示伯谏之语，益知蕲州李君乃是类告子之不动心者，不知既不穷理，如何去得物蔽？其所谓非蔽者，未必非蔽，而不自知也。释氏之学，正缘不穷理故耳，又将尽性至命，做一件高妙恍惚事，不知若物格、知至、意诚、心正，则尽性、至命亦在是耳。②

由此段史料可推出李周翰寄给张栻的文章名称为《原说》，其中充斥了佛教或类似佛教的曲妄学说，张栻用穷理之说对其作了深刻批判，再次惋惜李伯谏误入歧途，并责问一直训诲李周翰的朱熹，为什么对这个顽固如"告子"、无可救药的道统叛逆者如此宽容。

而对于阐扬儒学道统，光大理学微言大义的文人士大夫，张栻则称为良臣俊材，大力推荐和表彰。张栻任广西静江府时，就曾致信朱熹举荐惑于佛学而迷途知返的詹体仁。他评价詹体仁说："趋向正，孜孜以讲学为事，时过细论，殊慰孤寂。旧在严陵相见，颇惑佛学，今却不然，亦得伯恭之力，其人恐有可望也。"③ 言语之中充满赞誉。

儒士是传播、发展儒学的主体力量，其数量固然重要，但更重要

---

① 张栻：《南轩先生文集》卷30《答朱元晦》，华东师范大学出版社2010年标点本，第361页。

② 同上书，第402页。

③ 同上书，第371页。

的是个体的质量。由于深受释、道等多种时代思潮的浸染，宋代儒士难免不同程度地受其影响，张栻对此一直忧心忡忡，认为自己所处时代的儒学群体的素质出现了不少问题，因此他对佞佛者的批评和点拨、对排佛者的肯定和赞扬，以及如何抵御佛教影响策略的提出，则具有保持儒学队伍的纯洁性、培养真正儒学继承者的深意。

总之，张栻不仅从理学之本体论、认识论、理欲观、义利之辨等角度抨击佛学理论，而且又从人伦物理的日用之间扬弃佛教伦理，其批判之深度、力度远超越前人，为确立、维护儒学的神圣地位和道统权威，奠定了坚实的思想基础。

第三节　修举儒者之政

湖湘学派重经世致用，张栻又出身于官宦世家，耳濡目染家族先辈们的执政经验。当国势危难之际，张栻不仅在教育活动中要求弟子务实躬行，还以一介书生锐意于政坛，并表现出了卓越的政治才能，这一点也是他与朱熹、吕祖谦、陆九渊等同时代理学家的显著区别之处。早在绍兴二十八年（1158 年），张栻为"忤权臣"而谪居零陵的方耕道作《困斋记》时，就借机表达了自己的从政理想："夫穷达者在外者也，义理者在我者也。在外者存于时命，而在我者无斯须而可离，……顺义而已，于人何尤！"① 从政是践行心中之义理，因此，政务仅仅是一种历练，只要心中义理常存，并顺义而为，无论官职高低还是宦海沉浮均能淡定从容。这不仅是张栻对方耕道的安慰言辞，也是其政治理念的真实流露。随后，张栻又在与孝宗对话时，阐明了自己立志从政报国的愿望："臣以为天下之事所以难立者，以夫所谓君子者不能任事。曰君子而不能任事，则事将归于小人，而弊始百出

---

① 张栻：《南轩先生文集》卷 12《困斋记》，华东师范大学出版社 2002 年标点本，第206 页。

矣。此非特时君世主之过也，儒者不知学之过也。"① 张栻指出，真正的君子和儒者，读书业儒绝不仅仅为了学习、了解圣人之道，而是最终将圣人之道运用于实际，与小人争夺任事之权力，防止小人利用手中权力祸国殃民，并借助政治权力造福国家和人民。"所贵于儒学者，以真可以经世而济用也"。这是他在乾道五年（1169 年）所作的《严州召还上殿札子》中的一番精彩言论，体现了他对儒学的理解比他人更深刻而实用，也体现了湖湘学派经世致用、勇于承担社会责任的特色。

朱熹对张栻在时局艰难之时当仁不让、奋起"任事"的勇气十分钦佩，称赞张栻"治世欲以孔明为准的"，即仿效诸葛孔明担当起匡扶汉室的重任。如何将自己的经世致用理念付诸实践，真正达到儒家理想中的"文物彬彬"的治理效果？张栻认为施"儒者之政"是最佳方案。他在《与施蕲州》中阐述了自己的施政纲领：

> 大抵今日人才之病，其号为安静者则一切不为，而其欲为者又先怀利心，往往贻害。要是儒者之政，一一务实，为所当为，以护养邦本为先耳，此则可贵也。某身居要藩，日夜悚仄，盖日勉焉，而未之能有益也。②

张栻认为当时的官吏任事之时存在两大弊端：一是以"安静"为借口，尸位素餐，毫无作为；二是虽想有所作为，但因为先怀利心，往往会为了一己私利而祸国殃民。基于此，他提出若想真正造福一方，为官一任者就必须实施务实、敢于担当、以护养邦本为主的"儒者之政"。张栻从自身谈起，指出自己长期被朝廷任命为一方郡守，责任重大，虽朝夕汲汲于政事，但自忖仍有愧于国家和百姓。在《无

---

① 曾枣庄、刘琳：《全宋文》（第 255 册），上海辞书出版社 2006 年标点本，第 16 页。

② 张栻：《南轩先生文集》卷 26《与施蕲州》，华东师范大学出版社 2010 年标点本，第 394 页。

倦斋记》中，张栻又进一步论述了施行儒者之政的方法，即"无倦"。他说：

> 昔者洙泗之门，子张问政，夫子首告之以无倦；及季路之请益，则又终之以无倦。是知为政始终之道，无越乎此也。夫难存易息者心也。吏者分天子之民而治焉，受天子之土而守焉，一日之间，所为酬酢事物者亦不一端矣。几微之所形，纪纲之所寓，常隐于所忽而坏于所因循，纤毫之不谨，而万绪失其机，方寸之不存，而千里之受其害。①

张栻从孔子教诲子张、季路谈起，强调懈怠无为、因循守旧是行儒者之政的最大敌人，政务无小事，丝毫疏忽就有可能酿成大祸，因此，要始终保持警惕之心，甚至达到"无倦"之程度。张栻为官时始终坚守"儒者之政"的理念，为国为民作出了卓越的贡献，也为南宋政坛带来了一股清新之风，俨然成为官僚士大夫一时之楷模。

一　从政生涯

隆兴元年（1163 年），张栻之父张浚被起用为枢密使，治戎北伐。张栻也以荫补官，辟宣抚司都督府书写机宜文字，除直秘阁，"公以邈然少年周旋其间，内赞密谋，外参庶务，其所综画，幕府诸人皆自以为不及也"。以在父亲身边参赞军务为契机，张栻开启了自己的政治生涯，是年三十一岁。随后，他先后被任命为抚州、严州、袁州、静江、江陵等地的郡守，手握一方行政大权。为了将其"传道济民"教育思想贯彻于实际，张栻在具体政务中始终以护养邦本为先，以国计民生为务，秉承着"儒者之政"的可贵理念，其施政内容广涉政治、赋役、钱粮、边防、教育、治安等。由于抚州、严州任上前文已有所叙述，因此，本节以张栻知静江、江陵两地时为重点，

---

① 张栻：《南轩先生文集》卷 26《与施蕲州》，华东师范大学出版社 2010 年标点本，第 201 页。

考察他的具体施政过程。

知静江府三年是张栻政治生涯中最为重要的一段时光。主政期间，他将自己的教育和政治理想彻底融入到实际政务当中，并以不俗的政绩受到当地官民拥戴。淳熙元年（1174年），已是张栻从袁州任上离职的第三年。这一时期，张栻主要往来于城南、岳麓两书院，教授学者，著书立说。尤其是完成了其理学代表著作《南轩论语解》和《南轩孟子说》，标志着其理学思想的最后确立和完善。尽管远离政坛，退居长沙达三年之久，但孝宗并没有忘记曾与自己定下君臣之约的张栻，并为这样一位治世贤才被埋没而惋惜，因此在这一年孝宗下决心力排众议，诏令重新起用张栻："退而家居累年，孝宗念之，诏除旧职，知静江府，经略安抚广南西路。"① 张栻这次被委以重任，知静江府（广西桂林市），经略安抚广南西路（相当今广西全境以及广东雷州半岛、海南岛等地）。之所以说他被委以重任，是因为广南西路和静江当时的情况十分特殊，治理起来相当棘手。对此，张栻在《静江府庭壁题名记》有详细描述：

　　合一路所领，郡二十有五，其外则羁縻之州七十有二，又其外则诸小藩罗殿、自杞、特磨、白衣之属环之，又其外则交趾、大理等国属焉。其地南入于海，去帅所治，水陆几四千余里，其所控御，亦可谓雄且剧矣。然其土甚瘠，多荒茅篁竹，风气异于北，民之生理甚艰，是以赋入寡少，郡县亦例以迫束，而又并边非止一面，蛮夷之性不常，赤子龙蛇，交致其恩威，乃克无事，故其任责常重。夫以选之不轻，地之雄剧而任责常重，居其官者不亦既难矣哉！②

张栻在这里列举出广南西路与其他路的不同之处：其一，该路领

① 《宋史》卷429《张栻传》，中华书局1977年标点本，第12773页。
② 张栻：《南轩先生文集》卷11《静江府庭壁题名记》，华东师范大学出版社2010年标点本，第192页。

二十五郡，羁縻七十二州，又与众多藩属国相连，管理范围达数千里，民族关系复杂；其二，该路地域虽广阔，但土地贫瘠，民生艰难，政府赋税收入"寡少"；其三，该路是少数民族聚集之地，民风野蛮彪悍，恩威并施仍难以约束。基于上述原因，如张栻之贤也发出"地之雄剧而任责常重，居其官者不亦既难矣哉"的喟叹。

"士为知己者死"，张栻感恩孝宗对他的赏识和信任，尽管面临极为复杂严峻的形势，但他并没有选择退缩，而是勇于担当，并因地制宜，积极整饬静江政务，践履道学，展示出一代真儒的风范。如张栻曾向朱熹表达了治理好这一路的决心："广右比他路最为广漠，而彤瘁则为甚。……日夜关虑，固当以安静为本，然要需在我有隐然之势，则安静之实乃可保。方考究料理，不敢苟目前也。远方法度废弛，惟以身率之，立信明义，庶几万一。"① 民生凋敝，法度废弛，理当与民休息。但张栻深知，在这种情况下施行无为之政看似颇有道理，实际上却有害无益，只有改变当地贫穷落后的面貌，在发展中寻求"安静"才是硬道理。基于此，他才决定"以身率之，立信明义"，率领当地百姓走出窘境。他在《与曾节夫抚干·一》中简要描述了自己在静江的施政情况：

> 某二十四日到郡，适当纪纲解弛之余，未免一一整顿。今条目粗定，当以身先之。财计空虚，亦颇得端倪。数月之后，民力可宽。边防尤所寒心，方别为规模，以壮中权之势，约束边郡，务先自治以服远人。盗贼纷然，初无赏格，亦已明立示信，当有为效力者。自昧爽到日夕，未尝少暇，虽差觉倦然，不敢不勉。有斋名"缓带"，日所燕处，恶其名弛惰，易曰"无倦"。……但自诸司而下，不免爱之以德，不敢以姑息。②

---

① 张栻：《南轩先生文集》卷22《答朱元晦·一一》，华东师范大学出版社2010年标点本，第346页。

② 同上书，第425页。

　　张栻认为自己为静江百姓做了以下几件值得一提的事情：一是制定纲纪，即法律条文，整肃当地法纪松弛的状况；二是整顿财政，以宽民力；三是强化边防，防止金人乘虚而入以及边远少数民族作乱；四是缉捕盗贼，维护社会稳定；五是整顿吏治，严格约束部下，淘汰庸吏，对违法乱纪者绝不姑息。他每天都从晨起忙碌到日夕，可谓"战战兢兢，如临深渊，如履薄冰"，不敢稍有懈怠。

　　首先，张栻以盐政为突破口，着力解决一路的财政问题。当时广西大部分地区尚处在荒蛮状态，民生凋敝，尤其是盐政混乱不堪。而当地官府对百姓盘剥严重，将百姓用漕司钱运盐贩卖的利息的十分之四上缴府库，地方官吏趁机从中牟利，肆意抬高盐价，甚至将交纳的盐息提高到一半，百姓因此困苦不堪，怨声载道。张栻到任后，为了减轻当地百姓的负担，与民休养生息，不仅把盐息减为十分之三，而且筹集四十二万缗专项经费，以其中的二十万作为诸仓卖盐的本钱，另以二十万作为各州运盐费用的开支，不允许向民众摊派，此举极大地缓解了当地百姓的负担。经过认真调查，了解到百姓的呼声，张栻决定废除旧有的盐税制度，向朝廷请求重立新规：今后若再有多取各州盐息，擅自抑卖者，均以违制定罪；其敢用以宴饮、供馈饷者，以坐赃论处，孝宗下诏准行。经过张栻的大力整顿和改革，财政问题得到有效解决，官吏的薪俸能及时发放，军饷也得到保障，百姓的生活状况有了很大的改善，官民称颂，广西境内一片宴然。

　　横山（广西邕县东）一直是南宋重要的养马基地，这是宋政府针对当地良好的放牧条件，以及当地少数民族善于养马的优势而设立的。但张栻在任之时，由于"岁久积弊，边民告病，而马不时至"，军马往往死于道中，根本不能及时、充足地补充军需。朝廷对这一现象十分忧虑，责令张栻认真调查其中的原因，重新制定马政。张栻经过艰辛调查，最终掌握了大量有价值的信息，"究其利病，得凡六十余条"，其中主要原因有三个："邕守上边，则濒江有买船之扰；网马在道，则缘道有执牵之劳；其或道死，抑卖其肉，重为邻伍之患。"尤为严重的是，地方的"官校参司"也趁马政混乱之际从中渔利，侵扰百姓。张栻认为上述现象就是造成军马供应不上的主要原因，

"是以无益于马而有害于人"，向朝廷上奏建议革除这些弊政，朝廷准奏了他的请求。经过张栻的有效治理，马政弊政皆除，"由是诸蛮感悦，争以其善马来，岁额率常先期以办，而马无滞留，人知爱惜，遂无复死道路者"。张栻所创立的新马政不仅有效解决了朝廷每年用马供给不足问题，同时还改善了与少数民族的关系，加强了广西边境与中央政府的联系，促进了广西地区社会经济的发展。

　　张栻认为保伍之法是地方"长久安宁之计"，来到广西之后，他看到"乡落保伍亦名存而实废"，因此极力主张"申严保伍之令而信其赏罚"。淳熙二年（1175 年），张栻首先在静江实行保伍法，颇见成效，后来推广到广南西路，并于是年十一月上奏朝廷请求推行，以维护社会稳定："保伍之设，诚辑盗之良法。臣自到官以来，讲究措置施行于静江境内，颇得其效，近复以推于一路。乞下有司考订斟酌，申严而行之。"① 保伍法的推行，有力地遏制了当地盗贼猖獗的严峻形势，保障了百姓的生命财产安全。当时广南西路治下有二十五州之多，境内少数民族聚居，边民掳掠仇杀，争斗不已，州兵乏粮慵懒，军备松弛，"公（张栻）知其弊，则又为之简阅州兵，汰冗补阙，籍诸州黥卒伉健者以为效用，合亲兵摧锋等军，日习而月按之。悉禁它役。"张栻为了减轻百姓的负担，精简州兵，汰冗补阙。凡青壮年参加军事训练者，不准另派其他劳役。张栻禁止有的州以军费不足为理由，而对百姓加重赋税来补充军费的行为，命令漕司用盐本羡钱（盈余的钱）补助。张栻还安抚各溪洞酋长头领，主动与溪洞酋豪（少数民族首领）结为友好关系，喻之以理学大义，规劝他们消除积怨，严禁相互掳掠，彼此仇杀，做到和睦相处。他了解到流人沙世坚有才勇，对其委以重任，"喻以讨贼自效"，沙世坚感激涕零，帮助张栻缉拿盗贼，"所捕斩前后以十百数"，为地方治安立下了赫赫功劳。除了在少数民族面前"立恩信"外，张栻还十分注重边防，始终严阵以待，以防止金人乘虚而入。在张栻的治理下，广西境内出现了安定繁荣的政治局面，"于是境内正清，方外柔服，幕府无南乡

---

① 曾枣庄，刘琳：《全宋文》（第 255 册），上海辞书出版社 2006 年版，第 21 页。

之虑也"。①

张栻认为设学校、行教化是国家施政的根本所在，因此他十分重视教育和社会教化在政事中的作用。他在《答湖守薛士龙寺正》中庄重指出"学校之事，此为政之所当先也"，政治和教育须臾不可分开，政治的主旨在于治国安邦，用法令制度管理国家和社会；教育则陶冶社会风化，维系国体人心，二者是一个问题的两个方面，"善政谓立之制度，善教谓陶以风化"。不仅如此，张栻还将兴学设教与凝聚民心、抗金复仇大义紧密联系起来。他在《宜州学记》中指出：

> 或者窃笑，以为在边州乃不急之务，且曰宜固寡士，亦何必汲汲为。某独以为不然。盖俎豆之修，则军旅之事斯循序而不忒；教化兴行，则祸难之气做销于冥冥之中。《诗》曰："既作泮宫，淮夷攸服。"是有实理，非虚言也。建学于此，使为士者知名教之重，礼仪之尊，修其孝悌忠信。则其细民亦将风动胥劝，尊君亲上，协力一心，守固攻剋，又孰御焉！②

有人对宜州大兴学校、设学养士很不以为然，认为宜州属于边远荒蛮之地，读书人很少，不宜将讲学视为当务之急。张栻对这种短视的看法十分反感，他在学记中严肃指出，设学校、兴教化是治国的根本原则，可以使士民知名教、懂礼仪、明人伦，进而忠君爱国，团结一致。如果荒蛮之地的百姓都能达到上述要求，那么任何外来之敌都不可能凌我国土，收复失地更是指日可待！

张栻之所以秉承"学校为政事之先"的施政理念，还有一个重要原因，即为了纠正全国范围内地方官只顾计较个人名利，而忽略教育、轻视社会教化的不良风气。他在《江陵府松滋县学记》里不无忧虑地指出，"今之为邑者急于簿书期会之报，详于追胥督责之事，

---

① 张栻：《南轩先生文集》（附录），华东师范大学出版社2010年标点本，第648页。

② 张栻：《南轩先生文集》卷9《宜州学记》，华东师范大学出版社2010年标点本，第169页。

则云举其职矣。"① 这种不顾长远大计，功利短视的地方官不是个别人，而是一种普遍存在。因此，张栻为端正社会风气，纠正时弊，积极鼓励和参与各地的兴学活动，褒奖那些为当地教育事业作出过贡献的官民，努力为各地发现和培养人才。如他在赴静江任上，曾路遇几位落魄儒生：

> 南轩赴静江，至羊楼桥市方食，吏持名纸立于庭，食毕呼吏见客，曰："客留名刺去矣。"曰："请速来！"市仅数家，一呼皆至。衣冠鄙陋，举止周章。先生历问其读何书，各勉以学而退。宇文正甫曰："此辈不见何害。"先生曰："荒凉小市，有此两三人已难得，彼以儒名，于市见一官不得，将揶揄于市人矣。诱而进之，亦劝之之道。"②

张栻接见了几位前来拜谒的村野寒儒，他们虽衣冠鄙陋，但"举止周章"，张栻认为荒凉小镇能遇到两三位如此学者已十分难得，因此对他们十分重视，"诱而进之"，勉励其继续进德修业。从这则逸事里可见张栻对教育的重视。

出于对教育的高度重视，张栻将兴学设教视为施政的第一大事，他每到一处，都积极施行敦风俗、兴学校、设祠堂尊奉理学前贤、传播理学等一系列举措，来改进和建设管辖地区的文化教育事业。这一点从他为许多州县所作的学记，如《静江府学记》、《雷州学记》、《宜州学记》中即可看出。此外，张栻政务闲暇之时还经常亲自前往州县学讲义利之辨、人伦之道，以期通过讲学兴教，使士子们获得对儒家道德伦理之体认，成为致君泽民之材。张栻还刊刻了大量前贤作品，阐发儒家经典之中蕴含的义理，以移风易俗，善化道德风尚。如他重新刊刻《中庸》，以矫正桂林学宫刊刻之误。张栻认为"《中庸》

---

① 张栻：《南轩先生文集》卷9《宜州学记》，华东师范大学出版社2010年标点本，第168页。

② 丁传靖：《宋人轶事汇编》，中华书局2003年标点本，第780页。

一篇，圣贤之渊源也，体用隐显，成己成物备矣。……其示来世，可谓深切著明矣。学者于此亦知所用其力哉！有以用其力，则于是书反复绌绎，将日新而无穷。"① 他又刻一代名相范仲淹书帖于桂林郡斋，并记曰："闻其风者盖可使鄙夫宽，薄夫敦也，诚盛德哉！……观此虽一时书帖之间，亦足以扶世教、垂后法。"② 通过一系列的兴学教育活动，广南西路的教育水准有了明显提升，道德风尚焕然一新，湖湘学派的经世务实之学得到广泛传播。

为改变任地民众文化水平普遍不高、迷信和异端邪说盛行的现状，张栻每到一地，均厉行社会教化，匡正人心风俗，以取得思想上的稳定统一。朱熹对张栻在任地长期推行社会教化给予了高度赞誉：

> 所至郡必葺其学，于静江又特盛。暇日召诸生，告语不倦。民以事至庭中者，亦必随事教戒，而于孝悌忠信、睦姻任恤之意，尤孜孜焉。犹虑其未偏也，则又刻文以开晓之。至于丧葬嫁娶之法，风土习俗之弊，亦列其事以戒命。间井各推耆宿，使为乡老，授之夏楚，使以所下条教训厉其子弟，不变，然后言之有司而加法刑焉。③

训导士子要孝悌忠信、改革丧葬嫁娶陋俗、纠正风土习俗之弊、在间井强化宗族共同体的教化作用，并用法律保证教化的顺利推行，可见社会教化在张栻施政理念中的重要地位。

早在知严州时，张栻就视教化为己任，他深知四民之首——士人在引领风俗方面的重要作用，因此用树立典型的方式来推行教化："此间士人伍氏兄弟本章贡人，亦以友睦为乡间所称重，每延接慰问，

---

① 张栻：《南轩先生文集》卷33《跋中庸集解》，华东师范大学出版社2010年标点本，第496页。
② 同上书，第515页。
③ 同上书，第652页。

用以风厉其俗也。"① 张栻经常高调慰问以友睦邻里著称的伍氏兄弟，使其荣耀乡里，引导乡民效仿其行，以此来移风易俗。张栻刚接手桂林不久，就亲自访问和调查当地的民风民俗，得出数条"访闻管下旧来风俗不美事件"，并于淳熙二年（1175 年）三月，张榜颁布《谕俗文》，历数"愚民无知"，企图以自己所倡导的教育理念和理学思想来改变社会风俗，进而达到治理社会、教化民众的目的。其一，张栻劝告民众要有自己的立场和判断，不要"遇有灾病等事，妄听师巫等人邪说，辄归罪祖父坟墓不吉，发掘取棺"，以至于自己的祖先无法归土。这不仅为"师巫"们大兴迷信活动推波助澜，还有悖于天理人伦；其二，在丧葬问题上，张栻认为愚民无知，"丧葬之礼不遵法度，多为僧人妖言所惑，及听僧人等诳诱，多作缘事，广办斋筵，竭产假贷，以侈靡相夸，不能办者往往停丧，不以时葬"，增加了个人和家庭不必要的负担，甚至有些人因此而倾家荡产。因此，张栻提出改风俗，主张薄葬，并指出："曾不知丧葬之礼务在主于哀敬，随家力量，使亡者以时归土，便是孝顺，岂在侈靡？ 无益亡者，有害风俗"。丧事简办，只要内心存有哀思之情便是孝顺，无须过度铺张奢靡；其三，在婚俗问题上，张栻极力反对铺张攀比，"访闻婚姻之际，亦复僭度，以财相徇，以气相高，帷帐酒食，过为华侈"，认为以财相徇的婚姻，不止使男女在正常婚姻年龄不能结合，并且往往会因为财物纠纷而引起"淫辟之讼"，使社会和家庭动荡不安。因此他提出"婚姻结好，岂为财物"的主张，引导、劝诫百姓走出以财物论婚嫁的陋习，屡教不改者，"当治其尤甚者，以正风俗；其四，张栻提出百姓"病不服药"、"妄听师巫淫祀诡祷，因循至死"是极为迷信的，他指出人之得病与对神灵祈祷无关，病"生于寒暑冲冒，饮食失时，自合问医用药治疗"，把病归于"祈祷未至"而不予治疗，这种观念对义理极为有害，时间一久，不仅亲戚之间已失"孝慈之心"，而且邻里也因此而失去人类同情之心。他进一步揭露师巫之说，实际上就

① 张栻：《南轩先生文集》卷34《跋范文正公帖》，华东师范大学出版社 2010 年标点本，第 391 页。

是出于骗取百姓的财物而出现的，人们一定要认清他们的本质："至于师巫之说，皆无是理，只是撰造恐动，使人离析亲党，破损钱物，枉坏性命"，因此必须坚决予以取缔；其五，禁止当地"生子不举"的行为。张栻认为，男女平等，生男生女是自然选择，"人各有生，莫亲于父母儿女之爱，何忍至此！男女虽多，他日岂不能相助营缉生计，宁有反患不给之理？"，因此，如果仅仅因为男孩难养而不举，就是"以利灭亲，悖逆天道"，如果有人告发，政府奖励告发人，对当事人要绳之以法；其六，张栻针对广西境内"诱引他人妻室，贩卖他处"的罪恶行径，大加鞭挞，斥之伤风败俗，对此"卷伴"行为，他一方面晓以人伦道德教育，另一方面则主张绳之法纪。总之，张栻任职静江期间，一直严格要求百姓遵守上述逐条，"乡民反复思念，递相告谕，父老长上教饬子弟，共行遵守，以善风俗"。①

　　宋代是我国古代各民族共同发展、共同繁荣的重要时期，尽管两宋时期的疆域并不辽阔，但内地及边远地区仍居住着契丹、吐蕃、羌、苗、瑶、土家、壮、黎等众多的少数民族居民。有学者估计，在领土最广阔的北宋中后期，宋境内约有四百六十余万少数民族人口；整个两宋时期，少数民族人口平均也在四百万以上，其中以西北、西南以及荆湖地区最为集中。② 张栻任职的严州、静江、江陵等地正是少数民族聚居区，民族问题尤为凸显。张栻站在边防安全、民族团结、社会和谐稳定的角度，对少数民族倾注了大量心血，较为成功地处理了民族关系，得到少数民族的信任和拥护。早在严州任上，张栻就开始意识到少数民族的重要意义，他看到当地蛮人"编居半杂于山林，稔岁犹艰于衣食"后十分忧虑，亲自"咨访闾里"，调查原因，找寻解决方案，这种"视民如伤"的情怀让人嗟叹。如何处理好与"诸蛮"的关系，引导他们摆脱愚昧落后的境况？张栻经过深思熟虑，认为仅靠行政管辖是远远不够的，赢得人心、取得信任才是上

---

　　①　张栻：《南轩先生文集》卷15《谕俗文》，华东师范大学出版社2010年标点本，第252—253页。

　　②　程民生：《宋朝少数民族人口数量探究》，《民族研究》2002年第3期。

策。他与朱熹探讨这一问题时说：

> 广右比之它路最为广漠，而彤瘁则最甚。蛮落睢盱，边备寡弱，日夜关虑，固当以安静为本，然要需在我有隐然之势，则安静之实乃可保。方考究料理，不敢苟目前也。远方法度废弛，惟以身率之，立信明义，庶几万一。①

广右地貌广漠，蛮族落后，守备空虚，令张栻日夜忧虑，他决定采用"安静"中有所作为的方法，完善法纪，用信义取信于当地蛮人，以达到长治久安的效果。在静江时，张栻曾向刘珙推心置腹道："诸蛮一以信义待之，如买马一事，旧弊革去凡数十事。最害是盐银辄亏其轻重，彼顾岂不晓？吾所得几何，而所丧者丘山。"② 张栻以买马、盐银之事为例，从正反两方面说明以信义取得诸蛮信任重于"丘山"，不能掉以轻心。

张栻经略广西虽不到四年，但政绩卓著，颇得人心。淳熙四年（1177 年），孝宗下诏特转承事郎，进直宝文阁。淳熙五年（1178年）五月，张栻除秘阁修撰、荆湖北路转运副使，改知江陵府（今湖北江陵县），安抚本路。当时荆湖北路与金国相邻，尤多盗贼，且盗贼与金人勾结在一起为害一方。张栻到任后，整肃政纪，安定人心，"一日去贪吏十四人，首勃大吏之纵贼者，捕斩奸民之舍贼者，令其党得相捕告以除罪，群盗皆遁去"。荆湖北路各州郡近邻边关，军政混乱，主将与帅守素有积怨，士兵懈散乏力，毫无士气。张栻着手整顿军政，他以民心为本，注重儒家经邦济世思想和道德伦理的贯彻实行，严明纪律，礼遇诸将，抚恤士兵，赏罚分明，操练武事，戎政日修。他说："今军事在都统，财赋属总司，所谓帅臣者，其所当为，要是以固结民心为本，使斯民皆有尊君亲上、报国疾雠之心，则

---

① 张栻：《南轩先生文集》卷 22《答朱元晦·一一》，华东师范大学出版社 2010 年标点本，第 347 页。

② 同上书，第 297 页。

以守固，以战克矣。"经过整顿，荆湖北路"帅司兵但有神劲马步合千人，……荆鄂大军屯营在此者亦万五千余人，非复有岳侯向日规摹。"可见气势、规模之大。对金国官员入境，勾结宋朝京西路的流民盗劫杀人者，南轩在盗贼归途路过荆湖北路时，派人将其拿获。并把里通敌国的贼人斩首示众，而缚送金人放归。并义正词严地宣称："朝廷未能正名讨敌，无使疆场之事其曲在我"，金人闻听后悚然生惧，喟叹"南朝有人"！

张栻为了改革弊政，宣传和践履理学教育思想，日夜操劳，即使倦怠不堪，也不敢稍有松懈，"蚤夜孜孜，反身修德，爱民讨军，以侯国家扶义正名之举，尤极恳至"。他为了推行理学教化，在行政上大力敦睦风俗，兴办学校，讲明人伦之道。并且亲自主教长沙岳麓书院、城南书院等，写大量学记和祠堂记，以奖励教育，阐明兴学的重要性。张栻还在执政之地修葺学校，立先圣祠堂，推崇周敦颐、二程、张载等理学先贤，阐扬儒家道统。他以儒家精神教化风俗，破除迷信，自叹今日兴衰之本，实在于无人朝夕讲道析经，以开广圣心。经过张栻在政治、经济、军事、教育等方面的治理整顿，广西地区政通人和、邻里敦睦、百废俱兴，呈现出一片欣欣向荣的景象。

张栻的这种为学务实、注重经世的精神得到了时人的重视。吕祖谦极力称道："张荆州之教人也，必使人体察良心，以圣贤语言见之行事，因行事而复求之圣贤语言。"他的学生曹植记述张栻之教，认为不过为一"实"字。其弟子"多留心经世之学"，其中后来有不少追随永嘉事功学派的陈傅良；还有一批门人弟子积极投身抗金斗争，《宋元学案》所列"岳麓诸儒"三十三人，其中如彭龟年、吴猎、游九言、游九功、胡大时等岳麓巨子，都是于孝宗、宁宗之际在抗金斗争中作出重要贡献的仁人志士。由此可见，张栻将其理学教育思想贯彻于生活实践之中，并孜孜以践履为务，经世致用，集内圣与外王于一身，因此在南宋理学家中独具特色。

二　内圣外王的理想人格

儒家以内圣、外王合一为至道，讲求为仁由己、推己及人及物。

在重视内在身心修养的同时，又强调将内圣之道转化为外在事功。在内圣与外王的关系中，内圣是外王的前提，外王是内圣的实现。所谓修身与治平、正心诚意与齐家治国、内圣与外王等在儒家都要求把治学修身与经邦救世紧密结合起来，学术与政治，内圣与外王在儒家那里相互交融在一起。治学修身是手段、过程，经邦济世才是终极追求。只有"伸大义于天下"，才能使内圣的道德修养，在完整和彻底的意义上实现。因此，将内圣修养与外在事功有机地结合起来，使之互推并进、共同成就，才能真正实现儒家的人伦社会理想。同时，内圣即于逻辑上被赋予了先验意义，谓之"体"，而外王作为内圣的推演与实现，成为了"用"，由此，"道器一源"、"体用不二"也就成了儒家经世思想的明显特征。对于儒家的这一经世传统，宋明理学更偏重于内心道德修养的内容，具有崇尚性理，鄙弃事功利欲的倾向。而张栻所谓的经世思想，不仅注重个人道德修养的完善状态，而且又有实事实功的要求，并要求义理之学、心性修养，最终一定要体现在政治功业之中。将内圣作为手段，为外王的事功目的服务。

但是应当注意的是，张栻虽然也讲经世、务实、功利，但并不像浙东学者那样认为心之本在于功利，而是将内圣之德、心性修养置于更根本的地位。张栻以伦理本体为求学、治世的根本，反映在他们的学术思想和政治活动中，总是以"正心诚意"、"修养心性"、"义利之辨"为一切的根本，为政者必须首先做到"正心诚意"，为学者首先要"明义利之辨"。张栻主张由内圣而达外王、由道德而致事功。张栻在一封《寄吕伯恭》的信中说："薛士龙及陆、徐、薛叔似诸君比恨未及识。士龙正欲详闻其为人，但所举两说甚偏，恐如此执害事。事功固有所当为，若曰喜事功，则喜字上煞有病。"张栻对永嘉学派薛季宣的评价，比较典型地反映了他以义理为本，而非以事功为本的思想。一方面，他既认为"事功固有所当为"，肯定了追求事功的合理性；但另一方面，他又批评永嘉学派"喜事功"的主张，因为"喜"字意味着永嘉学者对事功的片面执着和追求，而忽略了比事功要更根本、更重要的内圣道德。这种"喜事功"会走向和儒家伦理背道而驰的"霸者"的道路。可见张栻具有宋代理学"谈性命而辟功利"的内圣型的经世之学的思想特色，但同时又矫正了宋儒多寻空言、徇名忘实的弊病，从而由"实体"而"达用"，由"内圣"而"外王"，弥补了理学偏重内圣以致外王不足的局限，实现了内圣和外王的有效互动。

综上所述，张栻之学是以经世致用为旨归的，他以成圣成德之教，提倡经世致用的义利并重观，既重内圣又重外王，既重尊德性又重道问学，追求价值目的与实际事功的双重实现。这是孔孟先儒内圣外王、修德治世的本色延续和弘扬。

第四节 "护养邦本"的济民情怀

民本思想是张栻经世思想的一个基点和核心。他说："儒者之政，一一务实。为所当为，以护养邦本为先耳，此则可贵也。"① 在《严州到任谢表》一文，他再次强调："然本固邦宁，共理亦资于牧守，……视民如伤，用体大君之德意。"② 以护养邦本为先，并将百姓看成自身的伤痛一样关心。上述思想是对儒家"民为邦本、本固邦宁"传统的捍卫与发展。基于此，张栻始终把普通百姓的利益放在重要位置，关注民生、体察民情、爱惜民力，贯穿于其一生的政治活动中。

张栻首先从理论上探讨如何护养邦本。他从孟子的"制民之产"主张出发，主张养民必须使民有常产，能够饥有所食，渴有所饮，上事父母，下养妻子。免除了饥寒之害，然后教以礼义，才能使民为善。他认为利欲起于饥寒，民犯罪在于君使民无养，因此提出农桑之事为王道之本。张栻说："盖王者之政，大要使民有恒心而已。"③ 然而要有此恒心必有与之相应的恒产为保证，无恒产则无恒心，"一有饥寒之迫，则利欲动而恒心亡矣。恒心既亡，则将何所不至？无足怪

---

① 张栻：《南轩先生文集》卷26《与施蕲州》，华东师范大学出版社2010年标点本，第394页。

② 同上书，第139页。

③ 《张栻全集》，长春出版社1999年标点本，第253页。

也。以至陷于罪戾，则又从而刑之，是岂民之罪哉？"① 王者之事功不在如何设法刑之于民，而在于如何富民、养民。想要国富民强，必然要制民之产，轻徭薄赋，"则民皆可使富"，否则只能"撅其本也"。他进一步提出了"治民之居，各以五亩，教之树畜，以养其老，而五十者得以衣帛，七十者得以食肉。治民之田，一夫授之百亩，不夺其时，而数口之家可以无饥。衣帛，食肉，必曰五十、七十者"的具体主张。

张栻看到了当时土地兼并、民生凋敝的严重问题，企图以古代的井田制作为解决的根本途径。并勾勒了一幅耕者有其田的理想蓝图：

> 井田之为法也、圣人既竭心思焉，继之以不忍人之政，其有大于井田矣乎？井田之法，以经土地为本。经云者，经理之而仁覆天下者，使其分界明辨也。经界正则井地可均，井地均则毂禄可平。自公卿以至于士，各有常禄；自匹夫匹妇各有常产；而鳏寡孤独亦各有所养。盖井田，王政之本，而经界又井田之本也。

继而，张栻还提出推行井田的一系列主张。张栻在此虽然提出了宋代严重的土地问题以及解决问题的强烈愿望，然而古代井田制作为一种乌托邦式的社会理想，在实践中是无法解决封建社会根本的土地问题的，但他确实看到了宋代土地兼并的严重情形，看到了大批农民失去了土地，以及由此引起社会一系列纷争和动荡。他提出王者必须"省刑罚，薄税敛，深耕易耨，使之安于田里"的经世主张，在一定程度上起了缓和阶级矛盾、维护社会稳定的积极作用。

此外，张栻还从法律刑狱与百姓之间的关系，提醒当权者治民不能仅仅依靠刑罚之设等刚性管理，还需要真诚地爱惜百姓，用教化感化百姓，使其心悦诚服，这样就会出现"无讼"的清明政治，进而达到收拢人心、融洽社会的治理效果。因此他说："竭忠爱之诚，明教化之端，以期无讼为本，则非惟可以臻政平讼理之效，而收辑人

---

① 《张栻全集》，长春出版社 1999 年标点本，第 253 页。

心，感召和气，其于邦本所助岂浅也哉！"①

除从理论上构建"民为邦本"的思想体系外，在具体的施政过程中，张栻时刻秉承这一治国理念。这一点在其《劝农文》中彰显无遗：

> 民生之本在于农事，农事之修贵于勤力。治其陂泽，利其器用，粪其田畴。其耕也必深，其耘也必详。日夜以思，谨视详审，无或鲁莽，且率其妇子相与协济其事。用力之勤如此，而后收获之报可得而期。吾力既尽，至于丰歉之常，则听之于天焉。丰歉之不常虽系于天，而亦由于人事有以致之也。②

这段话是张栻在淳熙三年（1176 年）静江任上所言。关注百姓，首先要解决民生问题，如何解决民生问题，使百姓能安居乐业，是古今统治者一直思考的社会难题。张栻在这里给出的答案是将农业放在首位，这本是老生常谈，但他认为"丰歉之不常虽系于天"，但人在大自然面前不是无能为力的，因此百姓要积极有为，改造良田、改进耕作工具和技术，勤施肥料，就可为丰收提供坚实保障。这种重"人事"的积极态度，深刻反映了张栻务实的施政作风和注重践履的教育理念。

张栻对普通百姓的深沉情怀，还体现在旱涝等自然灾害来临之时。如他曾与朱熹探讨过"义米"制度在解决自然灾害的重要作用：

> 数日来方见李寿翁侍郎申明，祈依旧法，义米各椿谷在逐乡都分中，曾见此文字否？此说殊当，当朝廷下诸路常平司与州郡相度，目前诸人例以为不可行，可叹！……如湘中辛卯之旱，浮

---

① 张栻：《南轩先生文集》卷 11《潭州重修左右司理院记》，华东师范大学出版社 2010 年标点本，第 194 页。

② 曾枣庄、刘琳：《全宋文》（第 255 册），上海辞书出版社 2006 年版，第 28 页。

徙者无数。徙者后来得归十无二三。此说得行，当无此患。①

张栻对"义米"制度的推行寄予厚望，认为这一旧法是解决灾民温饱问题的可行选择，但朝廷在推行过程中因触犯地方利益，遭到各地官员的抵制，张栻对此十分痛惜和无奈，他以湖南旱灾为例，指出如果早些施行"义米"制度，也不至于出现民众流亡十之七八的恶果，因此，他提醒朱熹关注这一颇具现实意义的政府保障制度。

某次途经湖南善化、宁乡，张栻看到当地因旱涝歉收而导致饥民遍地、"十室五六空"，而官府无动于衷、继续横征暴敛的情形，内心十分愤懑，他告诉吴晦叔说：

> 两日行善化、宁乡道中，境界可畏，使人不肯开眼。大抵十室五六空矣，其见存者无人色，有位者终未肯沛然拯济，坐视天民之挤壑，为之奈何！前在城中，不胜饶舌，昨复移书力说，且封民所食草根去，未知叱动否。②

张栻将百姓尊称为"天民"，可见他对百姓的爱护之切。然而，因自己无力差遣当地"有位者"，面对民众面无人色、吃草根的苦难现状，他也只能徒呼奈何。但张栻还是到城中找到了地方官据理力争，以自身的影响来严厉劝诫地方长官抓紧赈济灾民，尽管希望是如此的渺茫。

在返回长沙后，张栻开始沉重思考如何有效解决类似善化、宁乡两地的灾后民生问题。随后又与吴晦叔通信说：

> 歉伤，衡山独未庶几者，晦叔犹未见善化、宁乡界中耳，不可言，不可言！某向在城中，亦无缘知得子细。振民之事盖有两

---

① 张栻：《南轩先生文集》卷21《答朱元晦秘书·二三》，华东师范大学出版社2010年标点本，第332页。

② 同上书，第437页。

端：赈济也，赈籴也。赈济须官中捐米以救之，赈籴即用上户所认可也。今官中吝米不肯捐，专仰上户之籴，可乎？①

张栻对两地的饥民牵肠挂肚，指出解决方法有二，一是官府赈济，二是地方大户赈籴，其中应以官方为主，民间为辅。但事实是地方官袖手旁观，对百姓冷酷无情，将上户推到救灾前台，这无异于杯水车薪，此情此景令张栻痛心不已。

张栻对气象的密切关注也反映了其护养邦本的情怀。他深刻意识到风调雨顺对于农人的重要意义，如他对友人郑仲礼讲："自到郡，竭日夕之力，不敢不勉策，但恐终无补斯民耳。连日沛泽，早晚稻皆济。忧国愿丰年，此第一义也。"② 张栻到静江后，每天尽心竭力为民操劳，当看到天降喜雨，他首先想到今年的稻谷将丰收，一句"忧国愿丰年"让人动容，深刻感受到张栻一生忧国忧民、爱惜百姓的伟大胸襟。他在写给曾节夫的信柬中说："今日五更登湘南楼，雷电倏兴，下楼雨已下，须臾大集滂沛，过午方止，庭下水深数尺，四郊尽遍，一稔可望，幸事幸事！"③ 一场持续了半天的滂沱大雨润泽了长期干涸的大片田地，张栻像个孩子一样喜不自胜，楼上楼下来回踱步，认真估算着降雨量。这皆因为"一稔可望"，百姓即将迎来丰收的喜悦！

对古今人物的品评，爱民、惜民是其评价的重要原则之一。如关于西汉名将赵充国，很多人都从其赫赫战功方面展开评价，张栻却另辟蹊径，他虽然很认同赵充国杰出的军事才能，但更为赞赏其"安养百姓"的贡献，认为这才是赵充国最值得后人尊重的地方。他说：

> 汉将诚当以为赵充国为最。……将之病在于果于杀而不恤百

---

① 张栻：《南轩先生文集》卷21《答朱元晦秘书·二三》，华东师范大学出版社2010年标点本，第437—438页。
② 同上书，第422页。
③ 同上书，第425页。

姓也，充国任阃外之寄，而为国家根本之虑，要使百姓安，边围强，而西戎坐消也。此迫三代之将，非战国以来摧锋折敌者所可班也。……予谓充国在宣帝时，且不独为贤将，殆可相也。使其为相，必能为国家图定制度，为后世思安养百姓，为邦本计，如魏相辈皆当在其下风耳。①

张栻将赵充国视为汉代第一将和丞相之材，可谓语出惊人。其主要根据不是赵充国杀敌卫国，而是其"恤百姓"的理念和行动。赵充国在戍边期间，制定了"持久而为不可动"之计，他积极推行屯田政策，以养民促进养战，使军民一边抗击匈奴和羌人，一边发展生产，丰衣足食。其深谋远虑以及爱惜百姓的言行深得张栻认同，故有上述一番肺腑言论。

淳熙二年（1175 年），张栻对长沙县令夏蹈的赞誉也是基于其护养当地百姓的作为。这一年，曾和夏蹈共事过的王忠卿前来静江任文学掾，张栻与其闲谈时，得知夏蹈为国为民的感人事迹，不禁肃然起敬：其一，长沙地狭人稠，赋税沉重，当地豪强富族大量兼并土地，"且善避役"，赋税劳役都分摊到贫民头上。夏蹈到任后，"察其奸，令民自实田亩"，重新核定赋税，"一邑服其平"；其二，夏蹈律己甚严，除"饮长沙水外，一物不烦于民"，每天早上前往署衙任事时都是徒步行走，与百姓相逢于道路时，总是主动让路，身边只有一位童子"给伺朝夕"；其三，对属下官吏要求严格，严禁其滋事扰民，否则严厉处置，"吏报案立左右惟侯言是裁，不敢以意出入之。隶数不逾九，凡冒隶名巡聚落以病民者悉罢去"，长沙县也因此出现了吏治清明的大好局面。夏蹈在短短的一年之内，施政以民生为基点，将长沙县治理得井井有条，受到上级和朝廷的表彰，"藩府以善治闻，天子嘉之，遣使赐帛，邑民盛为侯荣"。张栻闻听后感叹曰："使牧郡

---

① 张栻：《南轩先生文集》卷 17《自高帝诸将之外其余汉将孰贤》，华东师范大学出版社 2010 年标点本，第 274 页。

国者皆得如侯，则下民之瘼庶几其有瘳乎!"① 号召地方官以夏蹈为榜样，将民生放在施政的首要位置。

在张栻现存的诗歌里，关于张栻关注民瘼，关爱百姓的诗篇也不在少数，以《道旁见获者》最为典型：

> 腰镰声相呼，十百南亩获。
> 妇持黍浆馈，幼稚走雀跃。
> 辛勤既百为，幸此岁不恶。
> 王租敢不供，大室趣逋约。
> 虽云粒米多，未办了升龠。
> 姑宽目前饥，讵有卒岁乐。
> 乐岁尚尔为，一歉更何托?
> 书生独多忧，何以救民瘼。②

这首诗首先向我们描述了一幅丰收的情景：农夫挥镰收割，农妇送水送饭，儿童在田野里欢呼追逐。可是丰收之后又能如何？农人要交纳"王租"，还要还掉"大室"的欠债，剩下的粮食仅能勉强果腹。因此辛苦一季，且喜逢丰稔之岁也是"姑宽目前饥，讵有卒岁乐"。可以想见如果在荒歉的年份，百姓是如何的困苦和挣扎！诗的结尾，诗人在哀民生之多艰的同时，也深深自责自己的无能为力，并发出忧愤的呐喊："何以救民瘼？"

张栻护养邦本的情怀，还深刻体现在对活跃在政坛上的亲友的嘱托规勉之中，如《密阁郑公移节乡部置酒饯别诗以侑之》：

> ……
> 昼绣非所荣，民瘼要深医。

---

① 曾枣庄、刘琳：《全宋文》（第255册），上海辞书出版社2006年版，第423页。

② 张栻：《南轩先生文集》卷2《道旁见获者》，华东师范大学出版社2010年标点本，第22页。

看培邦本强，讵止乡国肥。

还归报明主，庙论资扶持。

愿坚岁寒节，慰我别离思。①

张栻在诗中劝诫友人郑公，到新任之地，一定要把医治民瘼放在首位，以培固邦本，解除黎民苦痛。贪官污吏和地方豪横是造成民瘼的重要根源，对他们要严厉打击，毫不手软，以净化百姓的生存环境，报效朝廷的知遇之恩。诗的最后，张栻嘱告郑公，一定坚守自己为国为民的高洁志向，并以此共勉。

---

① 张栻：《南轩先生文集》卷2《道旁见获者》，华东师范大学出版社2010年标点本，第45页。

第六章

张栻的历史贡献及其影响

张栻是南宋时期的著名理学家、一代教育宗师，与朱熹、吕祖谦齐名，并称"东南三贤"。他一生以圣贤自期，以匡扶社稷为志，虽然中年谢世，却一生轰轰烈烈，传道授业，勤政爱民，政绩卓著。张栻在学术思想上，承胡宏师说，奠定了在理学阵营中颇有影响的湖湘学派之规模，为湖湘学派的著名代表。他著作宏富，弟子门生广及南方数省，入《宋史·道学传》，影响了近千年湖湘文化的发展，在中国思想史、文化史、教育史等领域占有极为重要的地位。但就目前而言，由于诸多原因，学界对张栻的关注远不及"东南三贤"中的其他两位，对其研究、探讨的空间仍然很大。因此，笔者在前贤研究的基础上，就张栻的历史贡献及后世影响，作一简要梳理、分析，以期形成更为清晰、立体、全面的认识。

第一节 张栻的教育贡献

张栻是中国南宋时期极富个性的哲学思想家和教育宗师，在程朱理学集大成之际，他以高度的学术责任感和深邃的理论洞察力，发现了理学内化道路潜在的支离倾向和教条隐患，对程朱理学的若干重大理论问题作了补充和修正。可以说，没有张栻的存在，朱熹的理学思想体系将大为减色。张栻虽英年早逝，历官未久，但他却以修德立政、清廉除贪等光辉形象享誉孝宗朝。其生也，人们对其期待甚高，《宋史》称其"有公辅之望"；其死也，孝宗皇帝"深为嗟悼"，"四方贤士大夫往往出涕相吊，而江陵、静江之民尤哭之哀"。由此可见，其官宦生涯虽然短暂，但足以为南宋官僚集团一时之楷模。尽管如此，张栻一生最大的贡献并不在政务，而在于治学、育人。他以岳麓、城南书院为阵地著书授徒，宣传学说，并在实际政务中践行、反思、修正、完善自己的理学教育思想体系，一举奠定了湖湘学派的地位，也使得自己成为集湖湘学派之大成的代表性人物。

一　丰富了宋代理学教育思想

张栻一生除短暂的政务活动外，主要从事书院教育与学术研究，教书育人，创新与传播理学是其孜孜追求的目标。在长期的教育实践活动中，张栻形成了极富特色的教育理论，发展了宋代理学思想。他从理学家所重视的宇宙本体论出发，发明天理而见诸人事，由天道而及人道，系统而精辟地阐述了理学教育的各种问题，建立了一套带有自己深刻烙印、体系完整的教育理论学说，这个体系与同时代的理学家比较起来有诸多自身特色。关于张栻的教育理论体系，前文相关章节已作了详尽论述，兹不赘言。

二　发展了宋代理学教育理论体系

作为宋代"东南三贤"之一的张栻，其理学思想具有尊程朱理学、重经世务实和兼容众家之长的特征，是理学发展史上不可缺少的重要环节。他的理学思想体系，对宋代理学几乎所有的范畴、命题以及重要理论都作过深入探讨，提出了一系列精辟、独到的见解，为宋明理学道德本体论的建立和完善作出了重要贡献，对后世儒学思想亦有深远影响，具有周、张、二程、朱、陆诸人思想所不可替代的地位。

其一，张栻将形而上本体论与内在心性论相互贯通，建构了体用一源，异取同体的太极、道、性、理、心等多重本体范畴相贯通、独树一帜的宇宙本体论体系，这也是对其师胡宏思想的继承和扬弃。同时，张栻既承认太极、理的本体地位，又强调心的主宰性，具有融心学、理学为一体的趋向，此种理学思想自成体系，既有别于朱熹，又不完全同于陆九渊，与明末刘宗周心性圆融的逻辑结构颇为神似。

其二，在心性论方面，张栻改变了传统儒家始终把"性"严格限制在人的本性范围之内的说法，提出人性与物性皆善的观点，保证了性作为本源先天纯善的绝对性。通过与朱熹论学，在理学史上，首次提出了"心主性情"的命题，强调人的知觉之心对人的本性和情感的控制，此说对朱熹的"心统性情"说影响甚大。

其三，在工夫论方面，张栻把认识论与修养方法紧密结合起来，提出居敬与穷理互发，既主张致知明心，又强调日积月累，把朱陆的认识方法结合起来，兼有二者之妙。张栻既主涵养又重省察，强调涵养与省察不可偏废，这种结论是对宋代理学理论的丰富和发展。

其四，在义利观方面，张栻从明道为学的角度，阐扬了义利之辨的重要意义。他直接将义利之辨同理欲之辨关联，援天理以明义利，既注重天理、人欲之分，又强调正常的物质欲求可纳入天理的包容之中，即所谓"饮食男女，人之所大欲，人孰不欲富贵，亦皆天理自然"。① 因此，其义利观既有程朱学派存义去利的色彩，又有陈亮、叶适功利学派的"义利双行"的倾向，在宋代义利思想中可谓独树一帜。朱子为张栻所作的画像作赞时特别指出其"谨善义利之判，至于可以析秋毫"，足见张栻义利之辨对宋代理学义利观的影响之深，贡献之大。

其五，在知行观上，张栻提出"知有精粗"、"行有始终"的认识论的思想，提出了知行互发、重在力行、由知到行、再达于真知的知行学说。修正了程颐过分重知轻行的倾向，充分表现了从北宋重知轻行，到南宋知行并举的过渡特点，丰富、发展了宋代知行学说。

最后，在治学方法上，张栻"发明天理而见诸人事"，主张把对天理的追求与现实人生结合起来，既避免了朱学的泛观博览，又克服了陆学的简易功夫，从而恢复、发扬了二程所倡导的为学宗旨。

三　其他领域的贡献

张栻不仅在学术和文化教育领域造诣非凡，还在政治领域内获得了朝廷的嘉许与百姓的爱戴。在朝廷供职期间，他进对时知无不言，

---

① 黄宗羲：《宋元学案》，中华书局1982年标点本，第1613页。

所言皆修身务学，畏天恤民，抑侥幸，屏谀谈之事。在实际政务中他以护养邦本为务，注重养民、教民，稳定社会秩序，积极恢复和发展生产。在此基础上，他注重美善风俗，积极修建地方官学，鼓励民间办学，以理义教化百姓，政绩卓然。

张栻不仅是著名的教育大家和理学宗师，还堪称一代文学大家，在政论、史论、记序文学等方面均有较高成就。张栻的表、疏、史论、书、序、题跋、记、铭、赞等，看似平淡无奇，却议事言而有据，辩理条分缕析，论事品评适当，文辞雅厚简当，语势豪迈动人。这在日渐繁辑为巧、深隐为奇的南宋文风中出现，诚为可贵。张栻一生或宦游、或出仕、或退隐，遍走湖湘大江，广交时贤名士，深阅世情沧桑，往往也兴与时趋，赋诗作文，抒怀言志。其体天下之兴亡、哀民生之劳苦之心隐约可见。

总之，张栻在诸多领域内造诣不俗，被视为"足以名于一世"的大儒。南宋学者周密说："伊洛之学行于世，至乾道、淳熙间盛矣。其能发明先贤旨意，溯流祖源，论著讲解卓然自为一家者，惟广汉张敬夫、东莱吕氏伯恭、新安朱氏元晦而已。"[①] 评价可谓恰当。作为南宋期间接续和传播二程之学的代表人物之一，张栻的学术造诣和理学教育思想，在中国理学史、教育史上的地位是无可替代的。

第二节　张栻对后世的影响

张栻在世之时，其声望丝毫不亚于"东南三贤"中的其他两位——朱熹和吕祖谦。黄宗羲在《宋元学案》称湖湘学派"在当时为最盛"，而湖湘学派的代表人物和学术权威就是张栻。因此，作为当时最大学术派别领军人物的张栻，其地位和影响可想而知。朱熹是一位厚积薄发、大器晚成的学者，他晚于张栻二十年去世，这二十年可以说是朱熹学术的巅峰时期，其光芒逐渐掩盖了包括张栻在内的同时代的其他学术精英。因此，我们应坚持历史唯物主义的态度，不能

---

① 周密：《齐东野语》卷11《道学》，中华书局1983年标点本，第202页。

拿朱熹晚年取得的辉煌成就与张栻相比，因为这种时代错位的比较是不恰当、不公平的。

张栻离世后，其影响和学术声望逐渐减弱，这是史有定论的不争事实。究其原因有三：

其一，张栻理学理论体系自身的矛盾性。

张栻上承二程理本体论的观点，同时又突出心的主宰性，具有融合心、理的特点。他将心纳入宇宙本体论的体系，反映了其对人自觉践履道德的应然性和能动性的重视和推崇。然而这种心理合一的思想特色，在某种程度上是对正宗程朱理学的背离，这种偏于理学正统的倾向，不符合中国古代宗法社会的内在要求，必然不断地受到正统的质疑。尤其是在张栻治国平天下的经世理论的教导下，湖湘学子大多于日用常行、经邦济世的社会政治活动中求道成仁。因此当他们在金人来犯、国家处于内忧外患的危难之机，皆积极投身于经世济民和抗金救国的行动之中，他们或在反抗异族入侵的战争中慷慨就义，或在社会活动中疏于学术传承，遂使张栻之学不得其传。

其二，张栻英年早逝，尚未整合自身理论体系。

张栻构造的复杂庞大的理学体系，具有体用兼顾的重要特征，其理论在建构过程中总是在寻求一种平衡支点，如太极、理、心、性同体异取、人性物性皆善、察识涵养并进、居敬穷理互发、知行相须、天理人欲同行异情等等，这些无不体现了张栻试图容纳多种思想、化解理学矛盾，力求平衡的宏愿。但造化弄人，由于张栻的早亡，其思想体系中的诸多问题没有得到完善、深化，尤其体现在理心矛盾、义利关系、心性关系等核心问题上，张栻对它们的梳理和系统化远未完成，正如吕祖谦与陈同甫所言："张荆州使不死，合整顿点检处尚多。至于不自是，不尚同，则相识中未见两人也。"① 吕祖谦可谓一语中的，深刻指出了张栻在理论发展和学术风格方面的不足，尚需大力整合。因此，其理学体系中的一些凝滞和矛盾之处亦令其弟子传人困惑不已，故转而探索其他解决途径，这一点吕祖谦也与朱熹深入探讨

① 黄宗羲：《宋元学案》，中华书局 1982 年标点本，第 1634 页。

过："张荆州从游之士往往不得力，不知何故如此。盖荆州不能察人情虚实，其教未必能有益。"① 吕祖谦说张栻"不能察人情虚实"，似乎有失偏颇，但弟子很难领会其学术精髓则是事实。因此，黄宗羲在《宋元学案》中感叹："从游南轩者甚众，乃无一人得其传。故道之明晦，不在人之众寡尔。"② 所以就其理学体系而言，张栻既不如朱熹博大精深，又不如陆九渊那样泾渭分明。在朱熹集理学之大成时，张栻却在其思想未臻完善之时生命戛然而止，这对盛极一时的湖湘学派无疑是一个沉重打击，湖湘学因此失去了学术带头人，而其后继者之中尚未形成足以凝聚士心的核心人物，更是雪上加霜。基于此，湖湘弟子纷纷改换门庭，另择名师。如胡宏之子、张栻高弟胡大时，在张栻死后不久，就先后从学永嘉学派的陈傅良、闽学朱熹及心学陆九渊。这种背景下，湖湘学统逐渐失去了其独有风格，最终走向凋零。

其三，张栻理学博采众家之长，淡化了学派意识。

张栻自幼秉承家学，又传续理学正宗思想，不仅具有博采众长的理学素养，而且其思想也涵宏博大，吸收了多种理学理论养料，具有开拓理学向心、性等方向发展的新趋向。张栻将胡宏提出的"性天下之大本也"的性本论，泛化为太极、理、心、道，这一特点有利于自己的体系理论演展，却不免博而不精，使之支离繁乱。其泛化的结果，必定削弱了性本论的特性，弱化了湖湘学派的学术思想的恒定性。同时这种思想理论的特点决定了其传道方式不囿于门户之见，兼容并蓄的态度。张栻对与程朱理学不同的陆九渊心学派、陈亮事功学派并不一概否定，而是互为取舍。他突出本体主体化的主宰作用，与陆九渊的以心为本有相似之处，两人皆主张向心上用功的修养方法。并且他和陆九渊一样，都强调"先立乎其大者，则其小者不能夺矣"，即首先确信天理存于本心，只有于心上用功，方能"体敬涵养，见于天理"。这种传道方式无疑为张栻的后世弟子迈入心学领域埋下了伏笔。

---

① 黄宗羲：《宋元学案》，中华书局 1982 年标点本，第 1634 页。

② 同上书，第 1635—1636 页。

　　而张栻天理、人欲同行异情的提出，并不完全抹杀合理之欲、利的存在，这就把利与欲纳入义理的包容之中，既有程朱学派存义去利的色彩，又有陈亮、叶适功利学派的"义利双行"的倾向。张栻思想和学派门户界限的开放性，不利于学术思想的开拓与排除异己，促进学派的独立发展和保存。这也是其弟子能够择师而从，学术分化的一个重要因素。但是也应该看到张栻身后学派虽然式微衰落，其理学思想不囿成见，吸取各家长处的精神正是成就张栻成为恢宏气魄，影响深远的一代大儒的根本所在。

　　张栻对后世的影响虽不如生前，但因其学术成就和政治、教育上的卓越成就，使他对后世仍有相当的影响。宋末学者吴潜指出："乾、淳间大儒辈出，朱文公倡于建，张宣公倡于潭，吕成公倡于婺，皆著书立言，自为一家。"① 可见，张栻等"东南三贤"的影响身后不衰。庆元党禁时，朱熹首当其冲，张栻也受到冲击，这使当时的学者讳言道学，不以道德性命之说为然。张栻的高足吴猎为维护老师的学说，敢于上疏直言，表明自己的学术立场，不畏打击排斥，认为禁理学将导致乱政。不仅如此，他还广泛传播恩师学说，并将其施行于具体的政务之中。嘉泰二年（1202 年）二月，伪学党禁松弛之后，道学情况发生转变。宋宁宗嘉定八年（1215 年），赐张栻谥号曰宣，后世便尊称为张宣公，张栻的学术地位得到官方承认。随后，魏了翁通过张栻的蜀中弟子范荪吸取南轩一系学说，在四川蒲江和湖南靖州先后创办起鹤山书院等教育机构，不仅使蜀人尽知义理之学，而且湖、湘、江、浙之士不远千里负笈从学，扩大了张栻思想影响，沟通了湖湘与巴蜀文化。

　　元代官方提倡理学，尊崇儒家知识分子。刘安仁于延佑元年（1314 年）重建岳麓书院时，请元代著名理学家吴澄（1249—1333 年）为之作记。吴澄在《重修岳麓书院记》中对张栻传道济民、成就人才的教育方针和为学宗旨深为赞许，他要求学者继承乾道间张栻

---

① 吴潜：《履斋遗稿》卷 2《魏鹤山文集后序》，《文渊阁四库全书》（第 1178 册），第 419 页。

等人"讲道"的传统，不要"废而莫之举也"。元末顺帝诏修《宋史》，右相脱脱等主持修撰，以张栻与朱熹并举列入《道学传》。而在《宋史》中，《道学传》地位远高《儒林传》，故可窥见当时张栻的地位和影响。

明代著名心学家王守仁（1472—1529 年）发明心学旨要，发起以修正朱子学为宗旨的道学革新，使当时的学术风气为之一变。但王守仁对张栻及朱熹仍表钦佩。正德二年（1507 年），王守仁到长沙张栻主教过的岳麓书院讲学，对张栻讲明理学的业绩深为敬仰，作诗称：

> 客行长沙道，山川郁稠缪。
> 西探指岳麓，凌晨渡湘流。
> 蹄冈复陆险，吊古还寻幽。
> 林壑有余采，昔贤此藏修。
> 我来实仰止，匪伊事盘游。
> …………
> 缅思两夫子，此地得徘徊。①

诗中寄寓了对两位理学先贤无限的缅思之情。

明末清初，著名思想家王夫之（1619—1692 年）继承并发展了张栻的心性之学。王夫之自二十岁入岳麓书院读书后，受到了书院理学传统的影响，深入研读过周敦颐、胡宏、张栻等理学大师的著作。他十分推崇胡安国、胡宏和张栻，赞叹张栻以道学为己任的责任感。因此，船山虽与南轩相距几百年，但其思想却有惊人的一脉相承性。如他说："学者之于道，知之非艰，行之维艰。知而不行，犹无知也，况乎因知而有言，而徒求之言，则有非真知而可以言者。故学者切于力行，而言为不足贵。"这与张栻"知行互发"、提倡力行、反对知先行后的知行观在本质上是相同的。王夫之深受湖湘理学传统的影响，在学术思想上与数百年前的张栻不谋而合，也使湖湘学风和精神

---

① 《王阳明全集》卷 19，上海古籍出版社 1992 年标点本，第 689 页。

重新振起。

清代考据学崛起，但理学并未熄灭。张栻作为宋代理学大师，在朝野仍有相当的影响，尤其体现在他长期驻足过的湖南以及桑梓之地——四川。如清廷为褒扬张栻在岳麓书院的办学之功，先后颁赐"学达性天"、"道南正脉"额，并赐帑赐书，将岳麓书院列为省城大书院，在官府的大力扶持下，书院办学规模进一步扩大，大批有名望的学者被聘任山长，书院办学呈蓬勃发展的景象。康熙七年（1668年），湖南巡抚周召南修复了岳麓书院，以讲明南轩义利之辨与义理之学。道光二十五年（1845年），四川绵竹县知县陈钟祥收集张栻的文集，将其与《论语解》、《孟子说》合刻为《张宣公全集》，并刊行于世，宣传张栻的理学思想。陈钟祥还修复了张宣公洗墨池，以缅怀张栻的丰功伟绩。咸丰三年（1853年），知县吕华宾为了纪念张栻，在绵竹南城外扩建南轩祠。从这些记载足可看出，清代无论在朝廷还是在民间，张栻仍具有重要的影响。

降及近代，魏源、贺长龄等人继承并发展了张栻的务实作风，在经世致用方面作出了杰出成就。曾国藩、罗泽南、谭嗣同、唐才常、左宗棠之学，以胡林翼为首的湘军将领，以熊希龄等为首的维新人物，也都曾接受湖湘学风的熏陶。梁启超说："湖湘学派，在北宋为周濂溪，在南宋为张南轩，中间消沉，至王船山而复盛。近世的曾文正、胡文忠都受他的熏陶，最近的谭嗣同、黄兴亦受他的影响。"就连著名教育家杨昌济及其弟子毛泽东等亦受此传统影响。近代以来，湖南各书院，尤其是岳麓、城南书院都相当程度地恪守并遵循着张栻的经世致用的传统，哺育并造就了大批政治、军事人才。

总之，张栻作为宋代著名理学家，在宋代理学史乃至整个中国思想史上都占有重要位置，他重经世实务和包容众家之长等独特学风，衍化成湖湘文化基因，氤氲于三湘四水之间，历千百年而不竭。从魏源、曾国藩、谭嗣同、黄兴到杨昌济、毛泽东；自嘉道湖南经世致用派、咸丰湘军集团、戊戌维新群体、辛亥革命志士到"五四"新文化运动的参与者身上，都或明或隐，或多或少地闪现出这些传统文化基因的影响，张栻对后世湖湘文化的影响可谓源远流长。